日本文化の核心

「ジャパン・スタイル」を読み解く

松岡正剛

講談社現代新書

2566

はじめに　——日本文化解読のためのジャパン・フィルター

一九七〇年代のおわりのころだと思いますが、渋谷の「壁の穴」という小さなお店で「たらこスパゲッティ」を初めて食べたとき、いたく感動してしまいました。バターとたらこでくるめたパスタに極細切りの海苔がふわふわと生きもののように躍っている。それをフォークではなく箸で食べる。なにより刻み海苔《のり》がすばらしい。よしよし、これで日本はなんとかなる、そう確信したものです。そのうち各地の小さなラーメン屋が独特ラーメンを次々につくりだした。

まもなくコム・デ・ギャルソンやイッセイやヨウジがすばらしいモードを提供しはじめました。世界中にないものでした。また井上陽水や忌野清志郎や桑田佳祐が独特の日本語の組み合わせと曲想にのってポップスを唄いはじめた。大友克洋の「ＡＫＩＲＡ」の連載も頼もしい。よしよしいいぞ、これで日本はなんとかなる。そう感じました。私はといえば工作舎でオブジェマガジン「遊」の第三期を了え、講談社に頼まれた「アート・ジャパネスク」全一八巻を編集制作していたころです。横須賀《よこすか》功光《のりあき》や十文字美信《じゅうもんじびしん》に国宝級の美術品を新たなセンスで撮ってもらい、まったく新しい切り口の日本美術文化の全集をつくっていた時期です。

それから一〇年後、ふと気がつくと日本はがっくり低迷していました。民営化とグローバル資本主義が金科玉条になり、ビジネスマンはMBAをめざし、お笑い芸人がテレビを占めて選挙に立候補するようになり、寄るとさわると何でもやたらに「かわいい」になっていた。司馬遼太郎が「文藝春秋」に『この国のかたち』を連載しながら、日本はダメになるかもしれないと呟《つぶや》いていた。

また一〇年後、ベルリンの壁がなくなった反面、湾岸戦争が新たな大矛盾をもたらしていたなか、日本はバブルが崩壊したままに「かわいい」文化を蔓延させていました。

それでもインターネットが登場して、これなら日本は独自の編集文化力をふたたび発揮するだろうと期待をしたのですが、電子日本はアメリカン・テクノロジーの追随に走るばかり、そこへもってきて上っすべりの和風テイストばかりが横行するようになっていました。

たらこスパゲッティや独特ラーメンがなくなったわけではありません。むしろ和食はさらに工夫を磨き、アニメは日本の少年少女の幻想と哀切を描き、日本語のラップが登場し、オシムは「日本らしいサッカー」に徹するべきだと言いだしていた。けれどもそうしたものが何を語ろうとしているか、小泉・竹中劇場の新自由主義の邁進や、グローバル資本主義に席巻されるマネー主義は、そうした試みを軽々と蹂躙《じゅうりん》していったのです。

日本の哲学が浮上するということはなかなかおこりません。Ｊポップや日本アニメや日本現代アートに何がひそんでいるのか、そこをあきらかにするための日本文化や哲学はほとんど解説されはしなかったのです。これはいったん『愚管抄《ぐかんしょう》』や『五輪書』や『茶の本』や『夜明け前』に戻るしかないだろうと思えました。


こうして私もいろいろ書いたり語ったりするようになったのですが、本書はそれらの反省と忸怩《じくじ》たる思いを払拭《ふっしょく》するためにも、日本文化の真骨頂というか、日本文化の正体というか核心というか、ずばりディープな日本の特色がどこにあったのかについて、新しい切り口で解説してみようと試みたものです。

お米のこと、柱の文化について、客神の意味、仮名の役割、神仏習合の秘密、間拍子と邦楽器、「すさび」や「粋」の感覚のこと、お祓《はら》いと支払いの関係、「まねび」と日本の教育、公家と武家の日本のガバナンスのありか、二項同体思考やデュアルスタンダードの可能性などを採り上げ、それぞれを相互に関連させながら手短かに解読してみました。日本文化案内としてはかなりユニークな視点を組み合わせたつもりです。

日本文化はワビとかサビとかばかり言って、どうもむつかしいというふうに言われてきました。だからわかりやすく説明してほしいとよく頼まれます。しかし、この要望に応える気はありません。断言しますが、日本文化はハイコンテキストで、一見、わかりにくいと見える文脈や表現にこそ真骨頂があるのです。

わかりやすさを求めればいいというものではありません。空海の書、定家の和歌、道元の禅、世阿弥の能、長次郎の茶碗、芭蕉の俳諧、近松の人形浄瑠璃、応挙の絵、宣長の国学、鷗外の小説、劉生の少女像に何か感じるものがあるというなら、わかりやすくしようなどとは思わないことです。かれらが放った「間架《かんか》結構《けっこう》」「有心《うしん》」「朕兆未萌《ちんちょうみぼう》」「時分《じぶん》の花」「面影」「さび」「もどき」「古意《いにしえごころ》」「簡浄」「美体」などというコンセプトそのままに、日本文化を会得していくべきです。

それがあまりにもむつかしいというなら、では聞きますが、プラトンのイデア、ラファエロの天使、スピノザのエチカ、カントの理性批判、ドストエフスキーの大審問、プルーストの時、デュシャンの芸術係数、サルトルの実存、コルトレーンのジャズ、ウォーホルのポップアートは何によって「わかった」と言えたのでしょうか。私はそれらが「わかる」のであれば、日本の哲学や美も「わかる」というふうになるはずだと思います。

多少の手がかりは必要です。私はそれをジャパン・フィルターというふうに名付けました。なかでも客神フィルター、米フィルター、神仏習合フィルター、仮名フィルター、家フィルター、かぶきフィルター、数寄フィルター、面影フィルター、まねびフィルター、経世済民フィルターなどが有効です。本書で点検してみてください。

日本文化の正体は必ずや「変化するもの」にあります。神や仏にあるわけでも、和歌や国学にあるわけでもありません。神や仏が、和歌や国学が、常磐津《ときわず》や歌舞伎が、日本画や昭和歌謡が、セーラー服やアニメが「変化するところ」に、日本文化の正体があらわれるのです。それはたいてい「おもかげ」や「うつろい」を通してやってくる。これがジャパン・スタイルです。

しかし、このことが見えてくるには、いったんは日本神話や昭和歌謡や劇画などについて目を凝らし、そこに浸って日本の歴史文化の「変化の境目」に詳しくなる必要があります。白村江の戦いや承久の乱や日清戦争は、その「変化の境目」がどのようなものであるかを雄弁に語ります。そこは見逃さないほうがいい。それはアン女王戦争がわからなければピューリタニズムがわからないことや、スペイン継承戦争がわからなくてはバロックが見えてこないことと同じです。

ところがいつのまにか日本文化というと「わび・さび・フジヤマ・巨人の星・スーパー

マリオ」に寄りかかってしまったのです。それでもかまいませんが、それなら村田《むらた》珠光《じゅこう》の『心の文《ふみ》』や九鬼周造《くきしゅうぞう》の『「いき」の構造』や柳宗悦《やなぎむねよし》の『民芸とは何か』や岡潔《おかきよし》の『春宵十話』はどうしても必読です。せめて山本兼一の『利休にたずねよ』や岩下尚史《ひさふみ》の『芸者論』や中村昇の『落語哲学』はちゃんと読んだほうがいい。

　日本は一途《いちず》で多様な文化をつくってきました。しかし、何が一途なのか、どこが多様なのかを見究める必要があります。日本人はディープな日本に降りないで日本を語れると思いすぎたのです。これはムリです。安易な日本論ほど日本をミスリードしていきます。本書がその歯止めの一助になればと思っています。

目次

ける」／文化の様式としての「さま」／日本的モードをあらわす言葉／日本文化のナリフフリ／「粋」と「野暮」／九鬼周造が探究した「寂しさ」／いなせな男、伊達な女

第一講

柱を立てる

古代日本の共同体の原点
「柱の文化」から話を始めよう。

「稲・鉄・漢字」という黒船

最初に、日本の歴史を大きく理解するにあたっては、日本には「何度も黒船が来た」と見るのがいいと言っておきたいと思います。そう見たほうが日本をつかめるし、また、そう見ないと日本がわからないことが多い。本書はそういう見方をします。

ペリーの黒船以外にもイギリス艦船やプチャーチンのロシア艦船も来ていたのですが、それだけではなく鉄砲の伝来も、何度かにわたるキリスト教の宣教師たちの到来も黒船でした。それ以前はどうかといえば、もちろん元朝による蒙古襲来もそうですが、禅やお茶や朱子学(宋学)や『本草綱目《ほんぞうこうもく》』といった博物全書なども、日本人をびっくりさせた黒船だったのです。黒船だったというのは、それらはグローバライザーだったということです。

もっと前なら、当然、仏教や建造技術や儒教の到来が日本を変えた。では、さらにその前の「最初の一撃」は何だったのか。

原始古代の日本に来た黒船はなんといっても「稲・鉄・漢字」です。この三点セットがほぼ連続してやってきた。約一万年にわたった自給自適の縄文時代のあと、中国から稲と鉄と漢字が入ってきて日本を一変させたのです。紀元ゼロ年をまたぐ二〇〇〜三〇〇百年間のこと、弥生時代前後の大事件でした。

なぜ「稲・鉄・漢字」が黒船だったのかを理解するには、その前の縄文時代の社会文化のことを少しは知らなければなりません。

日本列島がアジア大陸から切り離されたのは約二〇〇〇万年前のこと、現在の列島のかたちが定着したのは三〇〇万年前でした。地質学では「島嶼《とうしょ》列島」と言い、その形状が枝に小さな花を点々とつけているようなので「花綵《かさい》列島」とも言われてきました。私は、日本列島がアジア大陸という大きな扉にくっついた把手《とって》のようにも見えるので「把手列島」とも呼んでいます。

一五万年前の日本にはマンモスやナウマン象やトラが跋扈《ばっこ》していましたが、一万年前にはすっかりいなくなっています。この一五万年前と一万年前のあいだに、日本列島にヒトが住みはじめたのです。気候や照葉樹林の植生がよく、水がおいしかったのだろうと思います。おそらく三万年前には定住がはじまっていた。いわゆる縄文人です。

縄文土器は約一万二〇〇〇年前に出現します。最初は早期の隆線文土器というもので、そのあと前期・中期・後期・晩期と変化した。

前期では円筒や底が平らなものがあらわれ、屈葬《くっそう》や耳飾りが流行します。中期は大集落や大型住居が登場し、土器に蛇文があらわれ、性神が崇《あが》められました。アニミズムが広まっていったのです。岡本太郎を驚かせた火焔《かえん》土器は中期の長野県や新潟県に集中しています。

後期の縄文人は協業や分業をはじめます。共同墓地、環状列石（ストーンサークル）が登場し、呪術用具がさかんにつくられた。晩期になると人々は文身《ぶんしん》をほどこして、体や顔を飾りました。文身とはイレズミのこと、「文」とはアヤをつけるという意味です。また、雑穀を育てて収穫し、煮たり搗《つ》いたりして食用にした。

縄文社会には「縄文語」ともいうべき言葉によるコミュニケーションがありました。これは「原日本語」にあたるもので、もっぱら話し言葉に頼っていただけで、文字はありません。読み書きする文字がなかったのです。日本人は長らく話し言葉によるオラル・コミュニケーションだけに頼ってきたのです。そのぶん縄文などの文様や模様が、つまりは「文《アヤ》」が重要だったわけです。

こういう縄文社会に「稲」と「鉄」と、そしてやや遅れて「漢字」がやってきた。強力なものたちでした。つまりグローバライザーとしての黒船でした。日本はここから一途で多様な国をめざします。

三つの黒船が日本にもたらしたもの

稲は日本人の食生活を大きく変えました。水田による稲作は食生活だけではなく、五穀《ごこく》豊饒《ほうじょう》を願うという「祈りと祝いの一年」のサイクルをもたらします。その後の日本の多くの行事や祭りは、この稲とお米にまつわる「祈りと祝いの一年」が基本の基本になったのです。「祈りと祝いの一年」が日本人にどんなライフサイクルをもたらしたのかについては、のちにあらためて第三講「イノリとミノリ」で紹介します。

稲作の広がりが日本の風景を変えたことも見逃せません。明治一〇年代に日本各地を旅行したイザベラ・バードの『日本紀行』（講談社学術文庫）には、日本の田園風景の美しさが何度も強調されています。

青銅器につづいてやってきた「鉄」は、日本人に頑丈な農耕器具と武器をもたらします。青銅器は銅鐸《どうたく》や銅鉾《どうほこ》などの祭祀用に活用されたのですが、鉄にはきわめて実用的な力があります。中国では古来「塩鉄論」という考え方があって、塩と鉄が国をつくるとみなされました。日本でも昭和の戦後期、八幡製鉄と富士製鉄が合併して新日鉄（現・日本製鉄）になったあたりまで「鉄は国家なり」と謳《うた》われていたものです。この合併のとき、新日鉄が日立製作所を抜いて売上日本一のメーカーになった。この地位は一九八〇年代にトヨタに抜かれるまで変わらなかったのです。

古代の鉄は「たたら」（蹈鞴）による製鉄です。砂鉄や鉄鉱石を粘土でかためた炉に入れて、これを木炭の燃焼熱によって還元するのが「たたら」製鉄です。火力を高温にするためにフイゴ（鞴）で次から次へと風をおくるのですが、それを男たちが汗だくになって踏みつづける。そのどろどろとした溶鉱の火は山を裾野のほうに流れ、その異様な火のうねりの光景がヤマタノオロチの姿などに譬《たと》えられました。出雲《いずも》や安来《やすぎ》（ともに島根県）のあたりには「たたらの一族」がいたのです。宮崎駿《みやざきはやお》の『もののけ姫』にそうした「たたら」を守る奇妙な装束の男たちが描かれています。


三つ目の「漢字」は何をもたらしたのか。話し言葉しかもっていなかった日本人に、記録ができ、いつも読むことができるリテラシーをもたらしました。日本は長かった無文字社会を脱したのです。

ただし、ここが重要なところですが、漢字を知った日本人は中国語を使うようになったわけではありません。漢字を中国語としてではなく「日本語」として使うようになった。だからこそ「仮名」も発明できた。第二講でくわしく説明します。

柱の国づくり

こうして「稲・鉄・漢字」の到来は日本社会を一変させました。古墳時代に向かって豪族たちが君臨する社会を用意し、やがてそのなかから大和朝廷を確立する一族を選択します。天皇家です。天皇家のほうも各地の統治に向かいました。

大和朝廷の統轄によって日本は古代社会をつくりあげます。都をつくり、租庸調《そようちょう》などの税のしくみをつくり、律令制を敷き、さまざまな祭祀をとりおこない、仏教も採り入れた。それは一言でいえば「柱の国」づくりでした。

日本中世史の研究者である林屋辰三郎《はやしやたつさぶろう》は、一九七一年の著書『日本の古代文化』(岩波現代文庫)の中で、「日本の古代は柱の文化であり、中世は間《ま》の文化であった」という主旨のことを述べています。「柱の文化」から「間の文化」へ。林屋はそこに日本の歴史文化のコンセプトの基本的な流れと移行を読みとりました。

いったい「柱の文化」とは何のことでしょうか。古代ギリシア神殿の円柱のようなもの、また古代ローマの列柱のようなものをイメージするかもしれませんが、ここでいう「柱の文化」とは、たんに建物の柱に日本が表象されているというだけのことではありません。日本人はもっと深いもの、高いものを「柱」にこめた。

わかりやすい例を言いますが、注目してほしいのは日本人が神さまを「御柱《みはしら》」と呼んだり、神さまの数を「柱」で数えたりしてきたということです。神々が柱であり、柱が神々だったのです。これはアポロンの神殿とはまったくちがいます。古代ギリシアやローマの神殿にはすばらしい石の列柱が組み立てられていますが、その柱は神々ではない。ゼウスもアポロンも、神殿の奥や前庭に鎮座しています。

ところが日本の神社では、柱そのものが神々でした。伊勢神宮や出雲大社その他の神社では、真柱《まはしら》そのものが神々です。柱がコンセプトとしての神だったのです。多くのお祭りで巡行する山車《だし》や山鉾《やまぼこ》でも、その中心を柱が担う。各地の正月の行事に登場する「どんど焼き」や「ぼんてんさま」も高い柱になっている。のみならず、かつての日本家屋では(とくに農家では)、必ず大黒柱が中心にありました。また床の間は中世以降に出現するのですが、そこにも「床柱」が登場しました。林屋はこうしたことをふまえて、日本の古代は「柱の文化」で成り立っていたと言ったのです。

〝立てる〟文化のルーツ

なぜこんなふうに柱が大事にされたのでしょうか。柱は立てるものですが、日本人はこの「柱を立てる」ということを大事にしてきたのです。村をおこすときも、その中心あたりに先駆者たちが最初に一本の柱を立てました。村の中の一本の立派な木を柱に見立てることもある。これを「村立て」と言います。

国は村から成立します。「村立て」があるなら「国立て」もある。この言い方が延長されて幕末や明治社会では「身を立てる」（立身）、「国を立てる」（立国）、「志を立てる」（立志）という見方が出てきました。立身・立国・立志です。いずれも立てて、立てて、ナンボです。

柱を重んじてきたルーツはかなり古いものです。さかのぼれば『古事記』や『日本書紀』に示された日本神話の神々の名前に象徴されている。日本神話のことは本書ではまとめて扱いませんが、ときどき話の都合で紹介するつもりです。ここでは、日本神話の最初の最初にどんな神が登場するのか、そこを説明しておきます。

『古事記』の冒頭に、こんなことが書かれています。「天地《あめつち》初めて発《ひら》けし時、高天原《たかまがはら》に成れませる神の名は、天之御中主神《あめのみなかぬしのかみ》、次に高御産巣日神《たかみむすびのかみ》、次に神産巣日神《かみむすびのかみ》。この三柱《みはしら》の神はみな独神《ひとりがみ》と成りまして、身を隠し給ひき」。

日本の天地開闢《てんちかいびゃく》のときに、この三神が最初に現れて隠れたというのです。アメノミナカヌシ、タカミムスビ、カミムスビの三神がぬっと現れたというのです。これを「造化三《ぞうかさん》神《しん》」あるいは「高木三神」と言います。いわゆる八百万《やおよろず》の神々が出現するのに先立って出現した三神です（『日本書紀』ではこのメンバーが少し異なって記されているのですが、いまはそのことは問いません）。

まず天空の真ん中にアメノミナカヌシが姿をあらわし、そこをよりどころとしてタカミムスビがさまざまな「結び」を試み、その「結び」にもとづいてカミムスビがその後の神々たちを国土に結ばれるようにしたというのです。タカミムスビは別名を高木神《たかぎのかみ》ともいいます。

造化三神につづいて、宇摩志阿斯訶備比古遅神《うましあしかびひこじのかみ》と天之常立神《あめのとこたちのかみ》が出現します。造化三神はまだ国土をつくっていません。そこでウマシアシカビが水面に漂う微妙なアシカビ（葦の芽）のような素材を用いて国土の基礎をつくる準備をした。こうして、これらの準備の上に登場したのが国之常立神《くにのとこたちのかみ》だというのです。

神名にいろいろ「結び」とか「立つ」という言葉がつかわれていますが、そのことはこのあとすぐに説明するとして、日本神話は以上の造化三神プラス二神を先陣として、ついでクニノトコタチが「国立て」をしたというふうになっています。『日本書紀』ではクニノトコタチをクローズアップしていて、天地開闢の直後にクニノトコタチが出現して「国立て」をしたという筋書きになります。

「結び」と「産霊《むすび》」

　これでわかるように、日本のはじまりは五神の準備のうえにクニノトコタチという「国を立てた神」が続いたのです。このあと、神世《かみよ》七代《ななよ》の神々が生まれ、その最後にイザナギとイザナミの男女二神（夫婦神）が登場して、高天原《たかまがはら》からオノコロ島に天下って、そこで天御柱《あめのみはしら》を御殿に見立てて「まぐわい」（交わること）というふうに進みます。

　たいへん象徴的な神話のはじまりですが、この日本の天地開闢のいきさつを集約すれば、この話は日本という国が成立した事情を、すべて「結び」と「立つ」で説明しているということがわかります。

　日本神話の冒頭でどうして「結び」が重視されているのでしょうか。そもそも「結び」とは何なのか。

　古代日本ではムスビは「産霊」という字をあてます。ムス（産）・ヒ（霊）でムスビです。ムス（産）は「つくる・うむ・そだてる」の意味で、いまでも「苔のむすまで」とか「ごはんを蒸す」などと使う。

　ヒ（霊）はスピリットや霊力のことです。ということは、ムスビとは「新たな力を生むものをつくる」という意味、あるいは「新たな力を生むものを示す」という意味です。そのプロセスに「結び」や「結ぶ」があるのです。

ムスビは、数ある日本コンセプトのなかでもとくに重要な「始原からの結実」をあらわしています。したがって、日本の多くの象徴的で記念的なプロセスには、たいていさまざまな「結び」が使われます。

一番わかりやすいのは注連縄《しめなわ》や水引《みずひき》です。髪の髷《まげ》の結び方、紐《ひも》や帯の結び方、幣《しで・ぬさ》の結び方などにも思いがこめられました。ムスコやムスメという言葉にも「結び」がひそんでいます。古代日本では男児のことをヒコ（彦）と、女児のことをヒメ（姫・媛）と呼ぶことが多いのですが、ムスコは「ムス・ヒコ」のこと、ムスメは「ムス・ヒメ」なのです。

そのほか、相撲では「結びの一番」や「横綱」といったムスビが、婚儀では「結納」や「結婚」というムスビの言葉がつかわれています。握り飯のことを「おむすび」とも言いますが、旅の途中で「おむすび」を食べることは、移動中のエネルギーの充実には欠かせなかったのです。日本は「ムスビの国」でもありました。

地鎮祭と「産土」

日本の立国のはじまりに「結び」と「立つ」とが重視されていたのです。最初の五神の名前はその象徴でした。このことを今日なおわかりやすくシンボライズしているのは「地鎮祭」でしょう。私たちはいまでも土木工事や建築工事をおこなう際には、必ずといっていいほど安全祈願のための地鎮祭をします。

地鎮祭では、その土地の一角の四隅に四本の柱を立て、そこに注連縄を回して結界《けっかい》を張り、その中に緑ゆたかな榊《さかき》の枝を掲げた白木の祭壇を設け、そこに向かって神職が祝詞《のりと》を奏上することで工事中の無事を祈ります。まさに「結び」と「立つ」（建つ）とが交わっている儀式です。あの形と姿の中に、私は日本の「はじまり」にあたるものがささやかに再現されていると思います。ということは、いまも日本中でいつも日本神話の最初の光景が再現されているということです。私も親しくしている内藤廣《ないとうひろし》や隈研吾《くまけんご》という建築家は地鎮祭をたいへん重視しています。建築史家の鈴木博之《すずきひろゆき》は日本の土木建築は地霊（ゲニウス・ロキ）とともに始まるとも言っていた。

地鎮祭ではその土地を「産土《うぶすな》」とみなしています。地霊は産土にたくわえられているのです。だからこの産土も大切なジャパン・コンセプトです。

産土は人が生まれた土地のことで、日本人は古来、その産土を産土神《うぶすながみ》が守ってくれていると考えました。産土神とか産土様《うぶすなさま》という。人々は生まれたその土地で名前をもつことになるので、産土神は「氏神《うじがみ》」でもあります。

産土神や氏神は人の姿をとっていません。土地の力とともにあるものです。そのため、ときにこれを慰撫《いぶ》したり励起《れいき》させたりする必要がある。だから、私たちも神聖な土地に向

産霊《ムスビ》と柱の国

日本人はムスビのなかに
スピリットの充実を込めてきた。
結び方には多彩な工夫が見られる。
①は「壽」の文字をむすぶ注連縄飾り。
相撲の横綱には②二つ輪の不知火型と
③一つ輪の雲龍型の二種類がある。

①

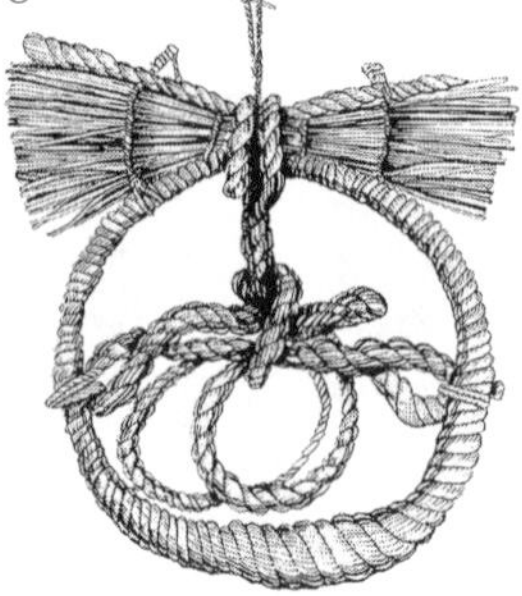

④

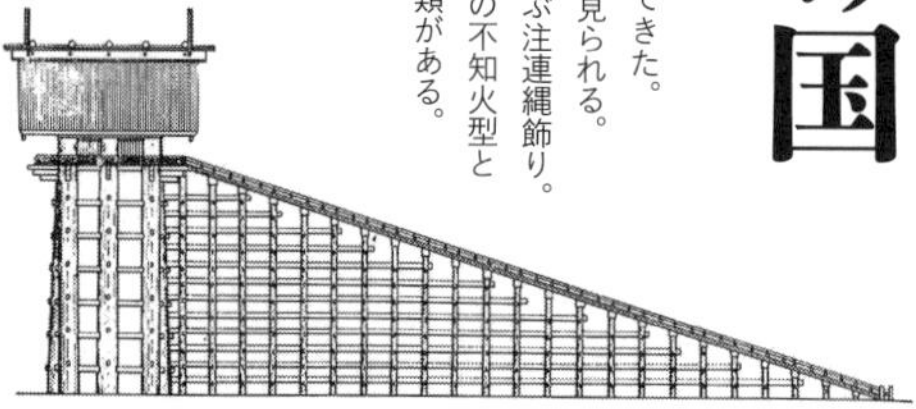

柱は、古来、天と地を結ぶものと考えられ、
神の依代としても神聖視されてきた。
④出雲大社本殿は巨木でできた
「心御柱（しんのみはしら）」によって支えられていた。
⑤法隆寺五重塔も「心柱」が地面から上部まで貫かれている。

⑤

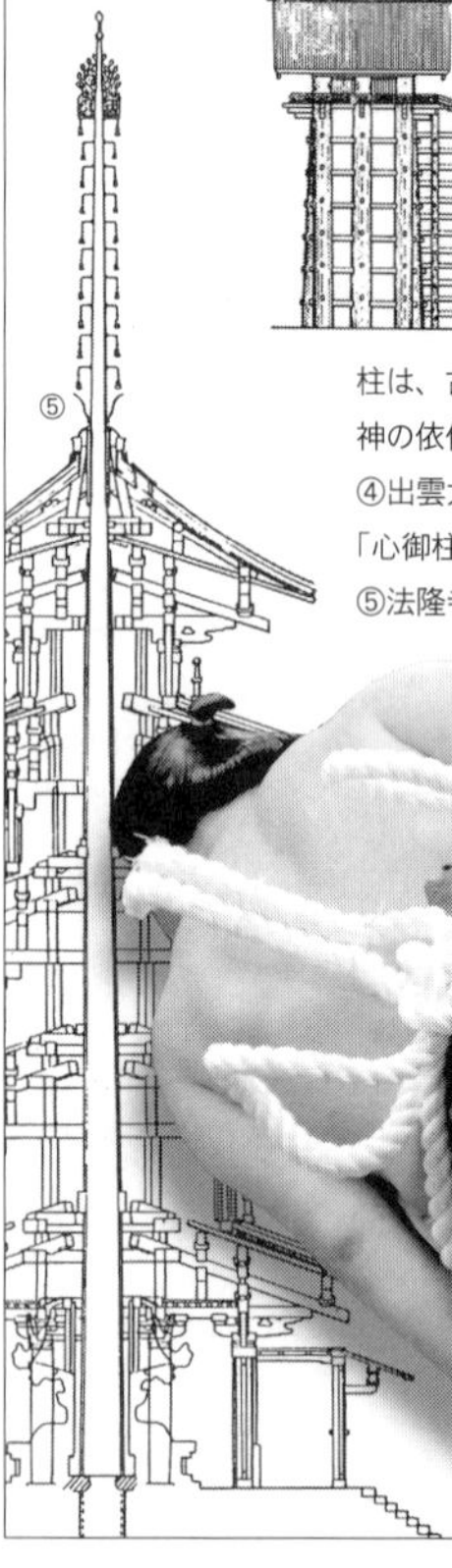

②

③

かって気持ちを高ぶらせる必要がときどきあるはずなのです。この行為は「たまふり」（魂振り）ともいいますが、いまでは神主さんたちがこれを代行します。土地のムスビの力を奮い立たせるのです。それが祝詞の最初で語る呼びかけであり、また土地に向かって祈る姿なのです。

産土にちなんで「産屋《うぶや》」というものもある。産屋は新しい生命が産まれるところです。古代では仮の小屋をつくって、そこで出産をしました。生命が産まれるとともに、新たな魂や霊力が産まれると考えられたからです。だから特別な「囲い」をつくった。産屋も、まさに産霊《むすび》がおこるところでした。

祖国と常世

これらのことをもう少し大きな目で説明すると、産土や産屋は私たちのマザーカントリーのモデルだということになります。

私は、日本のことを考えるときに、いつも私たち日本人は「祖国」のことをどのように見てきたのだろうかということに思いを募らせます。祖国とは「母国」のことです。すなわちマザーカントリー。

しかし日本人は、あまり「祖国」とか「母国」という言い方をしない。照れかくしなのか遠慮深いのか、そこはよくわかりませんが、せいぜい「わが国」とか「日本は」とか「私たちの国は」という言い方になる。天皇のお言葉でも「祖国」や「母国」は使われない。私は、もっと使っていったほうがいいと思っています。

かつて民俗学者の折口信夫《おりくちしのぶ》は古代研究を始めた当初から、日本人の心の奥にあるマザーカントリーのことを「妣《はは》が国」とか「妣なる国」と呼びました。この「妣が国」は、民俗学ではしばしば「常世《とこよ》」と同定されてきました。常世は「常にそこに待ってくれている産土の国」ということです。やはり民俗学者であった谷川健一《たにがわけんいち》に『常世論』（講談社学術文庫）があります。日本人の原郷としての常世をマザーカントリーとみなした名文です。ぜひ読まれることを奨めます。

「客神」としての日本の神々

さて、これで「柱の文化」が大切な土地に「柱を立てる」という行為をともなっていたことがあきらかになったと思います。

古代の日本人にとって「柱を立てる」ことは、一つの小さな村の「村立て」から大和政権の「国づくり」にいたるまで、何らかの共同体を始めるにあたって不可欠なことでした。それが地鎮祭として今日につながっていたのです。

このようにその場所を新たなスタートの儀式で示すことを、「結界する」とも言います。まず「そこ」をつくりたいと思う場所に一本の柱を立てるか、ないしは目印になる立派な木を決め（クス・シイ・ブナ・ケヤキ・イチョウなど）、まわりに四本の柱を立て、そこに注連縄などを回すことで結界しました。結界することによってその中に神を呼びこもう（招こう）と考えたのです。地鎮祭はこのモデルを借りているのです。

日本では柱は四方四界を区切るためのものとして立てたのです。同じことがシテ柱や目《め》付柱《つけばしら》をもつ能舞台などにも適用されました。そこには結界があるばかりで、ほかには何もない。そして、何もないからこそ、そこに神々が降臨したり、シテやワキが登場してくるのです。

このことは、とても重大なことを告げています。それは「日本の神々は客神《きゃくしん》であった」ということです。

客神とはゲストの神ということです。ユダヤ・キリスト教の神は唯一神であるとともにホストの神です。だから「主よ」と祈る。日本人は神さまには「主よ」とは祈らない。なぜなら、日本の神々は常世《とこよ》から「やってくる神」であって、そのあとさっさと「帰っていく神」だからです。「迎える神」であって「送られる神」であるからです。だから日本の神々はゲストの神、客なる神、つまり客神なのです。

このことは、大事なスタートのために結界をつくってそこに柱を立て、その柱を神に見立てるという、考えてみればたいへん摩訶不思議な認知の仕方を説明してくれます。なぜこんな不可知なやり方をしているかといえば、日本の神々は定位置にいる神でも常在する神でもなく、迎えられ、送られる神だったからなのです。

このことについては、本書のいろいろなところで再三説明しますので、ここではこの程度にしておきます。なお折口信夫は客神のことを「マレビト」とも言いました。「稀にやってくる」のでマレビトなのです。

近代日本の柱

以上の「柱を立てる」ということを、日本がふたたび強く意識したタイミングが明治維新でした。

明治維新は当初「王政復古」と呼ばれたように、古代の王権を現在に復活させる試みでもありましたが、一方でその担い手たちは古代の何を近代にふたたび立てるべきなのか悩みました。最初のうちは江戸末期の国学思想を参考にしたのですが、やがて古代的な柱とはちがった近代的な価値観としての帝国や憲法や議会、あるいは企業や家庭を近代国家の柱に据《す》えるべきだというふうになり、さまざまな候補が挙がっていきました。その過程で

「立身」「立国」「立志」、あるいは「立憲」などの言葉が生まれたのです。

福沢諭吉は『学問のすすめ』で「一身独立して一国独立する事」と書きました。まさに国民一人一人が立ち、総じて一国が立つべしと捉えたのです。しかし、このような方針は「西洋に追随したものにすぎない」という考え方をとる者たちもあらわれてきます。もっと復古型の神道の立場に戻るべきだ、『古事記』が語っていた神々の政体をとりもどすべきだという声も上がってきた。近代日本を宣言するためのイデオロギーに復活型の神道を持ち出すなんて、ずいぶんなアナクロですが、明治維新はそういう「柱」を据えようとしたのです。

とはいえ、はたしてどんな王政復古が近代日本にふさわしいのか、誰もその有力なアジェンダが示せません。なかで候補となったのは、江戸末期の佐藤信淵《さとうのぶひろ》の『天柱記《てんちゅうき》』や平田篤胤《ひらたあつたね》の『霊能真柱《たまのみはしら》』です。二つとも「柱」を謳っています。いずれも日本神話の最初の造化三神の心に戻れというものですが、けれども、そんな空漠たるものが近代国家の礎《いしずえ》になるとは思えません。だいたい造化三神は出現して、あとを後塵《こうじん》の神々（国づくりの神々）に任せて隠れてしまうのです。

一方、日蓮《にちれん》宗の僧侶であった田中智学《たなかちがく》は明治一七年（一八八四）の立正安国会を母体に、大正に入って「国柱会《こくちゅうかい》」なるものを結成して、全国の神社の祭神を皇祖神に統一していくべきだという具体案を示しました。国の柱を神社からつくりなおすという試案です。

これはたしかに古代的な柱を明治の世に残し続けるというプランではあったのですが、その思想はたちまち右傾化して、のちの国体思想の浄化につながり、石原莞爾《いしわらかんじ》の満州国の構想などに採り入れられていきます。なお、田中智学の国柱会には若き日の宮沢賢治も憧れて門を叩いています。賢治がシュールな詩人や童話作家になっていくのは、国柱会から入門を断られてからのことでした。

このように「柱を立てる」という思想は近代日本においては、国粋主義や八紘一宇《はっこういちう》の思想の温床ともなったのです。

第二講

和漢の境をまたぐ

「中国語のリミックス」で日本文化が花開いた。

漢に学び、漢から離れる

ここでは、いくつもの日本のコンセプトが「和漢の境《さかい》」をまたぐことによって成立してきたという顚末《てんまつ》を話したいと思います。

和漢の境をまたぐとは、中国（漢）と日本（和）の交流が融合しつつ、しだいに日本独自の表現様式や認知様式や、さらには中世や近世で独特の価値観をつくっていったということです。

これはおおざっぱには、次のようなことを意味しています。アジア社会では長らく中国が発するものをグローバルスタンダードとしての規範にしてきたのですが、そのグローバルスタンダードに学んだ日本が、奈良朝の『古事記』や『万葉集』の表記や表現において、一挙にローカルな趣向を打ち出し、ついに「仮名」の出現によって、まさにまったく新たな「グローカルな文化様式」や「クレオールな文化様式」を誕生させたということです。しかも、その後はこれを徹底して磨いていった。何を磨いたかというとクレオールな「和漢の境」を磨いていったのです。

なぜ、このようなことをしたのか。なぜそんなことが可能になったのか。たんに知恵に富んでいたわけではないのです。

二、三の例で説明します。

たとえば禅宗は中国からやってきたもので、鎌倉時代には栄西や道元はじっさいに中国に行って修行もしています。しかし、日本に入って各地に禅寺が造営されるようになると、その一角に「枯山水《かれさんすい》」という岩組みや白砂の庭が出現します。竜安寺や大徳寺が有名ですが、このような庭は中国にはないものです。

中国の庭園（園林と総称します）は植物も石もわんさとあります。日本の禅庭は最小限の石と植栽だけでつくられ、枯山水にいたっては水を使わずに石だけで水の流れを表現します。つまり引き算がおこっているのです。

お茶も中国からやってきたものでした。栄西が『喫茶養生記《きつさようじようき》』でその由来を綴《つづ》っている。しかし日本では、最初こそ中国の喫茶習慣をまねていたのですが、やがて「草庵の茶」という侘《わ》び茶の風味や所作に転化していきました。またそのための茶室を独特の風情でつくりあげた。身ひとつが出入りできるだけの小さな躙口《にじりぐち》を設け、最小のサイズの床の間をしつらえた。部屋の大きさも広間から四畳半へ、三帖台目《だいめ》へ、さらには二帖台目というふうになっていく。こんなことも中国の喫茶にはありません。ここにも引き算がおこっているのです。

侘び茶や草庵の茶に傾いた村田珠光《むらたじゅこう》は、短いながらもとても重要な『心の文《ふみ》』という覚え書のなかで、そうした心を「和漢の境をまぎらかす」と述べました。たいへん画期的なテーゼでした。

古来、日本には中国からさまざまな建具が入ってきました。衝立《ついたて》や板戸です。たいていは頑丈な木でできているのですが、日本はそこから軽い「襖《ふすま》」や「障子」を工夫した。桟《さん》を残して和紙をあてがったのです。これらは一九七〇年代以降の日本の技術シーンで流行した「軽薄短小」のハシリです。

このように、日本は「漢」に学んで漢を離れ、「和」を仕込んで和漢の境に遊ぶようになったのです。

史上最初で最大の文明的事件

日本という国を理解するためには、この国が地震や火山噴火に見舞われやすい列島であることを意識しておく必要があります。いつどんな自然災害に見舞われるかわからない。近代日本の最初のユニークな科学者となった寺田《てらだ》寅彦《とらひこ》が真っ先に地震学にとりくんだのも、そのせいでした。日本はフラジャイル（壊れやすい）・アイランドなのです。

しかも木と紙でできあがった日本の家屋は、火事になりやすい。燃えればあっというまに灰燼《かいじん》に帰します。すべては「仮の世」だという認識さえ生まれました。けれども、それゆえに再生可能でもあるのです。こうして復原することは日本にとっては大事な創造行為になったのです。熊本城の破損や首里城の炎上は心を痛める出来事でしたが、その復原こそは多くの人々の願いとなった。そのため「写し」をつくるという美意識が発達します。

ひるがえって、日本列島は二〇〇〇万年前まではユーラシア大陸の一部でした。それが地質学でいうところのプレートテクトニクスなどの地殻変動によって、アジア大陸の縁の部分が東西に離れ、そこに海水が浸入することで日本海ができて大陸と分断され、日本列島ができあがったと考えられています。

このような成り立ちをもつゆえに、日本列島が縄文時代の終わり頃まで長らく大陸と孤絶していたという事実には、きわめて重いものがあります。日本海が大陸と日本を隔てていたということが、和漢をまたいだ日本の成り立ちにとって、きわめて大きいのです。

その孤立した島に、遅くとも約三〇〇〇年前の縄文時代後期までには稲作が、紀元前四〜前三世紀には鉄が、四世紀後半には漢字が、いずれも日本海を越えて大陸からもたらされることになったという話を、第一講でしておきました。「稲・鉄・漢字」という黒船の到来です。

とりわけ最後にやってきた漢字のインパクトは絶大でした。日本人が最初に漢字と遭遇したのは、筑前国（現在の福岡県北西部）の志賀島《しかのしま》から出土した、あの「漢委奴国王《かんのわのなのこくおう》」という金印であり、銅鏡に刻印された呪文のような漢字群でした。これを初めて見た日本人（倭人）たちはそれが何を意味しているかなどまったくわからなかったにちがいありません。しかし中国は当時のグローバルスタンダードの機軸国であったので（このグローバルスタンダードを「華夷秩序」といいます）、日本人はすなおにこの未知のプロトコルを採り入れることを決めた。

ところが、最初こそ漢文のままに漢字を認識し、学習していったのですが、途中から変わってきた。日本人はその当時ですでに一万〜二万種類もあった漢字を、中国のもともとの発音に倣《なら》って読むだけではなく、縄文時代からずっと喋っていた自分たちのオラル・コミュニケーションの発話性に合わせて、それをかぶせるように読み下してしまったのです。

私はこれは日本史上、最初で最大の文化事件だったと思っています。日本文明という見方をするなら、最も大きな文明的事件だったでしょう。ただ輸入したのではなく、日本人はこれを劇的な方法で編集した。

中国語学習ムーブメント

漢字の束を最初に日本（倭国）に持ってきたのは、百済《くだら》からの使者たちでした。応神《おうじん》天皇の時代だから四世紀末か五世紀初頭でしょう。阿直岐《あちき》が数冊の経典を持ってきた。当時の日本は百済と同盟関係になるほどに親交を深めていました。

阿直岐の来朝からまもなく、天皇の皇子だった菟道稚郎子《うじのわきいらつこ》がこの漢字に関心をもち、阿直岐を師と仰いで読み書きを習いはじめました。これを見た応神天皇が、宮廷で交わしている言葉を文字であらわすことに重大な将来的意義があると感じて、阿直岐に「あなたに勝る博士《ふみよみびと》はおられるか」と尋ねたところ、「王仁《わに》という秀れた者がいる」と言います。さっそく使者を百済に遣わしてみると、王仁が辰孫《しんそん》王とともにやってきた。このとき『論語』『千字文』あわせて一一巻の書物を持ってきた。この『千字文』というのは、たいへんよくできた漢字の読み書きの学習テキストです。私も父に教えられて書の手習いがてら、いろいろ学びました。

王仁は「書首《ふみのおびと》」の始祖となります。その後も継体《けいたい》天皇七年のときに来朝した五経博士の段楊爾《だんように》、継体一〇年のときの漢高安茂《あやのこうあんも》、欽明《きんめい》一五年のときの王柳貴《おうりゅうき》というふうに、何人もの王仁の後継者が日本に来ました。

このことは、見慣れない「文字」とともに「中国儒教の言葉」がやってきたことを意味します。そうして朝廷に中国語の読み書きができる人材がいよいよ出現してきたのです。

それなら、こうした外国語学習ムーブメントが日本の中に少しずつ広まって、みんなが英会話を習いたくなるように、やがて中国語に堪能な日本人（倭人）がふえていくはずです。実際、たしかにそういうリテラシーの持ち主はふえたのですが（貴族階級や僧侶に）、だとすれば今日の日本人が英会話をし、英語そのままの読み書きができるのと同じように、多くの日本人が中国語の会話をするようになって当然だったのですが、そうはならなかった。

中国語をそのまま使っていくのではなく、漢字を日本語に合わせて使ったり日本語的な漢文をつくりだしたりした。まさに文明的な転換がおこったのです。

中国語を「リミックス」する

『日本書記』の推古《すいこ》天皇二八年（六二〇）に、聖徳太子と蘇我馬子《そがのうまこ》が『天皇記《すみらみことのふみ》』と『国《くに》記《つふみ》』の編述にとりくんだという記事があります。どんな人物が筆記したのかはわからないのですが、一八〇部をつくり、臣《おみ》や連《むらじ》、伴造《とものみやつこ》や国造《くにのみやつこ》に配る予定でした。

このとき、おそらく中国語ではない「中国的日本語のような記述」が誕生したのだろうと思います。いわばチャイニーズ・ジャパニーズです。ただし、この『天皇記』と『国記』は乙巳《いつし》の変（大化改新）のとき、蘇我蝦夷《えみし》の家とともに焼けてしまった。

まことに残念なことですが、さいわい天武《てんむ》天皇のとき（六八一）、川島《かわしま》皇子と忍壁《おさかべ》皇子が勅命によって『帝 紀《すめろきのひつぎ》』と『旧辞《ふること》』を編纂することになりました。これは天皇の系譜を綴った皇統譜とその関連語彙集（ボキャブラリー集）のようなもので、日本各地の日本人の名称や来歴が記録されたのです。まさに産土《うぶすな》にもとづいた記録です。

当然、漢字ばかりのものです。しかし、これも中国語ではない。やはりチャイニーズ・ジャパニーズっぽいものでした。しかもこのとき、この中身を稗田阿礼《ひえだのあれ》が誦習《しょうしゅう》して半ばを暗記した。稗田阿礼という人物はまだ正体がわかっていないので、ひょっとしたら一人ではない集団名だったのかもしれないのですが、それはともかく、阿礼は『帝紀』や『旧辞』の漢字漢文を中国語で誦習したのではありません。日本語として誦習した。

ついで和銅四年（七一二）、元明《げんめい》天皇は太安万侶《おおのやすまろ》に命じて『古事記』を著作させました。目的は「邦家《みかど》の経緯《たてぬき》、王化《おもぶけ》の鴻基《おおもとい》」を記しておくことです。ここでついに画期的な表現革命がおこりました。

太安万侶は稗田阿礼に口述させ、それを漢字四万六〇二七字で『古事記』に仕上げるのですが、表記に前代未聞の工夫をほどこした。漢字を音読みと訓読みに自在に変えて、音読みにはのちの万葉仮名にあたる使用法を芽生えさせたのです。

これはそうとう画期的なことでした。表記上で画期的だっただけでなく、日本人が縄文以来つかってきた言葉を「漢字の声」であらわすことができたということが、さらに画期的なのです。私たちは漢字を見ても、日本語の声で読めるようになったのです。

たとえば「大」という字を音読みすると「ダイ」になるのは、もともと中国でこの字を「ダィ」と発音していたことにもとづいています。近似音でダイにした。しかし日本人は「大」を自分たちの古来の言葉であった「おお」「おおし」「おおき」などの言葉に適用するために訓読みもするようになり、さらに音読みと訓読みを平然と使いわけるようにさえなっていったのです。「生」はショウ（一生）ともセイ（生活）ともキ（生蕎麦）とも読み、かつ「いきる」「うまれる」「なま」（生ビール）などとも読んだのです。まことに驚くべきことです。

自分たちの発明した漢字をこのように使えることは、中国人にとっては予想もつかないことでした。私たちは中国というグローバルスタンダードを導入し、学び始めたその最初の時点で早くもリミックスを始めていたのです。

かくて、ここに登場してきたのが日本独自の「仮名」でした。万葉仮名は真仮名《まかな》、真名《まな》仮名《かな》、男仮名というふうに発展し、ここで女たちがこれらを学びつつ変化させて、いわゆる「女文字《おんなもじ》」として柔らかな仮名にしました。「安」は「あ」に、「波」は「は」に、「呂」は「ろ」になったのです。

いったん仮名になると、「あ」には「安い」という意味はなく、「は」には「波」という意義はありません。日本人はオリジナルの表音文字をもったのです。そして、これによって「漢字仮名まじり文」という発明をしでかした。まるで英文の中に漢字や仮名をまぜたような文章をつくりだしたのです。

まことに大胆で、かつ繊細なジャパン・フィルターが作動したものです。できあがった仮名文字は真仮名に対して「平仮名」とも呼ばれます。晩年に日本国籍をとったドナルド・キーンは「仮名の出現が日本文化の確立を促した最大の事件だ」と述べました。その通りです。

デュアル・スタンダード

中国のオリジナルに倣《なら》い、それらを学びながらも、自在なリミックスを行うという日本に特有なグローバルスタンダードの受け入れ方は、七世紀から九世紀にかけて行われた遣唐使においてとくに顕著にあらわれます。

日本は唐に使節を派遣することで、グローバルスタンダードの数々の制度や文物を持ち帰り、それによって建築技術、仏像技術、造船技術などをマスターします。けれども、いつしか建具や仏像などにおける組み木細工や寄木造りなどを編み出すことになった。もしそうでなかったら、日本の家屋はみんなチャイニーズ・レストランのようになっていたでしょう。技法だけではない。太秦広隆寺《うずまさこうりゅうじ》の優雅でアンニュイな弥勒菩薩《みろくぼさつ》像に見られるように、中国的な仏像のイメージを離れることもやってのけた。イメージにもジャパン・フィルターが機能していったのです。

もちろん中国のグローバルスタンダードをそのまま使うこともあります。大極殿《だいごくでん》や禅宗建築はそれに近い。大極殿は朝廷の公式裁定をするところですが、これは瓦屋根でスレート敷きで、柱には朱色などの極彩色をほどこし、沓《くつ》を履いたまま登壇します。けれども朝廷は大内裏《だいだいり》の中に大極殿や朝堂院《ちょうどういん》を建造するとともに、その敷地内に必ず和風の紫宸殿《ししんでん》や清涼殿《せいりょうでん》もつくったのです。併設《へいせつ》したのです。こちらは檜皮葺《ひわだぶ》きの白木造りで高床式《たかゆかしき》、沓を脱いで上がります。

すなわち内裏では「漢」と「和」が両立していたのです。これはダブル・スタンダードとも言えますが、私は「デュアル・スタンダード」を意図したと考えています。デュアルとは「行ったり来たりできる」ということ、また「双対性《デュアリティ》」を活かすということです。日本人はこのことをとても重視したのですが、それがどんなものであったかは、のちにいろいろ説明します。

ともかくもこうして、和漢の相違の共存と変換を仕組んだことが漢風文化と国風文化という対比を形作っていくことになるのです。

紀貫之の革命

和漢をまたいだ例として、紀貫之《きのつらゆき》の実験は最も影響力をもつものでした。また、みごとな編集力の発揚でした。太安万侶の実験が第一次日本語認知革命だとしたら、これは第二次日本語認知革命です。

貫之は『古今和歌集』を編纂するのですが、その序文に「真名序《まなじょ》」と「仮名序《かなじょ》」という漢和両方の序を付けた。今日の文書のように英文・和文をできるだけ同じ内容になるように併記したのではなく、真名序では中国における漢詩のルールと目的を掲げ、仮名序ではそれを日本に移した場合の和歌独特の変化のスタイルと狙いを書いたのです。

そして、こう宣言した。「やまとうたは、人の心を種として、万《よろず》の言《こと》の葉とぞなれりける。世の中にある人、ことわざ繁きものなれば、心に思ふことを、見るもの聞くものにつけて、言ひいだせるなり」。これは中国人の漢詩の心を述べた真名序とはかなり異なるものです。

貫之の実験は『土佐日記』において、さらに前代未聞のものとなります。よく知られているように、そこには「男もすなる日記といふものを、女もしてみむとてするなり」と書かれているのですが、これはたいへんアクロバティックなことなのです。

当時、日記は男性貴族が漢文で書くものと決まっていました。中国から入ってきた具注《ぐちゅう》暦《れき》という巻物仕立ての暦に、その日の出来事を漢文で書いていたのです。それを女も書いてみようと思ったというのですが、これを書いているのは男の貫之ですから、ここには仮想のトランスジェンダーがおこしてある。さらに大胆なことに、その日記は漢文ではなくて、仮名になっている。『土佐日記』は「和漢の境」と「男女の境」を二重にまたいだ仮想実験だったのです。

この仮想実験はあっというまに多大な影響力をもたらします。女房たちが仮名日記や仮名文章を好きに書くようになりました。『枕草子』も『更級《さらしな》日記』も『源氏物語』も『和泉式部日記』も、こうして生まれます。

たんなる女房文学の誕生などではありません。紀貫之が日本語認知革命をおこし、日本人の思考プロセスに新たな方法による開示が可能なことを教えたのです。

『和漢朗詠集』の「なぞらえ」

貫之につづいて、藤原公任《ふじわらのきんとう》による『和漢朗詠集』が出現します。『古今集』のような勅撰和歌集ではなくて、私撰の詞花集です。プライベート・エディションです。

平安時代の王朝文化で流行した漢詩と和歌のヒットソングを集めたベストアンソロジー・アルバムだと見ればわかりやすいと思いますが、公任は漢詩一詩に和歌三首、あるいは和歌二首に漢詩三詩などといろいろ対比させて、漢詩と和歌を両方、非対称に収録しました。これは「なぞらえ」（準え）という方法です。私は「なぞらえ」をみごとにはたしてみせた『和漢朗詠集』を、日本の歴代の詞花集の中でもとくに重要なポジションに位置づけています。

公任はこれを娘の婚姻記念の引き出物としてつくり、紅・藍・黄・茶の薄目の唐紙に唐《から》花文《はなもん》をあしらった雲母《きら》刷りにして、名筆家で鳴る藤原行成《ふじわらのゆきなり》の草仮名《そうがな》の書で仕上げました。目も綾な粘葉本《でっちょうぼん》です。

部立《ぶたて》もすばらしい。上巻は春夏秋冬で、春二一、夏一二、秋二四、冬九を配当し、下巻は「風・雲・松・猿・古京・眺望・祝……」というふうに組み立てた。これをしかも漢詩と和歌の両方のコンテキストでつなぐ。結局、漢詩が五八八詩、和歌が二一六首になったのですが、まさに「和」と「漢」が意識的に混ぜられているのです。部立はチャプター・エディティングのことです。王朝文化は「部立の文化」でもありました。

こうしたスタイルはのちにまとめて「和魂漢才の妙」というふうに呼ばれます。「和魂」と「漢才」というふうに、あえて「魂」と「才」を振り分けたのも独特です。

「しつらい」「もてなし」「ふるまい」

このように日本人は、舶来の文字としての漢字に自分たち固有の読み方を適用し、そこからオリジナルの日本文字をつくりだしました。

そうすると、その日本文字をまじえた和歌を書にするときの書き方が柔らかく変化していきます。「和様の書」が誕生したのです。そして、漢字をちゃんと書く楷書に対して、漢字をくずす和様の行書が工夫され、さらに草仮名をメインとした草書が書かれるようになったのです。「真・行・草」の誕生です。これは王朝のカリグラフィックな表現革命でした。しかしそれだけではなく、その草書を美しい和紙（料紙）にさらさらと「分かち書き」や「散らし書き」にするというデザイン革命も、もたらした。小野道風《おののみちかぜ》、藤原佐理《ふじわらのすけまさ》、藤原行成らがすばらしい和様書を書いた。これらは中国にも運ばれて展観されたのですが、中国の書人たちはその柔らかさに驚きました。

住居や生活のための素材を木と紙に替え、室内のインテリアに和風のセンスをとりこむということも工夫されます。屏風《びょうぶ》や壁代《かべしろ》や御簾《みす》や几帳《きちょう》などが「調度」として登場し、そこに王朝風の「しつらい」(室礼)の文化がつくりだされたのです。そして、この「しつらい」に応じて「もてなし」と「ふるまい」が整えられていきました。私は日本の生活文化の基本に、この「しつらい」「もてなし」「ふるまい」の三位一体があると確信しています。私はかつて平安建都一二〇〇年のフォーラムのディレクターを担当したことがあるのですが、このときはまさに「しつらい・もてなし・ふるまい」をコンセプトにしてみました。

信仰上の「和漢の境」をまたぐということもおこった。中国からやってきた儒学と仏教を学びながらも、同時にかつてから日本にあった神奈備《かんなび》や神祇《じんぎ》の感覚をそこに加えていったのです。このへんのことについては第四講の「神と仏の習合」で説明します。

くにぶりの誕生

以上のように、日本においては長らく「和漢の境をまたぐ」ということがつねに重要視されてきたわけなのですが、これが戦国時代から安土桃山時代になると少し風向きが変わりはじめて、もはや中国からの文物を最高位のものとして賞玩《しょうがん》するのは控えようという風潮が出てきます。

室町時代までは、「唐物荘厳《からものしょうごん》」と言って、唐物、すなわち中国の舶来物が一番価値があるという基準があったのです。それが戦国時代が進むにしたがって、各地のお国の文化がしだいに認識されたこともあり、変化していった。こうした各地の文化や文物や習俗のことを「くにぶり」（国風）と言います。いまも「お国ぶり」などと言う。

たとえば陶芸の領域においては、長らく中国の陶磁器（景徳鎮《けいとくちん》の焼きものなど）が最高品だとされていたのですが、日本各地に「国焼《くにやき》」の窯ができてくると、そこでプロダクトされる陶器もおもしろがられるようになるのです。信楽焼《しがらき》、瀬戸焼、備前焼、丹波焼、越前焼、常滑焼《とこなめ》などです。これらはまとめて「六古窯《ろっこよう》」とされました。村田珠光が『心の文』で「和漢の境をまぎらかす」と言ったのは、茶の湯では唐物だけでなくこうした国焼もつかおうという宣言だったのです。

また、たとえば水墨画は禅宗とともに日本に入ってきたものなので、これまた長らく中国の水墨山水が圧倒的な価値をもっていたのですが、日本に禅宗が定着し、鎌倉五山や京都五山にすぐれた禅僧が出現するにつれ、そのかたわらから如拙《じょせつ》・雪舟《せっしゅう》・相阿弥《そうあみ》のような名人が登場してきて、日本風の余白の多い水墨画が好まれるようになり、ついには長谷川《はせがわ》等伯《とうはく》の「松林図屏風」のような日本ならではの絶妙な山水図が出現したのです。

「古意《いにしえごころ》」で思索する

決定的だったのが信長と秀吉の時代にキリシタンがやってきたこと、そこに西洋のグローバルスタンダードを受容する限界と危機を感じたこと、秀吉が朝鮮に出兵した文禄・慶長の役で、敗退したことなどをきっかけに、「中国のことはもういいじゃないか」という空気が醸成されていったことでした。

その流れは徳川家が政権を握るようになっても変わらず、江戸時代の初期には林羅山《はやしらざん》や藤原惺窩《ふじわらせいか》などの儒学者が当時の主流学問であった朱子学を導入するのですが、中江藤樹《なかえとうじゅ》、熊沢蕃山《くまざわばんざん》、伊藤仁斎《いとうじんさい》、荻生徂徠《おぎゅうそらい》らは、あえて儒学の「日本化」をめざすのです。

物産にも日本化がおこる。徳川吉宗の時代になると本草学が独自に発達して、それまで中国の鉱物や植物の図鑑（本草綱目など）に頼っていたのをやめ、日本の風土で育つ植物や農産物に注目するようになり、実際にもサツマイモや菜種油《なたねあぶら》や砂糖など国産のものに切り替えるようになります。享保の改革です。薬にしても中国漢方そのままではなく、日本原産の素材を中国の技術で精製する「和漢薬」を作ろうとするようにもなりました。

徳川幕府はすでに三代将軍家光の時代にいわゆる「鎖国令」を発して、外国との交通・

唐風の典雅と和風のみやび

日本の文化は「和漢の境」をまたぐことで、独自の表現様式を生み出してきた。①の唐鏡は想像上の花や鳥だが、②の和鏡は身近な松や鶴におきかえられ、構図もアシンメトリーにくずされる。破調の美意識は、③波打つような襲(かさね)装束と黒髪が印象的な平安女房の表現にも顕著だ。

①

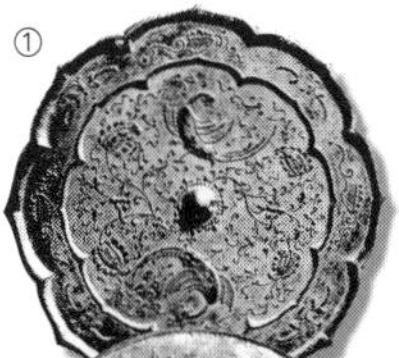

②

③

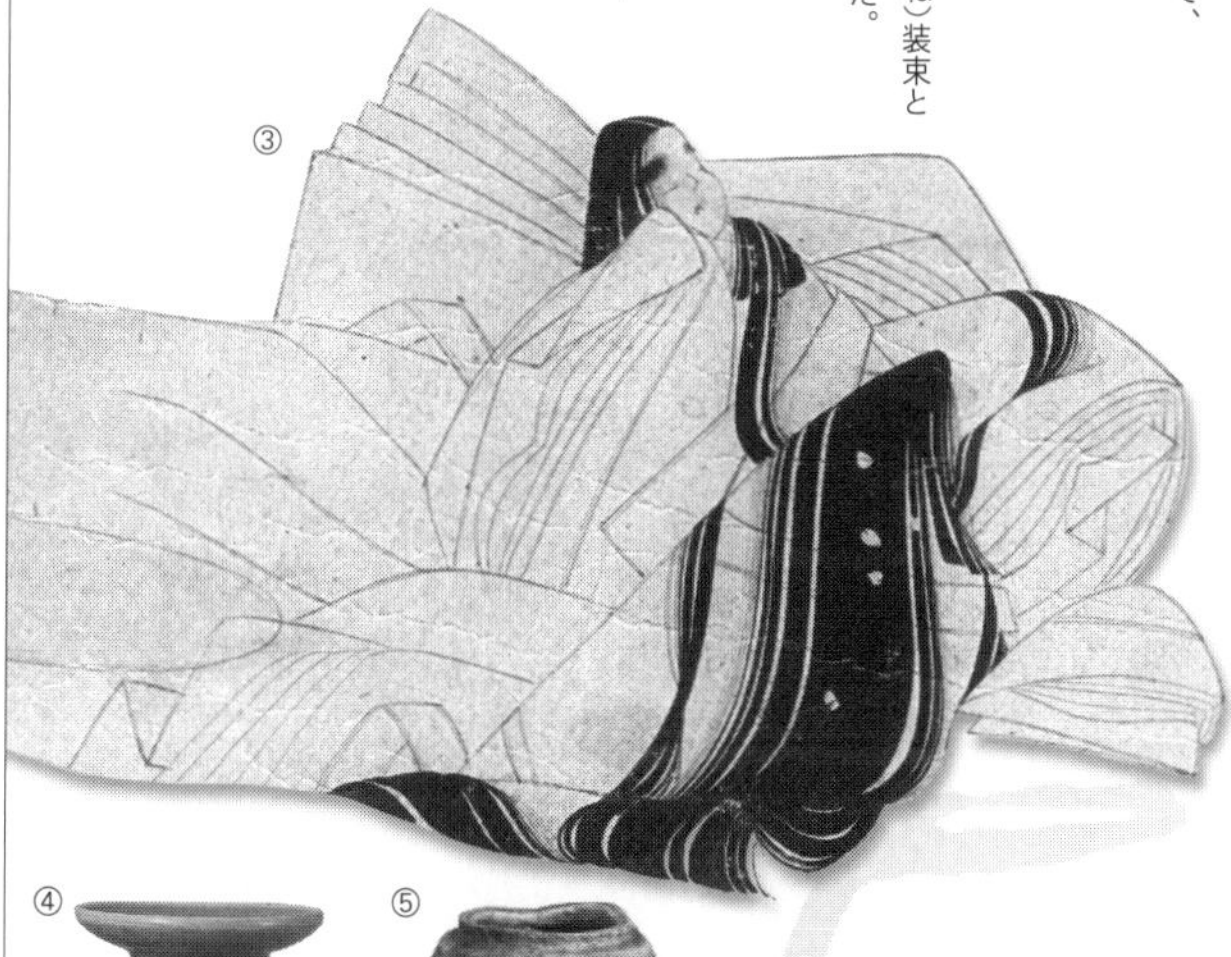

④

⑤

④均整の取れた唐物の青磁耳付花入。これとは対極的に⑤国焼の伊賀焼の耳付花入は、激しい歪みや自然釉の景色を活かした造形になっている。

貿易を禁じていました。

オランダや中国との通商も長崎・出島に制限した。日本が鎖国をして（正確には「海禁」といいます）、一二〇〇〜一二五〇年という長い期間を内需拡大に徹していたというのは世界史上でもかなり異例なことなのですが、このことはやがて、これまで中国の影響力のもとで書かれていた日本の古い書物を中国から離れて読み直すという「日本儒学」を誕生させるムーブメントにつながったのです。

このような儒学における「中国離れ」の試みを完成させたのが、賀茂真淵《かものまぶち》や本居宣長《もとおりのりなが》らが創始した「国学」でした。日本のことを日本の方法で研究しようという学風です。

まずは契沖《けいちゅう》や荷田春満《かだのあずままろ》や真淵らによって『万葉集』や『源氏物語』が研究され、ついで宣長がいよいよ日本および日本人の起源を記したとおぼしい『古事記』の研究に入っていきました。

しかし、稗田阿礼や太安万侶が工夫の極みをもって綴った文章は、かんたんには解読できません。宣長は「漢意＝からごころ」（中国的発想）を排して「古意＝いにしえごころ」（日本的発想）による思索に徹しようと決断しました。そうでもしなければ『古事記』が語った本来の意図は読めないと考えたのです。

前述したように、『古事記』は、仮名がまだ発明されていない時代に漢字だけを使って書かれた古代日本語の書物です。そのため、『古事記』が最初に書かれてから一〇〇〇年もたつと、もはや誰にも読めなくなっていた。それを宣長は、読解のさしさわりになる漢字漢文による表現がもたらすものを「からごころ」として、自身の「読み」を頭の中から捨てて読み直しを試みたのです。実に四〇年をかけ、最終的には漢字と送り仮名で構成される日本語の文章として読めるものに初めて作り直しました。それが『古事記伝』です。日本についての名著は何十冊もありますが（できるだけ本書で紹介するつもりです）、『古事記伝』はベストテンに入ります。

「ジャパン・フィルター」が機能しなくなる

大和本草や国学のような国産物の開発、日本儒学の研究といった連打は、政治や思想や文化における「中国離れ」を引きおこします。日本はこのままいけるんではないか、もっと充実した国になれるんではないか。宝暦天明期や文化文政期には、そんな驕《おご》りさえ出てきます。

ところが、そこにおこったのがアヘン戦争（一八四〇）です。イギリスが清《しん》を蹂躙《じゅうりん》した。幕府が唯一親交を温めてきたオランダ国王からの親書には、「次は日本がやられるかもしれない」という警告が書いてありました。これは「オランダ風説書《ふうせつがき》」という文書に示されています。

実際にもロシアの戦艦が千島や対馬にやってきて、通商のための開港を求めます。幕府は外国船打払令などを連発して、これを追い払おうとするのですが、効き目がない。そうこうするうちに、ついに「黒船」がやってきて（一八五三）、この対処に戸惑った幕府は解体を余儀なくされました。海外向け、外交上のジャパン・フィルターの持ち札がなかったのです。やむなく攘夷か開国かで国内は大騒動です。これで明治維新に突入することになったのです。

こんなふうになったのは、黒船に代表される西洋の近代科学の力に圧倒されたということもあるでしょうし、同時にその西洋の力によって、かつての日本にとってのグローバルスタンダードであった清国がなすすべもなく蹂躙されたアヘン戦争という事件を間近に見たせいでもあったでしょうが、いずれにしてもそこで、それまで日本が保持していた何かが損なわれたのです。

これまでの日本であれば、グローバルスタンダードを独特のジャパン・フィルターを通して導入していたはずのものが、西洋の政体と思想と文物をダイレクトに入れることにしたとたん、つまり「苗代《なわしろ》」をつくらずに、フィルターをかけることなく取り込もうとしてしまったとたん、日本は「欧米化」に突入することになったのです。これを当時は「文明開化」とは言ってみましたが、でもそこからは、大変です。列強諸国のほうが、裁判権とか通商権などに関してフィルターをかけようとしたのです。

西洋の文化を受け入れるに際して、あまりに極端なオープンマインド、オープンシステムで応じたために、中国の文物を受け入れるに際しては機能した「和漢の境をまたぐ」という仕掛けがはたらかなくなりました。こうして「和魂漢才」はくずれ、できれば「和魂洋才」を律したかったのですが、そこもどちらかといえば「洋魂米才」があっというまに広がっていきました。このことは明治の大学が「お雇い外国人」にそのスタートを頼んだことにもあらわれています。

仮名の発明から徳川時代の国学まで続いた「中国離れ」は「列強含み」に変わったのです。それではいかんと奮起して日清戦争と日露戦争に勝利できたあたりから、日本主義やアジア主義を唱える新たなムーブメントもおこりますが、その動向はまことに微妙なもの、あるいは過剰なものとなっていきました。

第三講 イノリとミノリ

日本人にとって大切な「コメ信仰」をめぐる。

常民的な生活とお米

日本人はどんなふうにグルーピングできるでしょうか。柳田国男《やなぎたくにお》にはじまる日本民俗学では、日本人は山人《やまびと》と海人《うみびと》と常民《じょうみん》と遊民《ゆうみん》で構成されているとみなしました。

山人は縄文社会をきずきあげた人々などをルーツにして、狩猟や採集や牧畜を糧にしてきました。海人は古代なら「アマ」と呼ばれた海や水にかかわる人々で、漁労や海産や製塩の仕事をします。ただし海浜に住むとはかぎらない。日本には各地に「塩の道」がのこっていますが、その塩を陸上で運んだ人々も海人です。古代中世では住吉とか住之江とか安曇《あずみ》（安住）とか渥美といった苗字をもった人々が活躍しました。

常民というのは聞きなれない言葉かもしれませんが、柳田が最も重視した生活者のことで、文化人類学的にいえば農耕民族です。わかりやすくいえば、いわゆる「お百姓さん」のライフスタイルや田畑にまつわる生活観をベースにしている人々のことです。ただし最近の歴史学では「百姓《ひゃくせい》」という用語は農民のみならず多くの働く人々全般のことをさしていることが判明したので、「お百姓さん＝農民」というふうにはなりません。

これに対して遊民はあまり定住せず、商人として各地の産物を売り歩いたり、工芸や芸能を提供したりしてきた人々です。遊女たちも含まれます。各地を渡り歩くことをいとわないネットワーカーです。古代中世では職人たちもここに含まれます。私は一九七一年から「遊」という雑誌を編集してきましたが、この雑誌名は「新たな遊民たらん」という気持ちで創刊したものでした。

歴史的に日本人の多くを占めてきたのは常民です。「常」という文字がつかわれているように、一定の土地に常住（定住）した人々のことで、そのため平均的な日本人のコモンセンス（常識・民意）を担っているというふうにみられます。常民は「里人《さとびと》」になっていたのです。

常民は田畑にかかわってさまざまな農産物をつくり、もたらします。また、収穫物が無事に育つことを祈って、さまざまな祭りを工夫してきた。すなわちミノリ（稔り・実り）を願って、イノリ（祈り・禱り）の文化をつくってきました。このイノリとミノリによって収穫され流通していった農産物の恩恵に浴する人々が、広い意味での常民です。そうした常民的な価値観の中心になっているものがあります。それは「お米」です。

第一講と第二講で日本は黒船の到来に弱く、その黒船がもたらした外来の文物や思想にジャパン・フィルターをかけて、なんとか日本化を試みてきたという話をしました。その最初の黒船に「稲・鉄・漢字」があったことも述べました。なかで日本人の体と心にぴったりしたのが「稲」「稲穂」であり、「お米」「ごはん」「お餅」「おむすび」でした。

何が日本人をそうさせたのかといえば、さまざまな要因が重なったのだと思います。炊いたお米の味がおいしかったこと、そのほくほくとした白さがみごとだったこと、あるいは田圃《たんぼ》や水田の風景に心がなごんだこと、稲を育てる農作業の姿に尊いものを感じたこと、いろいろだったでしょう。

いずれも日本人の気質に合致したものだと思えますが、私はそこには日本人の「コメ信仰」があったと思います。「お米」にまつわる生活文化にはさまざまな感情や畏敬や願いが含まれてきた奥行があるのです。

「苗代」というイノベーション

稲と米のルーツはアジアです。野生のイネ科イネ属はアジア種とアフリカ種があって、全部で二〇種ほどを数えるのですが、栽培イネは二種しかありません。それが「アジアの稲」です。
アジアの稲はジャポニカとインディカに分かれます。今日のアジアの米はほとんどがジャポニカかインディカです。ジャポニカは短粒で、加熱すると粘りの出る日本型の米です。脱穀したのち炊いて調理する。もしくは蒸します。インディカは長粒で粘りが少ない、インド型の米です。これは炊くのではなく、煮て調理します。炊くと煮るとはちがうのです。この中間にジャワ型と呼ばれる大粒のジャバニカがありますが、味はインディカに近い。

まとめればジャポニカ、インディカ、ジャバニカですが、日本では九九パーセントがジャポニカです。これが日本の「稲」であり、コシヒカリやあきたこまち、ゆめぴりかを生んだ「お米」です。日本人はこれをどんな田圃《たんぼ》でも、棚田のように耕しにくく育てにくい土地でも、大事にしてきました。

稲作には大きく二つの方法があります。水田で栽培する稲が水稲《すいとう》で、畑で栽培するのが陸稲《おかぼ》です。日本ではほぼ水稲になった。

その水稲栽培にもいろいろな方法がありますが、古代中国では直播《じかま》きで天然の降水で育てる天水農業が中心でした。日本の場合は稲が育ちざかりのとき長梅雨などに見舞われ、収穫間近になると台風などに見舞われることが多いため、まず種籾《たねもみ》から苗代《なわしろ》で苗を作り、幼弱な芽をあらかじめ強く育てておいて、それをあらためて水田に植えかえるという育て方が中心になりました。中国から見るとかなり手間のかかる方法ですが、しかしこのことがやがて、立春から数えて八十八夜目に田植えをし、二百十日の台風の頃をすぎて黄金色《こがねいろ》に稔る収穫の日を迎えるという、約一〇ヵ月におよぶ「時の育み」のリズムをつくりました。

この一年の半分をこえる「時の育み」が、日本人にお米に対する敬虔《けいけん》なイノリ（祈り）をおこさせ、稲のミノリ（稔り）に対する歓びをもたらしました。私は「苗代」をつくったことが日本のお米を強くもし、豊かにもし、またおいしくしていったのだと思っています。稲作のプロセスに苗代を挟んだことは、日本の画期的なイノベーションでした。

稲魂の神格化

日本のコメ信仰には「稲穂の中に何かが稔る」という考え方が脈々と生きています。その何かとは、稲あるいは稲穂に宿っている「稲魂《いなだま》」のことです。稲に魂のムスビを感じるようになった。

稲魂というコンセプトは『古事記』や『日本書紀』にも出てきます。ひとつには「ウカノミタマ」（倉稲魂命、宇迦之御魂神）にまつわるものです。ウカはウケとも言って、穀物や食物を意味する古語でした。ウカもウケも「受け」という意味で、古代日本では「受け持つ」といえば「食を司る」という意味でした。お米のレセプターになることが「受け持ち」だったのです。だから「受け持つ」とは相手が差し出したお米をしっかり食べるという意味がもとにあります。

もうひとつは「トヨウケヒメ」（豊受媛神）あるいは穀物神にまつわるものです。トヨウケヒメは伊勢神宮のルーツにあたる主祭神で、その後は外宮《げくう》に祀られました。またある時期からは大歳神《おおとしがみ》としても語られるようになり、その年の方位を司る神ともされます。

ウカノミタマもトヨウケも稲魂を神格化したものです。日本にはいつからか稲と穀物をスピリチュアルにとらえる見方が旺盛になっていて、それらがさまざまな神格とまじって稲魂とみなされ、広い意味での水田信仰や農村儀礼と結びついていったのです。この水田信仰からは稲魂を人格化した「田の神」グループが形成されていきました。

「田の神」は総称です。各地でいろいろの呼び名がある。東北では「農神《のうがみ》」、甲信地方では「作神《さくがみ》」、中国四国では「サンバイサマ」、瀬戸内では「作り神」、但馬《たじま》（兵庫県）や因幡《いなば》（鳥取県）では「地神《じがみ》」などと呼ばれます。いずれもその土地の農作業と農耕儀礼にかかわって、春の予祝と秋の収穫の祭りの主人公になりました。これらが稲魂のキャラクターだったのです。

祭りのプロトタイプ

田の神がかかわる「予祝と収穫のサイクル」は、日本の農事サイクルの基本です。日本中の多くの祭りのプロトタイプ（類型）になるものです。だからこそ柳田国男はこれらにかかわった人々を常民と名付けたのです。

一年ごとの「予祝と収穫のサイクル」にはいろいろのお祭りがありました。苗代づくりのための水口祭《みなくちまつり》、田植えのときに田の神を迎えるサオリ、田植えの時に着飾った早乙女《さおとめ》たちを賑《にぎ》やかに囃《はや》したり歌ったりする田植祭り、田植えの終わりに田の神を送るサナブリやサノボリ、稲刈りのときの穂掛けの行事、刈上げのときの収穫祭としての三九日《みくにち》や十日夜《とおかんや》や霜月祭《しもつきまつり》などなど。お米にかかわる祭りは日本中に目白押しです。

このほかたくさんの田祭りが各地の風土や風俗《くにぶり》をともなってあるのですが、私は奥能登（石川県）に伝わるアエノコトという行事が大好きです。一年にわたって田を守ってくれた田の神さまを農家が迎える行事です。

毎年一二月の四日か五日ころに、家の床の間に種籾の俵《たわら》を二つ並べて飾り（男女の田の神の象徴です）、そこに二股大根と箸をおきます。これが祭壇になります。家の主人は紋付き袴《はかま》の正装をして、家の苗代田に向かい、そこにやってきた田の神を家まで案内します。む

「アエノコト」（石川県・奥能登　国の重要無形文化財）

ろん田の神は姿が見えませんから、あたかもそこに田の神が歩いていくのを先導するかのように主人はふるまうのです。

家族全員が揃って田の神を家の中に迎えると炉端で休んでもらい、ついでお風呂に入れる。主人は「まあまあ、お疲れやったんしょ」などと言いながら、そういう「そぶり」をするのです。風呂を上がると祭壇に招き、小豆飯、ハチメ（魚）、大根、里芋、徳利二本の甘酒などでもてなします。このとき主人は膳の料理を気持ちをこめて一つずつ説明する。驚くべきヴァーチャル・パフォーマンスです。

神さまが「受け持ち」を了《お》えられたら、家族は「お下がり」としてこれらをいただきます。神さまはそのままこの家で年を越し（そのあいだは祭壇にいらっしゃる)、翌年の二月九日あたりに主人が元の田に送って、そこでその年最初の鍬《くわ》を入れるのです。アエノコトとは、アエ(饗)のコト(祭り)という意味です。アエは御馳走のことです。

「お正月」というおもてなし

アエノコトを一般家庭にもっとわかりやすく広めた行事が、いまでは日本中に知られている「お正月」です。江戸時代に広がりました。かなりカスタマイズされた生活行事ですが、それでも重要なコメ信仰にまつわる次第がこもっています。

お正月は歳神《としがみ》(年神、大歳神)が村や里にやってくるのを、里人が迎えるというハレの行事です。歳神はその年の恵方《えほう》からやってきます(毎年、方角が変わる)。そのため、かつては村や里の入口には神さまが来やすいようにゲートウェイがしつらえられました。注連縄《しめなわ》を巻いた「松飾り」です。神さまは松や松の枝を依代《よりしろ》としてやってくるのです。依代についてはのちの講で説明します。

時代が下るにしたがって、このゲートウェイを家々がそれぞれでしつらえ、歳神を迎えることになりました。これが「門松」です。やはり依代としての松をあしらい、注連縄を巻きました。

歳神さまを迎えるほうは、玄関に注連飾りを掲げ、家人は体も心も浄めてこれを待ちます。本来は若水《わかみず》を汲んで潔斎《けっさい》するのですが（若水は夜明け以前に最初に人目を忍んで汲む水のこと）、これは神社などを別として省略され、そのかわり正月のあいだは煮炊きをしないように（火を使わないように）、年末からあらかじめ餅を搗《つ》いて「鏡餅」を飾り、「お節《せち》」をつくって重箱に揃えておくのです。

家人は全員がハレ着を着て、お屠蘇《とそ》で邪気を払い、お雑煮《ぞうに》をいただいて正月を祝います。お屠蘇（屠蘇散）には大黄《だいおう》・山椒《さんしょう》・細辛《さいしん》・肉桂《にっけい》・桔梗《ききょう》などのハーブ系の漢方薬剤が入っていて、無病息災を願います。

こういうことをするのですから、これは正月にみんなで騒ごうというのではなく、歳神を静かにもてなしているのです。この歳神がいらっしゃる期間がいわゆる「松の内」になりました。松の内がおわれば松飾りをはずします。

歳神さまはかつては正月一五日の小正月まで滞在していたのですが、そのあいだ、歳神さまは家の中にしつらえた恵方棚《えほうだな》にとどまります。恵方棚がなければ鏡餅を飾った床の間にとどまる。松の内がおわれば、ようやく火をつかって、春の七草をつかった七草粥《ななくさがゆ》などをいただきます。粥は鏡餅をくだいてつくります。こうして歳神さまが帰っていくまでが「正月」なのです。

日本人の往来観

アエノコトも正月も、神を迎えて送るという行事です。この「迎え」と「送り」は日本の常民がずうっと大事にしてきた「神迎え・神送り」のしきたりのプロトタイプです。したがって、たいていの日本の祭りではこのパターンがくりかえされた。

第一講で述べたように、日本の神々は客神ですから、これは客を迎えて、また送るという行為と同じです。「迎えて、送る」。あるいは「呼んで、帰す」。あるいは「来たり、去ったり」。ここには「去来」とか「往来《おうらい》」とか「往還」(これは仏教用語) といった、日本人が大好きなデュアルな「行ったり来たり」の動向があります。道のことを「往来」と呼び、手紙のことを「往来物」と呼んだのも、こうした日本人の好きな去来観が反映します。私は日本の社会文化の特質を見るときは、たいていこのデュアルでリバースな「出入り」に注目してきました。

とはいえ、ふだんの客の迎え送りと、正月とは異なります。正月は特別なのです。そこには正月がハレの行事であるという認識がかかわっています。

ハレとは「晴」のことで、浄化された格別の非日常性のことです。今日では「晴れ」は天候のいい日のことをさしますが、もともとは雨模様が長くつづいたあとに、すかっと空が晴れたときのことを意味していた言葉です。これに対してふだんの日々はケにあたります。「褻」と綴る。柳田国男は「ハレ＝殊」と「ケ＝常」というふうにもみなしました。わかりやすくは「ハレ」がフォーマル（よそゆき）、「ケ」がカジュアル（ふだん）です。宗教社会学では「ハレ＝聖」「ケ＝俗」ともみなします。

このハレとケが対応して一年や一生を律しているると考えるのが、日本人のライフスタイルを民俗学的にとらえた基本の見方です。

餅と「いただきます」

正月にお餅がクローズアップされるのは、もともと神饌《しんせん》として神々に捧げたものだからでした。今日でも神社の多くが神饌を神前に恭《うやうや》しく供えます。まさにコメ信仰のあらわれのひとつです。鏡餅はその供え餅のカジュアル化でした。

餅は蒸したモチ米に水分をまぜ、これを臼に入れて杵《きね》で搗いてつくります。ふかふかとしておいしい餅ができますが、すぐ固まっていく。しかしカビに気をつけさえすれば、貴重な保存食になります。

古代では、餅は白鳥《しらとり》伝説とつながっていました。白鳥伝説というのは、日本列島にさまざまな白鳥が毎年飛来するところから、日本人の魂は白鳥が遠くから運んでもたらしてきた穀物霊なのかもしれないと想像していたところから生まれたもので、記紀神話や昔話にいろいろの伝承が記されています。たとえば『豊後《ぶんご》国風土記』には、富者が正月に搗いた餅が余ったので、枝にかけて弓矢の標的として遊んだところ、その餅が白鳥と変じて飛び去った。しばらくしてその富者の田畑は荒廃して、家が没落したという話がのこっています。餅をおろそかに扱ったため、天罰がくだったという話です。

こうした伝承がそのまま広がって、近世には「おてんとうさま」と「お米」が結びつき、「ごはん」は「いただくもの」（戴くもの）になったのです。「いただきます」はコメ信仰がもたらした「戴きます」という行儀にちなむものなのです。

餅を「めでたいもの」として扱ったので、その後に栄えたという話もいろいろのこっています。『大鏡』には醍醐《だいご》天皇の皇子が誕生したので、五〇日目に餅をつくって口に含ませたところ、皇子がすくすく育ったという話があって、以降、「五十日《いか》の餅」として伝わっていったとされます。似たようなことは、『吾妻鏡《あずまかがみ》』に三色餅（白・黒・赤）をつくってふるまったところ、一族が大いに栄えたという話になっている。餅は決して粗末に扱ってはならないのです。

これらは全国の団子餅の起源となったもので、そこに「あんこ」（餡）をまぶしたり、中に詰めこんだり、あるいはちょっと炙《あぶ》って甘み醬油をかけたりして（みたらし団子）、餅文化をたのしみました。

稲魂から餅のことまで話がすすんできましたが、ここに「イノリ」が「ミノリ」につながった歴史が累々と積み重なっています。イノリ（祈り）は土地や植物や稲魂や田の神に向けられたもの、そこには産土を敬うものがあります。大地へのイノリであって、育まれるものへの祈りです。ミノリ（稔り・実り）は充実や充塡《じゅうてん》をあらわします。成熟であって、実現です。

このたわわの稔りに対して、祈ってきた者たちの感謝がおこってきたのでした。それは収穫の歓びであり、次の一年のサイクルの再起動を誓わせます。ここでふたたびイノリとミノリが交歓されます。

「新嘗祭」のあらまし

さて、天皇家でもこのイノリとミノリが儀式化されてきました。その年の新しいお米を中心とした五穀を祝するのは「新嘗祭《にいなめさい》」です。毎年一一月二三日、宮中三殿の近くの神嘉《しんか》殿《でん》でおこなわれます。かつては冬至《とうじ》におこなわれていました。新嘗とはその年に収穫された新しいお米という意味です。

新嘗祭はどんな儀礼かというと、先だっての令和の大嘗祭は新たに即位した今上天皇が新嘗祭をおこなう儀式なので、基本はあの儀礼と同じです。おそらく多くの日本人がそれなりの関心をよせただろうと思います。

それで少し紹介してみますが、大略の次第はこんなふうになっています。まずは神座《しんざ》（黄端の短い畳）、御座《ぎょざ》（白端の半畳）、寝座《しんざ》（薄畳の重ね敷き）が用意され、神饌が供えられます。神饌は、稲作物（蒸しご飯・お粥・粟ご飯・粟のお粥・新米で醸造した白酒《しろき》・黒酒《くろき》）、鮮魚（鯛・イカ・あわびなど）、干物（干し鯛・鰹《かつお》・蒸しあわび・干し鱈《だら》）、果物（干し柿・かち栗・生栗・干し棗）などなどで、これらが葛《くず》を編んだ筥《はこ》に収められます。

天皇は前日の鎮魂祭のうえ、当日に臨みます。侍従が剣璽《けんじ》を、東宮侍従が壺切御剣《つぼきりのみつるぎ》を奉安して、皇太子（あるいは皇后）・天皇の順に斎戒沐浴《さいかいもくよく》して純白の祭服に着替え、神嘉殿に渡御します。祭服は生絹《すずし》でつくられています。精練していない絹のことです。このとき松《たい》明《まつ》のあかりのもと神楽歌《かぐらうた》が奏でられます。

このあと天皇は神嘉殿の中の母屋で神座の前の御座に正座して、秘儀に入られる。これを了《お》えると座を移し、御手水《おちょうず》ののち、ピンセット型の竹箸で柏《かしわ》の葉に神饌を少し移し、神前に供えて拝礼します。ついで皇祖皇宗に御《お》告文《つげぶみ》を奏上すると、皇太子以下、幄舎《あくしゃ》に控えていた参列者たちもこぞって拝礼し、それを待って天皇が神前に供えたものと同じものを食します。これは直会《なおらい》です。

このパフォーマンスが悠紀殿《ゆきでん》と主基殿《すきでん》の両方で、二度にわたって繰り返されるのです。「夕御饌《ゆうみけ》の儀」「朝御饌《あさみけ》の儀」といいます。朝御饌は真夜中までかかります。

この新嘗祭こそは秋の収穫祭の皇室による集大成、あるいはミノリを祝うイノリの集大成だと言えると思います。

「大嘗祭」という秘儀

先述のように、新しい天皇が即位後に初めてとりおこなう新嘗祭が、先だっておこなわれた「大嘗祭」（おおにえまつり・おおなめまつり・だいじょうさい）です。私はずっと以前からこの儀式に関心を寄せてきました。イノリとミノリの最も重要な頂点をなす儀式だからです。けれども全貌はしかとは摑《つか》めません。研究書もあまりない。

令和元年の一一月一四日から一五日にかけての大嘗祭（大嘗宮《だいじょうきゅう》の儀）は、その一部がテレビでも放映されたので、なんとなくその神秘的で荘厳な雰囲気が伝わっていると思います。とてもいい機会になったと思います。しかし、その大半は秘儀とされ、あいかわらずまったく公開されません。とくに悠紀殿と主基殿の中での天皇の所作は、あとで説明するようにそこには「真床覆衾《まどこおうふすま》」が敷かれているのですが、そこで何がおこなわれるかは昔から公開されてこなかったのです。

そのためさまざまな憶測がされてきたにもかかわらず、いまなお決定的な解説がなされたことがありません。今回のテレビでもカメラは大嘗宮を外から見える範囲で、望遠レンズをつかってその外観を映しだしていたにすぎません。たしか神楽歌が流れるところはよく映っていたと思います。

大嘗祭はおよそのことが飛鳥時代に始まり、天武天皇のときにその概要が確立し、古代律令制が制定されて以来は一世一代の「践祚大嘗祭《せんそだいじょうさい》」と呼ばれ、皇室の最も重要な祭儀として位置づけられてきました。

準備は祭祀のための大嘗宮を造営するところから始まります。かつては朝堂院の前庭が斎庭《ゆにわ》（神を祭る場所）になっていたのですが、令和の儀式では皇居の東御苑《ひがしぎょえん》が選ばれていきます。東に悠紀殿、西に主基殿、北に廻立殿《かいりゅうでん》を配して、これを囲むように大小四〇ほどの殿舎が建てられます。それぞれ黒木造りの掘立柱で、切妻造りの屋根に八本の鰹木《かつおぎ》と千木《ちぎ》が乗り、床には筵《むしろ》が貼られる。周囲を柴垣で囲み、四方に小門が設えられます。かつては茅《かや》葺《ぶ》きでしたが、今回は節約もあって板葺きになりました。

これらの殿舎を江戸時代まではほぼ五日間でつくり、その後は破却されて奉焼されたのですが、令和の大嘗祭では防火耐震の技術配慮も加わって、建造に約三ヵ月を要し、破却後も再利用されるようになりました。建造には入札の結果、清水建設があたり、九億五七〇〇万円で受注しました。

新嘗祭も大嘗祭も、その年の新米が奉納されます。まさに「コメ信仰」の極致です。どこの米が選ばれるかは、亀卜《きぼく》でその方角を決めますが、令和の大嘗祭では、栃木の高根沢《たかねざわ》町の「とちぎの星」と京都の南丹《なんたん》市の「キヌヒカリ」が選ばれた。これらがその年の悠紀の国と主基の国になるのです。

そのほか、全国から数々の供え物が寄せられます。これは「庭積《にわづみ》の机代物《つくえしろもの》」と称されて、今回も各都道府県からの品物が並びました。

では、その悠紀殿と主基殿の内部はどうなっているのか。何がおこなわれるのかというと、これがさっぱり摑めません。「言わずもがな」なのです。

想像するに外陣《げじん》と内陣に分かれていて、天皇は外陣から内陣に入ります。そこは竹などによる八重畳《やえだたみ》が敷かれ、神座、御座、寝座が待っています。この寝座が古来「真床覆衾《まどこおうふすま》」と呼ばれてきたもので、簡素な寝具が用意されている。衾《ふすま》とは夜具のことです。

天皇は入口から迂回して神座に向かって御座に坐ります。神座は誰もいないのですが、その方向は遠く伊勢神宮の方に向いていて、いわばアマテラス（天照大神）が見えないまま座しているというふうになっているようです。こうして寝座に体を横たえ、最も秘儀だとされている所作がおこなわれるのですが、さすがに何がなされるのか、わかりません。かつては、このとき「玉体《ぎょくたい》が新天皇に移行する」と解釈されていました。

古代のお米管理

以上、ごくおおざっぱな案内ですが、コメ信仰が皇室に達したという話でした。けれども、このような儀礼がいかに神秘的なものであっても、それで「天皇家と常民が見えない紐帯で結ばれている」というふうに見るのは、かなりいきすぎです。

明治維新以降、日本は国家神道を前面に持ち出し、天皇を頂点にした一君万民を理念とする大日本帝国になりましたが、このような強硬路線はのちに神国日本の幻想となり、やがてウルトラナショナリズムの邁進に傾いていきました。常民の生活価値観は天皇家がもたらしたものではなく、日本の産土への思いがもたらしたものなのです。

では、これでコメ信仰の話がおわりかというと、そうとはいえません。日本では長らく「お米」は国の富であり、租税や年貢も米で納められていたのですし、各地の収入源にあたる石高《こくだか》も米で計られていました。このことも重要な日本のしくみです。

たとえば、そうした米を貯蔵しておくところは蔵や倉とよばれていたのですが、この蔵を管轄することが大蔵省（現在の財務省）のルーツにあたるのです。その話を加えておきます。

古代日本の税制は租庸調《そようちょう》でまかなわれていました。この制度は中国や朝鮮にもあったものですが、大化改新（乙巳の変）で導入された租庸調はかなり日本風に組み立てられています。

かんたんに説明しておくと、「租」は田一反（段）につき二束二把の稲を国に納めるというもので、そこから災害時用の備蓄米を差っ引いた分が国衙《こくが》（国司が管理する各地の役所）の財源になります。「庸」は正丁《せいてい》（二一〜六〇歳の男子）と次丁《じてい》（六一〜六五歳の男子）の課役として定めたもので、原則としては都に上って労役が課せられるのですが、それに代わるものとして米・布・塩などを納入してもよかったのです。この代納物のことを「庸」といった。人頭税の一種です。米の場合は正丁一人あたり米三斗があてがわれます。「調」は正丁と次丁、および中男《ちゅうなん》（一七〜二〇歳の男子）に糸や織物を納めさせるというもので、これを正調といい、それに代わって特産品を納めてもいいとされました。東京には調布とか麻布という地名がありますが、これは布で納めた租庸調の名残りです。

一方、お米を生み出す耕田のほうは、班田収授《はんでんしゅうじゅ》のしくみが考案されました。そもそも古代律令制の国家では、すべての土地は国有が前提です。またすべての住民は一人ひとりが戸籍をもちます。

しかしながら豪族たちが勝手に土地を動かすので、ここからいったん土地と住民を剝がす必要があり、それを実施するのが天智天皇時代の「公地公民制」というものでした。そのうえで、その土地を国が付与し、そこで田を耕して租税としてのお米を納めるようにしたのが「班田収授の法」でした。

ところが、これでは新しい土地の耕田がなかなかふえません。いちいち個人と租税をつなげていくことになるから、新田開発ができないのです。そこで親・子・孫の三代にわたって土地を私有してもいいというふうにして、租税が納められるようにした。これが「三《さん》世《ぜ》一身《いっしん》の法」です。

けれども、それでも新田がふえなかった。新田がふえなければお米の納税がふえません。そこで新たに開墾した土地はずっと私有を認めようということになって、ここに墾田永年私財法ができました。これで三代にかぎらず土地を私有できることになり、耕田もふえるようになったのですが、こうした私有地はその後は「荘園」として大きく自立するようになり、中世日本はその力を背景に武家が台頭してきたのです。

稲と藁のミュージアム

古代政府はいろいろな勧農のアイディアを練ってきました。そのひとつに出挙《すいこ》がありま す。稲の種を播く時期に種を貸し出し、収穫時に稲による利息をつけて返済させるというしくみです。

すでに孝徳《こうとく》天皇の時期に「貸稲《いらしのいね》」という工夫があったということが『日本書紀』に書かれているのですが、このしくみが出挙に発展したのだと考えられます。利息分の稲のことは「利稲《りとう》」といいます。日本における「利子の誕生」でした。

年貢もまた、すべてコメで納めるという租税方式です。時代劇やマンガでは、年貢は悪代官があこぎに取り立てるもので、そのため農民が苦しんだというふうに描かれることが多いのですが、もちろんそういうことは多々あったにせよ、私は出挙には日本なりの利子観念が出ていると見ています。

お米の生産性を示す石高《こくだか》によって土地の価値を計ったということも、日本独特でした。このことは「禄《ろく》を食《は》む」という言い回しにもあらわれます。禄高は石高だったのです。太閤検地とともに広がりました。

このように、日本における「お米」の役割はそうとう広範囲に及んでいたのです。ここに稲俵《いなだわら》の役割や、筵《むしろ》や茣蓙《ござ》の役割、さらにはお酒の菰樽《こもだる》の伝統などを加えると、二一世紀の日本で海外向けにも必要なミュージアムは、ひょっとしたら「稲と藁のミュージアム」ではないかとさえ思われます。

もう一言。この講で、私は「苗代」のことを強調しておきました。日本の風土を考えて、直播きの種籾をそのまま育てずに、いったん苗代で苗にして、それから田植えで「植えなおす」という工夫です。この、はなはだ日本的でイノベーティブな方法は、日本がグローバルスタンダードの技術やルールをそのまま鵜呑《うの》みにして直接使おうとするのではなく、いったん「日本化のための下地《したじ》」をつくって工夫しなおすほうがいいという、けっこう重大なヒントを告げているのではないかと思います。

第四講 神と仏の習合

寛容なのか、無宗教なのか。
「多神多仏」の不思議な国。

多神多仏の国

日本は一神教の国でもなく多神教の国でもなく「多神多仏の国」です。神国でもなく、仏国土でもありません。そのように主張した人々はいましたが、その思いや狙いはべつとして、結果として多神多仏なのです。

その「結果として」は、けっこう昔からのことでした。八世紀や九世紀に神宮寺ができて、神前読経が始まったころから（神の前で仏教の経典を読んでいたのです）、多神多仏なのです。八《や》百万《およろず》の神々がいるだけではなく、そこに仏教、道教、民間信仰のイコン（聖像）たちがまじりあってきた。石ころも鰯《いわし》のアタマもまじってきた。

そのせいか、「日本人の宗教観はよくわからない」「はっきりしない、どうもあいまいだ」とはよく言われてきたことでした。たしかに一人ひとりの宗教観はわかりにくいし、家の宗教（宗旨）もはっきりしない。神道なのか仏教なのかと聞いても「ま、両方ですかね」などという答えです。

しかし、こんなふうになっているから「多神多仏の国」だというのではありません。もともと多神多仏なのです。

多くの日本人は結婚式では神主さんの前で三三九度《さんさんくど》の杯をかわし、葬式ではお坊さんを呼んでお経を誦《よ》んでもらって、仏式になります。神棚と仏壇が両方ある家も少なくはない。また仏壇がなくとも、たいていの家にはお数珠《じゅず》は用意されている。

年末年始になると、きっとあまり意識せずにそうしているのでしょうが、日本人は大胆な行動に出ます。クリスマスをやって商店街のジングルベルを何十回も浴び、年の瀬には煤払《すすはら》いをしてお節《せち》を用意し、門松を飾って、除夜の鐘を聞き、正月には初詣《はつもうで》で神社やお寺に行くのです。その初詣の人口は平成年間平均で八〇〇〇万人を超えています。統計データでは平成二〇年（二〇〇八）が九八一八万人の最高記録になっている。

ちなみに平成二〇年の全国初詣トップテンは、①明治神宮（東京）、②成田山新勝寺（千葉）、③川崎大師平間寺《へいけんじ》（神奈川）、④伏見稲荷大社（京都）、⑤鶴岡八幡宮（神奈川）、⑥熱田神宮（愛知）、⑦住吉大社（大阪）、⑧浅草寺《せんそうじ》（東京）、⑨武蔵一宮氷川神社（埼玉）、⑩太宰府天満宮（福岡）、というふうになっています。

けれども残念ながら、それらの神社仏閣の御祭神や本尊について言える人は少ないはずです。熱田神宮は？　氷川神社は？　そういうことには無頓着なのです。信心深いのか、テキトーなのか、どうにも一貫していない。

寛容？　信仰心がない？

もうすこし話をつづけると、日本各地にはお地蔵さんがいて、観音巡礼の札所《ふだしょ》が津々浦々にあって、鎮守の森にはたいてい八幡《はちまん》さまが朱色の鳥居をかまえています。多くの日本人がそのいずれにもそれなりの敬意を払い、お賽銭《さいせん》も上げ、手も合わせます。

けれども地蔵信仰のことも観音信仰のことも、八幡さまのこともあまり知ったことじゃない。地蔵は仏教的には地蔵菩薩で、観音さまは観音菩薩のことです。だからこれらはインド由来の菩薩信仰のヴァージョンなのですが、日本人は自分たちが菩薩信仰をしているなどという意識はもちません。八幡さまは必ず八幡神《やはたのかみ》を祀《まつ》っているのですが、それが鎌倉時代以降に奉られた武神であって、誉田別命《ほんだわけのみこと》すなわち応神《おうじん》天皇と同一視されてきたことなど、やっぱり知ったことじゃないのです。

お稲荷さんや七福神をありがたがってもいる。けれどもその由来も気にしない。念のためいうと、お稲荷さんは稲荷神社のことですが、その御神体はウカノミタマ（宇迦之御魂神）と稲を担いだ神さま（稲荷神）とキツネが習合したものです。インド仏教の夜叉（やしゃ＝ヤクシャ）に属する荼吉尼天（ダキニ天）との関係もわかっています。でもそのお稲荷さんは日本では商売繁盛にしっかりむすびついていて、会社の敷地に小さな稲荷社を置いているところもあるほどです。

一方の七福神は「恵比寿《えびす》・大黒天・福禄寿《ふくろくじゅ》・毘沙門天《びしゃもんてん》・布袋《ほてい》・寿老人《じゅろうじん》・弁財天」ですけれど、これらはインドの神や禅僧や日本の海神など、ごちゃまぜです。恵比寿は日本古来の漁業の神、大黒天はヒンドゥー教のシヴァ神の異名、福禄寿は道教の神さま、毘沙門天は仏教の四天王の一人……。それでも多くの日本人は、この七福神がたのしそうに宝船に乗ると、これをおもしろがり、町の七福神めぐりもする。おそらく中国の福神思想が長崎あたりに流れてきて、近世に七福神化したのだろうと思います。

これらはまさに多神多仏の現象です。ではいったい、なぜこんなふうになったのか。何かがもともとでたらめだったのか、あるいは寛容なのか。実は無宗教なのか、信仰心がないのか。それとも日本人は宗教に関して考えることが苦手なのか。

日本の信仰はシンクレティズム

歴史をふりかえれば、日本人が無宗教であったとか、信仰心がなかったとはとうてい言えません。聖徳太子の「唯仏是真《ゆいぶつぜしん》」宣言や東大寺の大仏開眼このかた、日本人は仏教や仏像を愛し、読経に親しみ、その一方で伊勢や出雲や各地の鎮守の八幡さんをはじめとする神祇《じんぎ》神道《しんとう》にも親しみ、さらには数々の民間信仰にも関心を寄せてきたのです。つまりもともと神仏習合的だったのです。

中世には熊野信仰が流行しました。近世には富士信仰が流行しました。こういったことはずうっと続いているのです。だから日本人が無宗教だとか無信仰だとかとは、とうてい言えません。それなのにあいまいで、自分自身の宗教性は語らない。信仰力を大事なものと見ない傾向がある。どうしてなのでしょうか。

阿満《あま》利麿《としまろ》は話題になった『日本人はなぜ無宗教なのか』(ちくま新書)という本のなかで、日本人は「創唱宗教」にもとづく信仰には全般的に無関心なのであって、それをもって必ずしも信仰心がないとは言えないだろうと書きました。創唱宗教というのは教祖・教義・教団がはっきりしている宗教のことです。そういう創唱宗教を各自がもっているわけではないが、みんながそれぞれ勝手な信仰心をそれなりに発揮してきたというのです。

つまり日本人は宗教を拒否しているわけでも、否定しているわけでもなく、そのつど「信仰の向き」を選択しているのではないかというのです。欧米の宗教学者たちは、こうした日本人の信仰は「シンクレティズム」(混淆《こんこう》的信仰観)だと言います。まあ、当たらずとも遠からずです。ただし、日本のシンクレティズムは宗教だけにはかぎりません。いろいろな場面で混淆的です。リミックスが得意なのです。このことはまた話します。

ともかくも、たしかに親鸞《しんらん》や座禅や初詣が好きなのは、その依《よ》ってきたる浄土真宗の教義や禅の清規《しんぎ》や初詣をした神社の御祭神のせいではなくて、おそらくはたんに「ありがたい気分」がするだけからかもしれません。その一方で、たくさんの人々が伝統宗教や八十八ヵ所巡りや新宗教にかかわって、今日も仏前にロウソクを灯し、神棚の水をとりかえているのも事実なのです。

というようなことで、私たち日本人にとって神道と仏教は実はわかるようでいて、なかなかわからないものの代表のようです。それでも、日本の神と仏はずうっと習合しようとしつづけた、と言うべきです。神と仏を分離しようとしたのは、明治政府が神仏分離令を発布して行われた廃仏毀釈のときだけです。この痛手はのちに影響をのこしたものの、大きくは今日にいたるまであいかわらず神仏習合が主流になってきたのです。

多神多仏と八百万の神々

何度でも言いますが、日本はもともと「多神多仏の国」だったのです。二つの多神多仏の流れが重なっていました。

ひとつの流れはインドに発して中国・朝鮮半島を経由して日本に届いた多神多仏です。インドのヒンドゥー教が多神で、インドの仏教が多仏でした。仏像でいうと如来・菩薩・天・明王のグループと、それらの眷属《けんぞく》がいる。あとから発展した仏教の側から見て、天と明王のイコンたちがヒンドゥー系が入りこんだものたちです。

もうひとつは、日本の神々が八百万だったという流れです。最初こそ造化三神（高木三神）だけでしたが、イザナギ・イザナミ以降はものすごく多くの神々になる。それは系譜などないともいうべきもので、寄ると触ると、すべてが神さまになっていくのです。ギリシア神話のように父母が神々の係累を産んだのでもなく、またゼウスのように不倫のたびに子をつくったというのでもないのです。

ちなみにイザナギ・イザナミは最後にカグツチ（火の子）を産み、そのためイザナミは陰部を焼いて死んでしまいます。妻を失ったイザナギは悲しんでイザナミのいる黄泉《よみ》に会いにいく。そこには汚物にまみれた異様なイザナミの姿があったので、イザナギはほうほうのていで逃げ帰り、清い水で身を禊《みそ》ぎます。これが「黄泉返《よみがえ》り」、すなわち「蘇り」の語源です。

身を禊いだイザナギは最後に目と鼻を浄めるのですが、このとき左の目からアマテラス（天照大御神）が、右の目からツクヨミ（月読命）が、鼻からスサノオ（須佐之男命）が成りました。驚くべきことに、これはイザナギという男性神からモノセクシャルに生み出された三神なのです。だから「産んだ」のではなく「成った」。

こうしたことは、欧米がユダヤ・キリスト教を下敷きにした唯一神によるピラミッド型の系図で覆われてきたことに対して、日本がいちじるしく異なるところです。

ついでにここで説明しておきますが、イザナギの禊《みそぎ》は、罪や穢《けが》れを祓《はら》う行為として、その後の日本でもたいへん重視されることになります。日本では罪は穢れであり、穢れは浄《きよ》めるべきものとなったのです。

「エディティング・リミックス」という手法

互いに異なる信仰や一見すると矛盾する複数の信仰を結合したり、混合したりすることを、さきほども書いたように宗教学では「シンクレティズム」と言います。日本人は縄文の昔からの産土《うぶすな》の神々や氏神《うじがみ》と呼ばれているようなものと、中国から朝鮮半島をへてやってきた仏教とを、さまざまにまぜてきました。異教をゆるやかに混合するシンクレティズムを、ほぼ二〇〇〇年の永きにわたっておこなってきた。

しかし、これを宗教学的にシンクレティズムと捉えるのはやや堅すぎます。私はわかりやすくは「リミックス」をおこしたというふうに捉えたほうが合っていると思います。本書の全体を通して説明していきますが、リミックスは日本文化をあらわすための最重要なメソッド・コンセプトのひとつなのです。

私がつかっている用語でいえば、リミックスは「エディティング」です。さまざまなものを編集する。神仏習合もかなり大胆な日本特有の編集力によっておこったのです。そういうふうに見れば、どんなリミックスであれ、ことごとくエディティング・リミックスなのです。

このエディティング・リミックスのことを、日本では「和光同塵《わこうどうじん》」というすばらしい四字熟語であらわしてきました。和光同塵とは、「ここ」の考えや現象と「むこう」の考えや現象をさまざまにまじった「塵《ちり》」として同じくしていくことを言います。だから同塵というう。もともとは老子の言葉です。すぐれた才知を隠して塵のように世間とまじわることが、老子の和光同塵です。

この和光同塵を神道と仏教の出自にあてはめたのが、いわゆる「本地垂迹《ほんじすいじゃく》」です。日本の八百万の神々は、遠いインドや中国で生まれた仏たちが化身として日本に垂迹してきたものだというものです。垂迹とはむつかしい言い方ですが、「迹《あと》を垂れてきた」という意味で、これはリミックスというより、マッチングです。

化身としてあらわれたということを、これまた特別な用語ですが、「権現《ごんげん》」とも言います。ここで「権」の字をつかっているのは、「仮の」「臨時の」という意味です。

アナロジックな神仏習合

本地垂迹説では、もともとの仏(インド由来の仏)を「本地仏《ほんじぶつ》」とみなします。その本地仏が日本の神さまになった場合を「垂迹神」とみなす。これは中世の日本の神道家(主に度会氏《わたらいうじ》)によって考えられたロジックです。ロジックというよりアナロジックと言ったほうがいいでしょう。日本のロジックはたいていアナロジックなのです。

本地仏と垂迹神のあいだにはどういうアナロジックの妙が活用されているかというと、垂迹神は「仮に現れた」と考えてもいいんだという思想です。「権現した」と見ていいんじゃないか。いやむしろ「仮に現れた」と見るほうが日本の本来のコンセプトを表象していることになるんじゃないか。そういう見方です。

とてもヴァーチャル=リアルなマッチングであり、エディティング・リミックスです。ただし、勝手気儘《きまま》にそうしたわけではありません。

このような発想が可能になったのは、そもそも仏教の歴史と展開に輪身《りんじん》とか化身《けしん》という見方が先行していたからです。仏教ではそれをまとめて「変化《へんげ》」と呼びますが、たとえば観音菩薩は三三の姿に変化するのです。大日如来は不動明王に変化する。なぜ変化するかというと、まだ仏法になじめないでいる衆生《しゅじょう》（一般大衆）に仏教の摂理をわかりやすく説くためには、ときどきその姿を思いきって変化させて、別の姿をとるほうが有効だと考えたからです。

その変わり身の姿は衆生の性格がいろいろあるように、いろいろです。観音さまも優しくなったり、澄ましたり、怒ったりする。官能的にさえなる。大日如来の輪身である不動明王は剣をもち、火炎に包まれた憤《ふん》怒《ぬ》像になります。

こうした仏教の変化の思想を日本の神道家が流用したのが、本地垂迹というアナロジックだったのです。

本地垂迹説づくりは神道各派によるやや強引なところもあるのですが、これは仏教が鎮護国家の礎になり、南都六大寺や延暦寺が日本仏教の最高最大の大学機能をもった日本で、なんとか神祇の思想を伝えていくには、仏教の「変化の思想」を採り入れたほうがいいと判断したからでした。

なぜ、そんな判断ができたのか。それを理解するにはそもそも神道とはどういうものだったか、あるいは「カミ」とはどういうものだったかを見る必要があります。実はかなり深遠でもあり、雑多でもありました。

神さまの正体

日本人がどういうものを「カミ」や「神祇」や「神道」とみなしてきたのかということについては、日本の国民信仰の研究をしてきた津田左右吉《つだそうきち》の『日本の神道』（岩波書店）に、次のような分類が示されています。津田は『文学に現はれたる我が国民思想の研究』（岩波文庫で八冊を数えます）で、日本人の国民観念をかなり詳細に検討した歴史学者です。

①古くから伝えられてきた日本および日本人の民族的風習としての宗教性。
②神の権威、力、はたらき、しわざ、神としての地位、神であること、もしくは神そのもの。
③民族的風習としての宗教になんらかの思想的解釈を加えたもの。たとえば両部神道、唯一神道、垂加《すいか》神道など。
④特定の神社で長く宣伝されているもの。たとえば伊勢神道、山王《さんのう》神道など。
⑤日本に特殊な政治もしくは道徳の規範を示している意義に用いられるもの。
⑥近世以降の宗派神道、あるいは新宗教。たとえば天理教、金光教《こんこうきょう》、大本教《おおもときょう》など。

そこそこわかりやすい分類だと思います。私は②が基本になっているのだろうと見ています。今日ではこれらを別の見方で、皇室神道、神社神道、民俗神道、教派神道、原始神道、古神道、国家神道などとも分けます。

それでは日本人はいつから神さまのことを「カミ」と呼んだのかというと、これははっきりしないばかりか、かなり多様な見方で呼ばれてきました。新井白石《あらいはくせき》や貝原益軒《かいばらえきけん》は「上《かみ》」から来たもの、本居宣長は「迦微《かみ》」（微かにあらわれる）から来たものと推理した。タマ、モノ、オニなどもカミに近いものとみなされてきました。タマ（魂・霊）、モノ（物・霊）、オニ（鬼）は見えないもの、ないしは異様な気配がするものです。

これらの見方を総じてみると、日本人は神さまの正体をあえて明示的にしたくはなかったのだろうと推理できます。明示的ではないということは、あえて暗示的にしておくということです。そこで神さまのことを「畏《かしこ》まるもの」「畏《おそ》れ多いもの」「説明しがたいもの」「憚《はばか》るもの」「説明してはならないもの」「指させないもの」などと、つねに遠回しに言ってきたのではないかと思います。いちばん遠回しに言うと「稜威《いつ》」というふうになります。恐れ多いもの、近寄りがたいものという意味です。

庶民にとっては、西行《さいぎよう》が「かたじけなきもの」と呼んだ言い方が一番近いかもしれません。「かたじけない」は漢字では「忝い」あるいは「辱い」と綴ります。「忝い」は「おそれ多い」「もったいない」という気持ち、「辱い」はそれを指摘するのは「はずかしい」というニュアンスです。「難《かた》し気《け》なし」から転じた言葉です。

仏の受容

一方、仏《ほとけ》については、日本人はどんな感覚をもってきたのでしょうか。教科書的には聖徳太子の「仏法興隆」の宣言や法隆寺や飛鳥寺の建立が仏法立脚になったとみられていますが、これはなかなかきわどい権力闘争のすえの立脚でした。

日本に仏教が到来したのは欽明天皇の六世紀半ばあたりです。このとき黄金の小さな仏像も届いたのですが、天皇は「きらきらし」と言い、「蕃神《あだしくにのかみ》」と呼んだ。また「今来《いまき》の神」とも呼んだ。

蕃神とは外国や異国の神という意味で、今だ来とは「新着しました」(ニューアライバル)という意味です。それから三〇年ほどのちの敏達《びだつ》天皇のときの感想も「仏神」です。さらに二〇〇年近くのちの元興寺の資財帳を見ても「他国神」とか「仏神」と記録されています。仏はいずれも「他国の神」とみなされたのです。仏は神だったのです。

しかし、蘇我氏が渡来して蘇我稲目《いなめ》を頭目として定住するようになると、仏像も経典もインド由来の仏教の教えにもとづくものだということが、うすうすわかってきます。百済から鹿深臣《かふかのおみ》という人物が弥勒菩薩一体をもってきたとか、佐伯連《さえきのむらじ》が仏像をもっているとか、そういう噂も広がった。

蘇我馬子は播磨《はりま》にいる恵便《えべん》という渡来僧が仏教に詳しいというので、恵便を師として教えを学び、三人の娘を尼にします。さらに自宅を石川精舎《いしかわのしょうじゃ》として仏殿をしつらえ、大野《おおの》丘《おか》には仏塔を建てた。これが日本に仏教が「差し芽」をされた瞬間です。すぐに流行しました。どこの国でもそうでしょうが、そのニュースタイルは広まっていくのです。

新たな渡来文物やニューテクノロジーには必ずや反対の声も上がります。今日の例でいえば、AIや無人自動車が広まっていくことに危惧の声が上がっているようなものです。当時も同じことで、敏達天皇期に疫病がはやり、それが古来の神々をないがしろにしたせいだという見方が広まると、天皇は物部守屋《もののべのもりや》や中臣勝海《なかとみのかつみ》の進言で排仏に傾きます。守屋はふえつつあった仏殿や仏塔に火を放つ。一方、馬子は崇仏派として仏教のプロパガンダを打っていく。

ここに物部の排仏派と蘇我の崇仏派が対立して、どちらも持論に有利な皇族をかつぎ出そうとします。物部は敏達天皇の弟の穴穂部《あなほべ》皇子を推し、蘇我は欽明天皇と馬子の妹とのあいだに産まれた泊瀬部《はつせべ》皇子（崇峻《すしゅん》天皇）を推すのですが、馬子が先手を打って穴穂部を殺害してしまいます。こうしてここに蘇我と物部が激突する丁未《ていび》の変がおこり、馬子が抱き込んだ聖徳太子の活躍もあって、太子による「仏法興隆」が強く宣言されるという顚末になるわけです。

これは穴穂部皇子の犠牲と物部氏の敗退をカウンターとして、日本に仏教が広まる契機となったという話です。

「顕密体制」と「日本的霊性」

聖徳太子以降、貴族や豪族による氏族仏教が一目《いちもく》おかれるようになります。その後は聖《しょ》武《うむ》天皇期に向かって、護国のための仏教が力を得ていきます。鎮護仏教といいます。それが八世紀のはじめです。南都七大寺も動きはじめています。

ところが、そのころに神宮寺の建立や神前読経のようなことがおこっていくのです。神宮寺は神社と寺が一緒になったようなもの、神前読経は神々の前で仏教の経典を読経するのですから、これはあからさまな神仏習合でした。

こうして、一方では仏教各派が勢力を広げ、認識もそれぞれ深まっていくのですが、他方ではさきほど述べた本地垂迹のようなリミックスもおこっていったのです。

深まった仏教のほうは、顕教《けんぎょう》と密教という流れで進みます。仏教史では「顕密《けんみつ》体制」と名付けています。顕密まとめて八宗ないし十宗を数えます。倶舎《くしゃ》宗、成実《じょうじつ》宗、律宗、法《ほっ》相《そう》宗、三論《さんろん》宗、華厳宗、天台宗、真言宗、禅宗、浄土宗です。日本各地にのこっている寺々のルーツはほぼこの中に認められるはずです。八宗はそれぞれが五流八派に分かれ、本山や別院や別格本山といった流派をつくっていきました。

鎌倉期の途中からは、新たに法然《ほうねん》や親鸞にはじまる浄土真宗、日蓮にはじまる日蓮宗、一遍《いっぺん》にはじまる時宗などがおこり、禅宗もどんどん変質していきます。この時期は日本的仏教の興隆の時期だったのです。鈴木《すずき》大拙《だいせつ》がこの気運を「日本的霊性」と呼んだのは、すこぶる納得がいく見方でした。

やがて徳川時代に寺請制《てらうけせい》が確立されると、「寺と地縁と檀家」というセットができあがります。それとともに葬式を引き受けるお寺がふえていく。そうなると墓地も管理する。戒名もつけるようになる。しだいに日本の「家」に宗派のネットワークがかぶさっていったのです。これがいまでも「おたくの家の宗旨は？」という質問になります。

徳川社会には、修験者《しゅげんじゃ》や祈禱師《きとうし》もふえました。街道には「ゴマの灰」とよばれる雲助《くもすけ》も出没するのですが、このゴマは胡麻ではなくて「護摩」のこと、すなわちインチキ密教僧が護摩を焚《た》いてあやしげな祈禱もしていたのです。そして、こうしたところへさまざまな民間宗派がまじっていきました。一般庶民のあいだに「仏頂面《ぶっちょうづら》」とか「おシャカになる」といった俗語が流行するのも、死んだ者のことを「ホトケさま」と言うようになったのも、徳川社会の特徴です。

「仏の見せ方」と「神の感じ方」

日本が多神多仏の国であるとはいえ、もちろん「神」と「仏」にはかなり大きなちがいがありました。

わかりやすいところでは、仏教にはなんといっても膨大な量の経典（仏典）がある。神道のほうには中世の「神道五部書」（偽書です）以外、これといった教典はありません。日本の神々はユダヤ・キリスト教の「聖書」やイスラム教の「コーラン」（クルアーン）のような強靭なリテラシーに守られてはいないのです。

仏典のほうも一筋縄ではいかない。それは、仏典はもともとはサンスクリット語やパーリ語で編集されたものなのですが、それが中国語による漢訳仏典になり、そのうえで日本語に転じてきたという事情があるからです。日本の僧侶や仏教帰依者は、もちろん鳩摩羅《くまら》什《じゅう》や玄奘《げんじょう》によって漢訳された仏典を読んできたのですが、第二講の「和漢の境をまたぐ」で述べたように、その境をどのように通じていくか、けっこうな修練を必要としました。

仏教にはまた礼拝の対象としてのイコン、つまり仏像があります。もともとはギリシア彫刻の影響がガンダーラをへてインドに伝わり、ブッダの像（釈迦《しゃか》像）をつくったことにはじまるのですが、アショーカ王やカニシカ王の時代の大乗仏教ムーブメントの勃興とともに、衆生に仏たちの力を示し、救済の手をさしのべるため、わかりやすい数々の仏像がつくられていったのです。

同じことが中国でも朝鮮でも踏襲され、日本でも仏像づくりがさかんになります。仏師たちも技を磨いた。とくに寄木《よせぎ》造りを工夫した定朝《じょうちょう》、運慶《うんけい》や快慶《かいけい》を輩出した慶派は、溜息が出るほどの彫塑《ちょうそ》を完成させました。

これに対して、日本の神には神像をつくることがほとんどありません。日本では神々はそのままの姿ではなく「代《しろ》」に依ってくるものなので、その姿を見せるということがめったにないのです。神は一本の依代があれば、そこに気配のようにやってくるものなのです。これをしばしば「影向《ようごう》」といいました。この「仏の見せ方」と「神の感じ方」には、多神多仏の国の日本の謎を解く鍵と鍵穴が隠れていると思います。

ちなみに私事になりますが、私は二〇一五年一〇月に田中泯《みん》・石原淋・宮沢りえ・山本耀司《ようじ》と語らって、ダンス（田中・石原・宮沢）と言葉（松岡）と服装（ヨウジ）を組み合わせた『影向《ようごう》』という舞台をパルコ劇場でつくってみました。そのとき、「影」というものが日本語にひそむ何かを駆動させるのだということを、あらためて実感したものです。

影と動きの音がする

舞台「影向」。二〇一五年十月末の二日間、渋谷パルコ劇場で開催。松岡が構成台本を書き、四〇年来の親友である田中泯が演出。出演者全員が山本耀司の衣装に身を包み、松岡がミショーや寺山修司や土方巽の言葉を語り読み、田中・石原淋・宮沢りえが俳句・短歌的な〝ブレイジーダンス〟を舞った。

第五講

和する／荒ぶる

アマテラスとスサノオに始まる「和」の起源。

「静かなもの」と「荒々しいもの」

私は相撲が好きです。ラジオ時代の栃若（栃錦・若乃花）のころからずっと見てきました。何がいいかといえば、仕切りまでの「長い静」のあとに軍配が返って「瞬時の動」が激動するのがいい。これは日本です。

呼び出しが扇を開いて東西の四股名《しこな》を呼ぶと、力士は土俵に上がって口を漱《すす》ぎ、塩をまいて、蹲踞《そんきょ》の姿勢で相手と見合う。行司も「見合って」と声をかける。こういう静かな仕切りを何度か繰り返しながら、行司の軍配が返った瞬間に、激しい突き押しが始まり、荒々しい凝縮がおこります。わずか数秒の荒々しさのために、数分、ときには控えから数えると十数分の淡々たるハコビがあるのです。

ひるがえって、そもそも日本文化には、茶の湯や生け花や地歌舞《じうたまい》のようにとても静かなものと、ナマハゲや山伏の修行やダンジリ祭りのように荒々しいものが共存しています。

歌舞伎にも「世話物」があるとともに「荒事《あらごと》」がある。『暫《しばらく》』『鳴神《なるかみ》』『勧進帳《かんじんちょう》』『助六《すけろく》』などの歌舞伎十八番はすべて荒事です。市川団十郎《いちかわだんじゅうろう》家のおハコ（御家芸）ですが、上方の坂田藤十郎《さかたとうじゅうろう》家のおハコは「和事《わごと》」です。

お能には静かで深遠な神能《かみのう》があるとともに、修羅物《しゅらもの》とか鬼能《おにのう》といわれる激しいものがあり、世阿弥《ぜあみ》が発明した複式夢幻能では、これらが巧みに配されて途中の「移り舞」のところで切り替わります。象徴的には「神」と「鬼」が互いに入れ替わる瞬間があるのです。「静」と「動」は一対なのです。デュアルなのです。

私は和事のような静かなものも、荒事のような荒々しいものも、どちらも大好きで、この徹底した二つが併存してきたところが日本文化のいいところだと思っています。

もちろんどんな国の文化や芸能にもソフトなものがあれば、ハードなものがあります。クラシック音楽やジャズなどでも、ダンスやパフォーマンスでもそうなっています。それはそうなのですが、日本では、この「和」と「荒」との併存が、日本の精神やルーツと深く関係しているのです。

「和」と「ヤマト」と「日本」

聖徳太子は「和を以て貴しと為す」（以和為貴）というふうに十七条憲法に書きました。

もとは孔子の弟子の有若《ゆうじゃく》が「礼の用は和を貴しとなす。先王の道もこれを美となす」と言ったことにもとづきます。

この「和」は争わないことや調和を保つことで、漢字の「和」という一文字には「やわらか」「なごみ」「むつむ」と意味があります。一方、和風建築や和様書や和式トイレや和算の「和」は日本風という意味です。こちらは日本を「大和」と呼称したところから派生します。大和はヤマトです。この大和という言い方には、すでにして「和」が起動していました。

それでは、なぜヤマトが日本になり、日本はヤマトなのでしょうか。日本朝廷はなぜヤマト朝廷になったのでしょうか。

現在の日本の国号はいうまでもなく「日本」です。憲法は日本国憲法、政府は日本政府、中央銀行は日本銀行、国語は日本語。そんなことはいまさらながらのことのようですが、必ずしもそうとは言えません。戦前までは「大日本帝国」でしたし、徳川時代はあまり「日本国」を名のらず、好んで「秋津島《あきつしま》」とか「扶桑《ふそう》の国」と言っていた。

英語表記は「Ｊａｐａｎ」です。他国語での呼び方は綴《つづ》りが少しずつちがいますが、だいたいは似ている。フランス語ではジャポン、ドイツ語ではヤーパン、スペイン語ではハポン、イタリア語ではジャッポーネ、ロシア語ではヤポーニア。いずれも一四世紀初頭のヴェネツィア共和国のマルコ・ポーロが中国語で交わされていた"Cipangu"をイタリア語ふうに報告したのをベースに、大航海時代に日本のことをポルトガル語で「ジパング」(Xipangu/Zipang)と発音表記したりしたことにもとづきます。

中国はいまではジャパンのチャイニーズ読みでジーペンと言っていますが、古代中国では「倭」と名付けていたのです。ちなみに韓国ではニッポンのコリアン読みのイルポンです。このように日本は必ずしもヤマトではなかったのです。

国号や国名はナショナル・アイデンティティをあらわすと思われているけれど、実はけっこう任意なところがあります。それは各国とて同じです。イギリスとUK、アメリカとUSAみたいなものです。「大和」と「日本」は併存しているのかというと、まあ、そうです。ただしそれが日本国に定着するまでには、それなりの紆余曲折がありました。

「にほん」と「ニッポン」の使い分け

私の著書に『にほんとニッポン』(工作舎)という本があります。私たちが日本を「にほん」とも「ニッポン」とも、日本人を「にほんじん」とも「ニッポンジン」とも発音してきたのはどうしてなのだろうか。理由があるなら知ってみたいという、そんな問題意識から、日本の歴史文化や社会文化にひそむ「デュアルな柔構造」をいろいろふりかえったものでした。

デュアルというのは双対的とか「行ったり来たり」とかリバーシブルという意味ですが、「デュアルな柔構造」という見方については、これは私なりの独自の見方なので、おいおい説明します。

それにしても、なぜ「にほん」と「ニッポン」があるのか。なぜ日本銀行がニッポンギンコーで、日本選手権はニホンセンシュケンなのか、その理由は結局はよくわかりませんでした。オリンピックでは「Ｊａｐａｎ」とアナウンスされますが、入場する選手のユニフォームにはしばしば「ＮＩＰＰＯＮ」と染められているし、国際試合で観衆が日本チームを声をあわせて応援するときは「ニッポン、がんばれ。ニッポン、チャチャチャ」です。「にほん、チャチャチャ」ではない。ニッポンという破裂音が入ったほうが勢いがつくのでしょう。おそらくその程度の理由です。しかし懐石料理はそうはいかない。世界文化遺産になった日本料理は「にほん・りょうり」なのです。

日本郵便、日本電信電話（ＮＴＴ）、日本電気（ＮＥＣ）、近畿日本鉄道、日本通運、日本武道館、日本体育大学はニッポン。日本航空、日本大学、日本経済新聞、日本たばこ産業、日本交通はにほん。なんとも適当です。どこかが上場企業名の読み方を調査したところ、にほんが六〇パーセント、ニッポンが四〇パーセントでした。

いったい「にほん」と「ニッポン」の使い分けはどうなっているのか。こういうことはどこかで決めているのか。決まっていないとしたら、ほったらかしなのか。決めなくていいのか。多くの日本人もそんな疑問をもっていることでしょう。国名が「にほん」でも「ニッポン」でもいいだなんて、これこそは日本人の「いいかげんさ」や「あいまい性」を根本からあらわしているのかもしれません（あるいはこういうところにデュアリティがあらわれているのです）。

桃山時代にポルトガル人が編纂した『日葡《にっぽ》辞書』には、すでに"Nifon"と"Nippon"の両方が記載されています。かなり昔から二通りに呼ばれていたのです。そのころ「日本橋」という呼び名は江戸ではニホンバシだけれど、大坂ではニッポンバシになっていました。そんなところから、東西での言い方のちがいがあって、それを温存したので併称されたのではないかという意見もあります。

詳しいことは省きますが、江戸の文芸や歌舞伎や浄瑠璃の作品名や文中呼称などでも、ニホンとニッポンは混在してつかわれています。それが明治維新以降、一君万民の「大日本帝国」が登場するに及んで、少しニッポンが強くなった。念のために書いておくと、昭和九年の文部省臨時国語調査会は日本の読み方を「にっぽん」に統一するという答申をしました。けれども、すでに巷《ちまた》にはニホンとニッポンが混在していたので、こういうお達しも効果をもてなかったようです。

国号「日本」の成立

ニホンかニッポンか、どう発音するかはべつとして、「日本」という国号はどこで決まったのかというと、七世紀後半から八世紀あたりです。それまでは「倭」です。自称していたわけではなく、中国の歴史書の『後漢書』倭伝、『魏志』倭人伝、『隋書』倭国伝などが、日本のことを「倭《わ・ウェイ》」と、日本人を「倭人《わじん》」と示したので、それに従っていたのです。

当時の倭国は、「倭の五王」のように中国の皇帝から将軍名をもらっていた時期もありました。朝鮮半島の百済や半島南端の加羅《から》（加耶《かや》）諸国と軍事的にも交易的にもアライアンスを結んでいて、独立国家というほどではなかったのだろうと思います。それが百済に軍事的支援を頼まれ、倭国は六六三年の白村江の海戦に臨むのですが、そこで新羅《しらぎ》と唐の連合軍に完敗してしまった。これでいよいよ自立の道を選ぶことになったのです。ここから日本が、いい、一国として組み立っていくことになります。

斉明《さいめい》天皇から天智《てんじ》天皇にバトンタッチがされた時期でした。このときに「日本」という国名がほぼ決まっていったと思われます。『三国史記』新羅本紀には「六七〇年に倭国が国号を日本に改めた」と記されていた。

ということは、天智天皇の治世が新たな世のスタートであることを示すために、（とくに唐に対して）「天皇」表記と「日本」表記とをほぼ同時に決めたのだろうと思います。律令としてこうした表記が制度化されたのは七〇一年の大宝律令でのことでした。だから制度史的には「日本」という国号は七〇一年に成立したのです。

なぜ日本がヤマトなのか？

こうして日本が「日本」国を名のるのは八世紀前後だったということなのですが、その後の天武天皇以降の時代に『古事記』や『日本書紀』を編纂していくなかで、そこに「日本」という表記が貫かれていたかというと、そうでもありません。記紀神話には日本のことを「葦原中国《あしはらのなかつくに》」とか「豊葦原《とよあしはら》」とかと記しています。これは国号というより、「水辺に葦が生い繁っている豊かなわれらが国」という意味です。

「秋津島」とか「大日本豊秋津島《おおやまととよあきつしま》」というふうに表記されることもある。これは本州のことです。本州・四国・九州・隠岐・壱岐・対馬・淡路島・佐渡をまとめて「大八島」「大八州」（おおやしま）と言っていました。八つの島から成っているという意味です。記紀の「国生み」の場面で生み出された島々です。

そのほか「瑞穂国《みずほのくに》」という言い方もしている。こちらは稲穂が稔っている様子から付けたもので「お米の国」とみなしたからです。五円玉がその様子をデザインしています。平成一四年、第一勧業銀行・富士銀行・日本興業銀行が合併したとき、この瑞穂を行名に選んで「みずほ銀行」が誕生した。

倭にはじまって瑞穂国にいたるまで、そうしたいくつかの呼称を示しつつ、だんだん「日本」という表現が確定していくわけです。けれども、その日本はニホンやニッポンとは読まなかった。どう言っていたのか。「やまと」と称《よ》んでいたのです。日本と綴ってヤマトと訓読みしていたのです。

私たちはいまでもいろいろな意味で「大和《やまと》」という言葉をつかいます。大和朝廷、大和政権、大和ごころ、大和魂と言いますし、奈良はずっと「大和の国うるはし」です。そのほか倭媛《やまとひめ》、大和絵、大和三山、大和人形、大和撫子《なでしこ》、大和川、大和郡山、大和煮、戦艦大和、大和文華館、クロネコヤマト、宇宙戦艦ヤマト……などとつかってきた。

大和はいろいろなところに顔を出しています。大和をダイワと読むと大和ハウスや大和書房や大和自動車交通や、大和證券やかつての大和銀行など、もっとたくさんの大和が目白押しになる。

ある時期から、この大和に「日本」という漢字をあてました。日本と綴ってヤマトと読ませた。なぜ日本が大和なのか。もともと日本をヤマトと訓《よ》んでいたのでしょうか。

すでに述べたように、ヤマトには古くは「倭」という漢字があてられていたはずです。「倭」という文字は「委《ゆだ》ね従う」とか「柔順なさま」という意味をもつ漢字で、中国人が古代日本人の様子や姿恰好や行動からあてがった暫定的な当て字ですが、渋々というより、まだ漢字の意味を十全に理解していなかったわが祖先たちは、自国を「倭」と称します。のちに学識豊かな公家《くげ》の一条兼良《いちじようかねよし》がこの説を採っています。一説には、日本人が自分たちのことを「わ」(吾・我)と言っていたからだともいいます。この説は平安時代の『弘仁私記』に書いてある。また江戸の儒学者の木下順庵《きのしたじゅんあん》は「小柄な人々」(矮人)だったので、倭人になったという説を書いています。

ところが、この「倭」を日本側(朝廷)は「ヤマト」と読むことにした。八世紀の天平年間のころには「和」の文字が定着し、そのうち日本国のことを「大和」「日本」「大倭」などと綴るようになったのです。

どうしてヤマトという呼称が広まったかといえば、初期の王権の本拠が奈良盆地の大和の地にあったからで、やがてそれが畿内一帯に広がり、さらには日本国の呼称を代行するようになったからだと思われます。ヤマトを地理的に一番狭くとれば、大和は三輪山《みわやま》周辺のことをさします。

語源的にいえば、もともとヤマトは「山の門《やまと》」です。奈良盆地から大阪側を見ると連綿と続く笠置山《かさぎやま》・二上山《ふたかみやま》・葛城山《かつらぎさん》・金剛山と続く山々を眺めていた大和人たちが、自分たちの土地を「山の門」と言いあらわしたのでしょう。ここに大和政権が誕生し、飛鳥・藤原・奈良時代がくりひろげられた。それで国の名をヤマトにした。そういう経緯だったのだと思います。奈良時代の次は平安時代ですが、そこは今度は山城国と称ばれました。ヤマシロとは「山の背」（やまのせ・やまのしろ）のことです。平安京からすると、あの奈良の山々が背になったのです。山城国は山背国であったわけです。

こうして奈良の朝廷が大和朝廷になり、その大和朝廷が律する国が「日本《やまと》」になったわけでした。

和するアマテラスと荒ぶるスサノオ

さて、第五講のテーマになる話はここからです。この大和には「和」という文字がつかわれています。これはさきほども言ったように「和む」とか「和する」「和らげる」という意味をもっています。

聖徳太子このかた、日本の歴史はこの「和」を大いに薫陶《くんとう》させてきた。令和にも「和」

が入りました。昭和も和でした。「和」をつかった元号は和銅・承和・仁和・永和・弘和・元和・享和・昭和など、実に二〇に及びます。

和とは何かというと、さきほども書いたように事態や様子を和らげるというのが本義ですが、その「和」がまさに「大和」の和でもあるため、和風や和様や和式というふうにもつかわれ、「日本的、日本風」という意味の象徴にもなりました。しかし、それだけではなかったのです。実は、ここにはアマテラス系の神々を「和する系譜」という意味も含まれているのです。いよいよその話をしたいと思います。

まずもって、ここが大事なところですが、この「和する系譜」は「荒ぶる系譜」と一対になっているのです。日本人の心の奥の奥には「和するもの」と「荒ぶるもの」とがかかわってくると考えられていたのです。

それを「和御魂」（にぎみたま・にぎたま）と「荒御魂」（あらみたま・あらたま）と呼び、神々にはこの二つの傾向があると考えた。柔らかくて優しい魂が和御魂で、強くて荒々しい魂が荒御魂です。和御魂にはさらに幸御魂（さきみたま）と奇御魂（くしみたま）がひそむとも考えました。

日本神話ではイザナギの禊《みそぎ》からアマテラス、ツクヨミ、スサノオの三貴子が生まれたことになっているのですが、このうちのアマテラスとスサノオは姉と弟で、姉が高天原を、弟が海原を治めるように命じられ、そのふるまいによって和御魂と荒御魂のシンボルになったのです。このアマテラスとスサノオの対比関係が日本を語るうえでは、きわめて重要です。

二つのパンテオンの物語

日本神話では、小さい弟のスサノオが死んだ母のイザナミ恋しさに泣き喚《わめ》いてばかりいたと綴られます。スサノオは「哭《な》きいさちる神」でした。これでは海原を治められない。そこで父のイザナギが怒って根堅州国《ねのかたすのくに》（根の国）に追放した。そこは夜見国《よみのくに》（黄泉）の異称もあるところでした。

やむなくスサノオは姉にあいさつしてから旅立とうとするのですが、アマテラスは弟が高天原を奪いにきたのだと思う。そこでスサノオはそんな野心はないことを証《あか》すために「うけひ」（誓い）をした。公開の占いです。これで疑いが晴れました。

この「うけひ」はユダヤ・キリスト教が旧「約」聖書と新「約」聖書という「誓約」のバイブルを生んだことに比定していえば、日本神話の誓約に当たります。今日、天皇家、つまりアマテラスの「和する系譜」にあるとみなされている天皇家が、伊勢神宮のアマテラスを皇祖としている起源が、ここにあります。

では、スサノオのほうはどうなったのか。占いがうまくいったスサノオはこれで高天原に入れるというのでいささか慢心し、高天原を傍若無人に荒らしてしまいます。田畑をめちゃくちゃにする。つまり荒ぶったのです。これでスサノオは根の国に追放される。

追放先の根の国というのはじつは出雲でした。日本神話はここで、高天原のストーリーと出雲国のストーリーに分かれます。二つのパンテオンの物語が並行して進むのです。実際には、おそらく来たるべき日本国の建設をめぐって日本海沿岸の出雲の勢力と奈良の大和の勢力が争っていたということの反映でしょうが、日本神話のストーリーとしては「和するアマテラス」が高天原を大和化し、「荒ぶるスサノオ」の出雲がこれに従ったということになりました。そう、編集したのです。

出雲神話の最初に登場するスサノオは、人身《ひとみ》御《ご》供《くう》になりそうだったクシナダヒメ（櫛名田比売）を助けてヤマタノオロチ（八俣大蛇）を退治し、オロチの尾から草薙剣《くさなぎのつるぎ》を取り出すと、これを姉のアマテラスに献じたというふうになっています。これでスサノオは一種の地域開発型の英雄になりました。

スサノオはその後はクシナダヒメと結ばれ、その子孫のオオクニヌシ（大国主命）が出雲の国をつくりあげ、オオクニヌシが義兄弟となったスクナヒコナ（少名毘古那神）などと組んですばらしい国づくりをするのですが、あるときその繁栄ぶりを高天原パンテオンの連中が羨ましがって、これをほしがるという展開になります。

このあと「ほしがる高天原」と「辞する出雲」のあいだに何度か交渉があって、結局はオオクニヌシが折れて「国譲り」をするという恰好で、出雲神話はおわります。

つまり日本という国は、出雲が基礎をつくった国を高天原側が譲り受けて、それをもとに「大和」をつくったというふうになっているのです。これは日本の成立事情からすると、たいへん重要なプロセスです。大和朝廷は荒ぶるスサノオの系譜でつくられたディベロッパー型の出雲の国のモデルがあったからこそ、これを譲り受けて誕生したのです。日本は神武天皇が各地域を統一して国をつくったわけではないのです。

「すさび」と「あそび」

ここでもう一度、スサノオの役割とは何だったかという話になります。スサノオに「荒ぶる」という性質が与えられているのは、そもそもスサノオという名称にヒントがあります。実はスサノオの「スサ」とは「すさぶ」のスサでした。「スサブ男」(スサ・ノ・ヲ)がスサノオなのです。となると、この神名があらわしている「すさぶ」や「すさび」が注目されます。

「すさぶ」は漢字で綴れば「荒ぶ」です。風が吹き荒ぶ、雨が降り荒ぶ、庭の草が荒《すさ》んでいる、芸が荒んでいるなどとつかいます。現代文学などでは「心が荒んでいた」などとつかう。一方、この「すさぶ」は「遊ぶ」と綴ってもスサブと読みました。もともとの「すさぶ」は「荒ぶる」「荒れる」「綻びる」「壊れる」といった行為を示す自動詞でしたが、日本人はこの言葉に「遊ぶ」という字も当てたのです。

こうして「すさぶ」と「あそぶ」は重なり、何か別のことに夢中になることがスサビとして認識されました。今日でも仕事に対して遊びがあり、なすべき中心から逸れて気の向くままに何かをするのが、遊びであって、荒ぶということです。中心で荒べば和を乱しますが、どこか別のところで熱中するなら、これはスサビ(遊び)です。

この解釈はスサノオが高天原から逸れて出雲で国づくりに夢中になっていったことにつながります。そしてそれは高天原やアマテラスの系譜から見れば「荒ぶること」だったのです。これで少し見えてきたかもしれませんが、日本の精神文化の根底はこの「和する系譜」に「荒ぶる系譜」が並立することで成立できたともいうべきなのです。

「サビ」「もののあはれ」「あっぱれ」

今日の日本文化のソフトブランドとして、海外に対してしきりに「わび・さび」が持ち出されます。「わび」についてはあとで説明しますが、「さび」は実はスサビから出た言葉です。「スサビ→サビ」です。

サビは「寂び」と綴ります。今日の言葉でいえば「寂しい」のサビでもありますが、この「寂び」はもともとスサビの状態をあらわしている言葉で、何か別のことに夢中になっていることで、きっとそこには夢中になるほどの趣きがあるのだろうなと思わせる風情を示す言葉です。

芭蕉《ばしょう》の俳諧のことをよく「サビの俳諧」とか「芭蕉のサビ」といいますが、あれは元禄の『去来抄《きょらいしょう》』という向井去来《きょらい》が書いた本のなかで、門人の野明《やめい》が「句のサビとはどういうことを言うんですか」と聞いたとき、去来が「サビは句の色なり」と答えたことをもって広まっていったものです。そのとき去来は「花守《はなもり》や白き頭《かしら》をつき合はせ」という句を例示して、ここに「サビの色がある」と言った。以前、芭蕉が「この句にはサビの色があって嬉しい」ということを洩《も》らしていたのです。

サビの色とはスサビの風情がほのかに醸し出されているということです。まさに鉄の錆《さび》の色のように、それがもっている風情の本質が滲《にじ》み出ているということです。芭蕉はサビとともに「しほり」(しおり・しをり)「ほそみ」というスサビの言葉もつかっています。

このようにサビは日本人の美意識をあらわす指標のひとつとなるもので、とくに遊芸の場面で大いに追求されました。それゆえ時代によって、遊芸者によって、独特のサビの感覚が磨かれた。たとえば、中世の連歌師だった心敬《しんけい》は「冷えさび」の極北に遊び、普請奉行でもあった小堀遠州《こぼりえんしゅう》は武門の茶の湯に「綺麗《きれい》さび」を見いだし、飛騨高山にいた金森《かなもり》宗和《そうわ》は「姫さび」を提唱した。

心敬の「冷えさび」は冬の荒涼たる真っ白な風景の中で、なお白く輝くような木々に生じている氷の美しさや氷柱《つらら》の透明感のことをさしたもので、かじかむようなサビの感覚を尊びました。遠州の「綺麗さび」は桂離宮の美に代表されるようなもので、黒、金、白の絶妙な出会いでその風情をつくった。宗和の「姫さび」はそれを女性たちの好みに転じたもので、いまならさしずめジミハデ（地味派手）にあたるところでしょう。

サビの感覚は「もののあはれ」につながります。「もののあはれ」は王朝貴族が好んだ美意識や心情のことで、賀茂真淵や本居宣長によって『源氏物語』がその精髄を表現したと言われているものですが、日本人の「ものごころ」の本質には「あはれ」が出入りするという見方をさします。

かわいそうだという「あはれ」ではない。多少の憐憫《れんびん》がともなってはいるでしょうが、「もの」そのものが清冽《せいれつ》に哀愁や哀切を帯びている。西行に「都にて月をあはれとおもひしは数よりほかのすさびなりけり」という、唸《うな》るような歌があります。旅先で月を見て、それまで都で月を「あはれ」だと感じていたけれど、そんなものが物の数にも入らないほどの哀切だ、これこそがスサビだという歌です。

西行が歌っているように、「もののあはれ」はときに人の「ものごころ」を究極にはこぶものでもあるのです。真淵や宣長はその風情の出どころを、紫式部が『源氏』の物語にしてみせたのだと見たのでした。

ちなみに「あはれ」は武家社会では「あっぱれ」に変じました。「あっぱれ」は「あはれ」という言葉を破裂音をともなって武張《ぶば》って発音した言葉なのです。このことも見落とせないことで、王朝感覚の「あはれ」を武家が感じると「あっぱれ」になるのです。

武門の幼い子が戦場に出ざるをえなくなり、緋縅《ひおどし》の鎧《よろい》を着て小さな黄金の太刀をもっている姿は、貴族的には「あはれ」なことなのですが、武門の美学にすると「あっぱれ」なのです。よくぞ覚悟した、あっぱれなやつじゃというふうに喝采の対象になる。けれども、その「あっぱれ」には「あはれ」も漂うのです。

この「あはれ」と「あっぱれ」の関係もデュアルであって、和事と荒事が二つながら関与し、また遠くには和御魂と荒御魂が行き来するのです。つまりは、ここにもスサビに徹した「ものごころ」が顔を出しているのです。これらはもとをたどればスサノオに行きつくのです。

「数寄」に遊ぶ

以上のように、文芸や遊芸や武芸や芸能の場面でスサビに徹していくことを、またそのスサビの表現や気分を鑑賞して互いに遊べる感覚のことを、総称して「数寄《すき》」とか「数寄の心」といいます。

数寄屋造りの数寄にもつかわれる言葉ですが、何かを好きになり、その好きになったことに集中し、その遊び方に独特の美を感知しようとしていくこと、それが「数寄」です。そういう数寄にかかわりたくなった者たちは「数寄者《すきしゃ》」といいます。

もともとは「好き」とか「好きになる」から出た言葉だったと思いますが、もう少し大事なニュアンスをこめて言うと、「すく」とは何かを何かによって梳《くしけず》っていくことなのです。「土を鋤く」「紙を漉く」「髪を梳く」「風が透く」「木を剝く」「心を空く」というような数寄でもあるのです。これらは、「もの」やその「あらわれ」をたんに扱うのではなく、さまざまにスクリーニングを通して感じていこうという感覚です。このスクリーニングしていくという感覚が数寄屋造りの数寄にも通じた。日本人はスサビや数寄によってグルーヴ感を感知しようとしたのです。

少し理屈っぽいことを言っておきますが、スサビも数寄も物事に執着することです。こだわることです。こだわることは学習や修養のスタートでもありますが、こだわりすぎることは何かの発展を妨げることもある。それゆえ仏教では何かに固執することを「執着《しゅうじゃく》」と言って、強く戒めます。仏道の修行の妨げになるからです。

しかし、この執着をあえて「好きなもの」として徹底し、何かに執着する態度に一転して美を見出すことが、日本においては連続したのです。その有名な例をみせてくれたのが西行でした。

西行はもともとの名を佐藤義清《さとうのりきよ》といい、一六歳のころから徳大寺家に仕えていたれっきとした武士でした。一八歳のときに左兵衛尉《さひょうえのじょう》になり、その後は鳥羽《とば》上皇の「北面の武士」にもなった。上皇の身辺警護にあたる役目です。この中には若き日の平清盛もいて、清盛は二度の戦乱を経て公家から権力を奪っていくことになるのですが、西行はそれとは対照的に武士の身分を捨て、望んで出家遁世《とんせい》してしまうのです。

高天原から追放されたスサノオの例ではありませんが、決まったコースから逸れて和歌の道に入り、スサビの道を選んで「あはれ」や「あっぱれ」の感情を歌に詠むようになったのです。

これを「数寄の遁世」といいます。出家して世を捨て、そのうえで好きなことに徹していくのです。出家するのですから仏道に入ることにもなるのですが、それも僧侶として生

にぎみたま・あらみたま

①柔らかく優しいアマテラスの和御魂（にぎみたま）と、
②強くて荒々しいスサノオの荒御魂（あらみたま）。
この一対がつねに日本文化を揺さぶってきた。
「荒（す）さび」は「遊（すさ）び」ともつながり、
ついにはとことん「好き」を極める「数寄」を生み出した。
③松岡による数寄の書。

①

②

③

④

⑤

④は小堀遠州好みの“綺麗さび”の「ひづみ高麗」、⑤は金森宗和好みの“姫さび”の「色絵忍草絵茶碗」。

きるのではなく、数寄の心に遊ぶことを選ぶ。それは武家や仏教からみれば、まさに「荒《すさ》ぶ」ことであるのですが、西行にとっては「遊ぶ」ことであったのです。この西行の生き方は歌を通してさまざまに知られていくことになり、多くの出家遁世の者や数寄の者を生んでいくことになりました。旅の空で月を見る者もふえていったのです。

「詫び」から「侘び」へ

ここで、さきほど保留しておいた「わび・さび」の「侘び」についてやっと説明ができることになります。

出家し、遁世した者は西行ならずとも清貧に甘んじるしかありません。生活は切り詰められ、持ち前の物品は乏しい。旅をしても他人を頼ることがふえます。またどこかにとどまって草庵のようなところに仮住まいしてみても、特別なものは身辺にはありません。しかし心は澄み切っている。

そういうところへ、誰かが訪ねてきます。とはいえ、そんな住まいを人が訪ねてきても、お茶の一杯、お菓子の一個も出すことができません。そこで主人は「こんなところに来ていただいて嬉しいが、申しわけないことに私は何ももっていないので、ろくな調度も茶碗もない。けれどももしこんな茶碗でよろしければ、いまお茶をさしあげよう」と言って、ゆっくりとお茶をさしあげる。「さいわい、外の草むらにはススキがみごとに穂を出している。それをこの瓶に一本生けて、熱いお茶を進ぜよう」などというふうになる。いわば、不如意《ふにょい》を「お詫《わ》び」して、数寄の心の一端を差し出すのです。

これが「侘び」の出現なのです。侘《わび》しい暮らしのなかで、あたかも不如意を詫びるかのように、心ばかりのもてなしをする。これが「侘び」の出現です。「侘び」は「詫び」にも通じるのです。

西行や能因《のういん》法師が旅の途中で田舎家を訪ねても、その家の主人は「こんな田舎家を訪ねてくださってたいへんありがたい。どうぞ一夜お泊まりください。ただ申しわけないことに、粗茶、粗食しかお出しできません」などとお詫びをします。けれどもそこを訪ねた西行や能因法師からすると、亭主たちのこの「詫びる気持ち」こそが何より尊いものに感じられる。こうした気持ちの交わしあいから「詫び」が転じて「侘び」という価値が生まれていったのです。

この「侘び」の感覚はやがて「侘び茶」を生みました。村田珠光《じゅこう》、武野紹鷗《たけのじょうおう》、千利休らはあえて草庵に見立てた茶室を市中の真ん中につくり、武家も町人も履物《はきもの》を脱いで小さな躙口《にじりぐち》から入り、そのスペースをうんと狭くしたのです。飾りはささやかな茶花と床に掛かっている茶掛け程度です。

そこで亭主と客はゆっくりと時と茶をかわす。スペースはおおむね四帖半。利休の時代には三帖台目にも二帖にもなりました。けれどもそこでは極上の粗茶と粗食が心ゆくまで提供されるのです。これが茶の湯の基本です。待庵《たいあん》を見に行ってください。日本文化の究極をあらわす茶室です。

ところで、以上のような「侘び・寂び・すさび・数寄」の感覚は、江戸時代になると「やつし」として生まれ変わります。

芭蕉が「さび」とか「しほり」とか「ほそみ」と呼んだ感覚です。「やつれる」という言葉から出た感覚用語ですが、あえてみすぼらしい格好をしたり、わざとほころびた羽織を着ること、あるいは瘦《や》せ細ったものに愛着を寄せたり、弱々しいものに心をおいたりすること、それが「やつし」です。「もののあはれ」を引き寄せてしまったのです。

なぜ江戸文化がそこまでしたのか、本書の後半を通して別の観点からも説明したいと思います。

第六講 漂泊と辺境

日本人はどうして「都落ち」に哀愁を感じるのか。

マージナルを重視する日本

この数十年にわたって東京一極集中が大きなモンダイになっています。人口、行政力、官公庁、金融、本社機能、マスコミ、高等教育機関、ITベンチャー、いずれもが東京に集中して、なかなかこの傾向が変わることはありません。政府や自治体はのべつ「地方の時代」を喧伝して、「ふるさと創生事業」「里山資本主義」「ふるさと納税」などの打開策を打ってきましたが、いまひとつです。

二〇一九年一二月には「まち・ひと・しごと創生総合戦略」第二期がスタートして、地方が獲得すべきKPI（重要業績指標）として四つの基本目標、二つの横断的な目標を設定しました。その眼目は東京集中を逆転させて地方の経済生活人口をふやすことにあるようですが、当事者たちが半分あきらめている。これでは実現はムリです。ミニ東京をいくら分散させようとしても、東京型のKPIを分配しようとしても、少子高齢化がすすむ地域社会の創生には限界があるでしょう。すでに日本中のロードサイドには同じような大型ショップやチェーン店ばかりが並んでいます。

ひるがえって歴史をさかのぼると、日本ではセントラルに対するローカルなもの、あるいはコアに対するマージナルなもの、メインに対するサブ的なものを、けっこう大事にしてきたところがありました。また、地方を巡るということがかなり重視されてもきた。最近のテレビ番組でいえば「地方グルメ」や「路線バスの旅」あたりでしょうが、こういうことは昔から人気だったのです。私はこの傾向を「漂泊《ひょうはく》と辺境の日本のおもしろさ」と見ています。多くのすぐれた物語や記録文学や絵図がこの「漂泊と辺境」をテーマに書かれてきました。

日本の社会文化をセンター志向や大都市主義で語るのは片寄った見方です。日本のおもしろさはオフセンターにあると知るべきなのです。

在原業平の「東下り」

ごくごく有名なところから案内してみますが、まずは平安王朝期の『伊勢物語』や『更《さら》級《しな》日記』や『土佐日記』があります。

『伊勢物語』は「昔、男ありけり」と謳われたダンディをもって鳴る在原業平《ありわらのなりひら》の生涯を歌物語ふうに一二五段にわたって綴ったもので、その中心に「東下り《あずまくだ》」という紀行篇が組みこまれていて、後世に多大な影響力をもちました。「東下り」とは都の京都から東国《とうごく》へ行くことで、業平は武蔵国まで下って隅田川に感心したりしています。三河や駿河や富士などでの行く先々の出来事や風俗は、その後さまざまな和歌のヴァージョンにも能にも絵巻にも、さらにはフェイクやパロディにもなって、大きな影響力を発揮しました。

イケメンの恋多き浮名大好きな業平なのですが、「派手な都にいるより東国に住んでみたい」と決断したところがウケたのです。「東下り」は路線バスの旅のルーツです。

『伊勢』が都から東に下るのに対して、『更級日記』は東から都に東海道を上ります。上総（千葉県）の国府に勤めていた菅原孝標《すがわらのたかすえ》が都に家族とともに帰っていくところから始まる日記で、そのとき一三歳だった娘が、あとでふりかえって綴った。冒頭、自分のことを「あづま路の道のはてよりも、なほ奥つ方に生《お》ひ出《い》でたる人」というふうに、田舎に育った娘だったが、世の中に「物語」というものがあると知って、姉や継母が聞かせてくれた光源氏の物語にもっと溺れたいと思うようになったと書いています。

この娘は田舎のオタク女子でした。髪を伸ばして夕顔や浮舟《うきふね》のようなカッコいいオトナ女子になりたがっていた娘です。やがて都でたくさんの物語を読み、宮仕えをし、親にすすめられた男性と結婚するうちに、世の中は物語のようにはできていないと感じるようになると、なんだかいろいろのことが失望されてきて、もっと仏道を学んでおけばよかったというふうに回顧されますが、オタク女子だった才気煥発な想像力が東海道やさまざまな都市人間の模様を描いているところが読ませる日記です。

紀貫之の『土佐日記』については、仮名の話のところ（第二講）でふれたので略しますが、土佐に国司として赴任していた貫之の一行が都に帰る五五日間を女性に託して綴ったトランスジェンダーな日録風のものです。大津、浦戸、大湊《おおみなと》、宇多の松原、阿波、瀬戸内海の沼島、大坂の和泉、箱の浦、石津、住吉、難波、八幡、山崎、島坂などが次々にあらわれます。

歌枕と今様とローカル・ツーリズム

『伊勢』や『更級』や『土佐』のあと、日本の紀行文芸はおびただしいほどたくさん綴られます。最も有名なのは芭蕉の『奥の細道』でしょうが、それ以外にも多くの旅日記や紀行記があり、各地の名所や風光や習慣に関心が寄せられました。

人々が名所旧跡に関心をもつようになったについては「歌枕《うたまくら》」の力も大いにあずかっています。歌枕は和歌に何度も詠まれた名所のことで、北は外ヶ浜・塩竈《しおがま》・末の松山から南は博多・太宰府・対馬まで、ざっと数えても二百をこえるスポットが親しまれました。なかでも白河の関、田子の浦、竜田川、逢坂山《おうさかやま》などは大人気でした。

中世には各地への巡礼がさかんになって、最も有名だった熊野詣や伊勢参りをはじめ、いわゆる霊場めぐりに人気が集まります。まさにパワースポットめぐりですが、しかしたんなるパワースポットめぐりではありません。そこはたいてい観音霊場などになっていて、人々は観音信仰にもとづいてローカル・ツーリズムに参画していたのです。熊野もそのひとつでした。

観音霊場は観音浄土としての補陀落渡海《ふだらくとかい》ができると信じられていたところで、そこへ辿り着けばそのまま観音浄土に行けると信仰されていました。霊場は「この世」と「あの世」の、此岸《しがん》と彼岸《ひがん》の、いわばリアル＝ヴァーチャルの分岐点だったのです。

そういうリアル＝ヴァーチャルの方へ行く道は辺路《へじ》とも遍路《へんろ》とも呼ばれ、そうしたコースには中世から近世にかけて札所《ふだしょ》が設けられて、やがて西国三十三ヵ所や四国八十八ヵ所や坂東三十三ヵ所として多くの巡礼者を迎えることになります。

そうなるとどうなっていくかというと、近くの宿場や温泉が賑わい、土産物《みやげもの》や名物が生まれ、また遊女たちが出入りするようになって、日本中が「おもしろローカル・ネットワーク」で結ばれていくことになったのです。各地の遊女たちがうたっていた今様《いまよう》（ヒットソング）には、そうしたスポットがネットワーク語りされ、独特の調べをともなって流行しました。それをまとめたのが後白河法皇の『梁塵秘抄《りょうじんひしょう》』でした。

中世のネットワーカー

ローカル・ネットワークのもとは今も昔も幹線道路です。古代では四道《しどう》将軍が先遣した。『日本書紀』によると、崇神《すじん》天皇一〇年に大彦命《おおひこのみこと》、武渟川別命《たけぬなかわわけのみこと》、吉備津彦命《きびつひこのみこと》、丹《たん》波道主命《ばみちぬしのみこと》という四人の将軍が、それぞれ北陸・東海・西道・丹波に派遣されたということになっている。

これが四道将軍で、「将軍」とはのちの征夷大将軍の将軍もそうなんですが、どこかをめざして進軍するリーダーという意味です。崇神天皇は三世紀か四世紀の天皇なので、だいたいその時期に最初の街道がディベロップされたということです。

ついで五畿（畿内）七道が制定された。五畿は大和・山城・摂津・河内・和泉のこと、七道は東海道、東山道、北陸道、山陰道、山陽道、南海道、西海道です。古代日本のインフラの登場です。東山道は東北六県と栃木・群馬・長野・滋賀をつなげ、北陸道と山陽道・山陰道は現在の鉄道や新幹線とほぼ同じ、南海道は四国四県と和歌山・淡路島を、西海道は九州七県のルートです。これらは大路・中路・小路で分けられ、だいたい三〇里（約一六キロ）ごとに駅（駅家）を設け、駅ごとに駅馬が用意され、伝馬《てんま》制度が発達していきました。

やがてここに港のルート、河川によるルート、塩の道、さらには神社や寺院の参詣ルートが加わり、日本各地はしだいに網目のようになっていく。のちに民俗学者の宮本常一《みやもとつねいち》が名著『忘れられた日本人』（岩波文庫）で書いたように、かつてはこの網の目にいた生活者たちこそが日本人だったのです。

網の目を歩いた人々には、旅人だけではなく、いわゆる漂泊のネットワーカーたちもたくさん含まれていました。「ワタリ」の人々です。常民に対して遊民ともいいます。民俗学ではノマド（nomad）と総称します。

かつて古代中国や古代日本ではこれらを「化外《けがい》の人」とか「道々外在人《みちみちげざいにん》」とかと呼んで差別をしていたのですが、網野善彦《あみのよしひこ》さんらの研究などによって、こうしたネットワーカーこそ「楽《らく》」や「公界《くがい》」や「別所」や「無縁」といった特別な地点や区域をつくって、独自の生活商業文化をきずいていたということがわかってきました。当然、治療所や職人たちが集える場所なども用意された。

このようなネットワーカーが参集できる網目がほぼできあがっていったのは、一三世紀の後半くらいだったので、歴史学者や民俗学者たちは今日の日本の社会文化の中層構造はほぼこの時期に仕上がっていたとみなします。常民と遊民の割合がおおむね一定のバランスに達した時期です。私は二一世紀の地方創生には、この中世ネットワークの新たなかたちでの再生が有効ではないかと思っています。とくにネットワーカーの関与を重視したほうがいい。

漂泊者としてのヒルコ＝エビス

ネットワーカーのもともとの姿は漂泊者や流民です。日本の歴史のなかで漂泊者や流民の動向は大きな役割をもってきた。なぜなのか、その話をしておきます。

またまた日本神話の話に戻りますが、『古事記』にはイザナミとイザナギがまぐわって生まれた子の中には、水子がいたことが記されています。その代表格はイザナギとイザナミが最初に産み落としたヒルコ（蛭子・水蛭子）でした。

二神は手足のないヒルコを葦《あし》の舟に入れ、オノゴロ島から海に流してしまいます。次に生まれたアワシマ（淡島）も水子でした。しかしこのヒルコはやがて流れ着いて、姿も立派な男子に育ったというのです。西宮に伝承された話では、夷三郎殿《えびすさぶろうどの》という名で莫大な富をもたらした。そこで記念して西宮大明神として祀ったというのです。のちにエビス（恵比寿）さまとして崇《あが》められ、商売繁盛の神さまになりました。今日の西宮神社のルーツです。いまでも「商売繁盛、笹もってこい」とエベッさんは大人気です。

ヒルコはエビス神という富をもたらす神に変化したのです。一方、アワシマもめぐりめぐって各地の遊女たちを守る神になった。遊女たちが吉原などの遊郭で百太夫《ひゃくだゆう》や淡島さまとして祀っている神さまがアワシマです。

これらの話はたいへんに象徴的です。漂泊を宿命づけられたマージナルな存在が、まわりまわって賑わいのシンボルへ反転しているのです。文化人類学では、このような反転がおこる話を世界中に流布されてきた「流され王」タイプあるいは「貴種流離譚《きしゅりゅうりたん》」タイプと名付けていますが、日本の漂泊文化や辺境文化ではこの手の話はもっと広がりをもっていて、各地にこのような「流転のすえの反転」「漂泊のすえの栄達」がおこりうる物語が伝えられてきました。

これは「負の刻印」を受けた者のことが忘れられなくなる、放ったらかしにできなくなるという、日本人のやむにやまれぬ気持ちから来ているのではないかと思います。この気持ちは人の不幸を憐れみ悼むという感情で、しばしば「無常観」とか「惻隠《そくいん》の情」というふうに呼ばれてきました。いくつか例をあげます。

一つ目の例。能舞台は向かって左側に一の松、二の松、三の松をもつ橋掛かりがあって、少し右寄りに松羽目《まつばめ》を背景にした本舞台があります。本舞台にはシテ柱や目付柱《めつけばしら》が立ちます。これらの前は白洲で、客はそこで見ます。橋掛かりの奥は鏡の間になっていて、そこから登場人物がゆっくりあらわれます。ワキは直面《ひためん》で素顔のまま、シテは面《おもて》を付けています。どういうシテが登場してきたかは能面の特徴が暗示しています。

ところが、多くの能で橋掛かりに登場してくるシテの大半は神や死者や亡霊や行方不明な者たちばかりなのです。不幸を背負った者たちばかりなのです。その者たちの魂は浮かばれない。各地をさまよっている。そのような過去の境遇にいた者たちがシテに選ばれているのです。能は日本の古典芸能を代表するものですが、その舞台と中身は「漂泊の芸」をいかに美しく、いかにきわどくみせるかというものになっているのです。

二つ目の例。日本人は「判官びいき」だとよく言われます。この判官《はんがん・ほうがん》とは九郎判官義経のことです。幼名は牛若丸ですが、源義朝の九男だったので九郎、左衛門尉《さえもんのじょう》になったので判官とも呼ばれた。つまりは兄の頼朝に嫌われて東北平泉に落ちのびた義経のことです。あんなに平家を討つのに貢献した義経だったのに、追われるように落魄《らくはく》していった。最後は弁慶らとともに討たれます。日本人にはそういう義経が不憫《ふびん》でならず、判官びいきが流行したのです。

三つ目の例。その義経が討った平家の公達《きんだち》たちの物語は『平家物語』として長らく琵琶《びわ》法師《ほうし》が語ってきました。冒頭に「祇園精舎《ぎおんしょうじゃ》の鐘の声、諸行無常の響きあり。沙羅双樹《さらそうじゅ》の花の色、盛者必衰の理《ことわり》をあらわす」と謡われます。つづいて「奢《おご》れる人も久しからず、ただ春の夜の夢のごとし。猛《たけ》き者も遂にはほろびぬ、偏《ひとえ》に風の前の塵に同じ」とある。

日本人は、この奢れる者は久しく栄えず、すべては春の夜の夢のように諸行無常であること、つまりは万事は風に舞う塵のようなものだという顚末《てんまつ》が放っておけないです。そんなものは「負け犬根性」だとか「敗北主義」だという声も上がりますが、そうはならない。むしろ平家や義経におこったことは、明日の我が身にもおこるかもしれないと感じる。諸行は無常だと感じるのです。これが「無常観」であり、「惻隠の情」です。

こうして私たちは平家や義経や能の舞台に流れる漂泊感覚に惹かれてきたのです。漱石は『三四郎』のなかで、この感情を「可哀想だた惚《ほ》れたってことよ」と三四郎に言わせています。フーテンの寅さんもずっと負け犬かもしれないのに、それを「負け犬」と言っちゃあ、おしまいだと日本人はどこかではっきり感じているのです。

「無常」と「惻隠《そくいん》の情」

無常観は中世日本の人生観や価値観を代表します。鴨長明の『方丈記』や吉田兼好の『徒然草』は無常の文学だと言われてきました。世の中を無常（常ならぬ）というふうにみなす見方ですが、これはもともとは仏教の四諦《したい》観にもとづくものです。

四諦は苦諦《くたい》・集諦《じったい》・滅諦《めったい》・道諦《どうたい》の四つの「諦め」のことで、ブッダが最初に説きました。苦諦はこの世は苦である（一切皆苦）ということを、集諦は苦の原因は世の無常と人の執着心にあるということを、滅諦は無常の世を見つめ、執着心を抑えれば苦は滅するということを、道諦はそうなるための方法がある（＝正道といいます）ということを説いた。とくに苦諦は生・老・病・死の「四苦」と、愛別離苦《あいべつりく》・怨憎会苦《おんぞうえく》・求不得苦《ぐふとくく》・五蘊盛苦《ごうんじょうく》を加えた「八苦」を強調して、いわゆる「四苦八苦」というふうにまとめたので、日本人にもわかりやすく伝わっていきました。

こうした仏教的諦念が中世日本では無常観に変奏され、『方丈記』や『徒然草』に見られる独特の感想になります。長明は冒頭に、こう綴った。「ゆく河の流れは絶えずして、しかももとの水にあらず。よどみに浮かぶうたかたは、かつ消えかつ結びて、久しくとどまりたるためしなし。世の中にある人と棲《すみか》と、又かくの如し」。うたかたは水面を動く「泡沫」です。世の中も人の世もそのようなものだ、常ならぬものだというのです。

無常観はやがて「惻隠の情」と結びつきます。この言葉は『孟子』公孫丑《こうそんちゅう》に出てくる四端説から採られたもので、「惻隠の心は仁の端なり」にもとづいています。孟子は人間には「惻隠」「羞悪」「辞譲」「是非」という四端（四つの心の端緒）がそなわっていて、それゆえ他人を思いやる気持ち(惻隠)、恥を知る心(羞悪《しゅうお》)、傲《おご》らずへりくだる勇気(辞譲)、言動の是非を感じる能力(是非)が動くものだとみなし、この四端から仁・義・礼・智が確立してくると説いたのです。

なかで、日本人は「惻隠」と「辞譲」をたいせつにする傾向をもったのだろうと思います。とくに何らかのいきさつで不都合や不首尾におわった者たちを不憫《ふびん》に思う心を、私たちは忘れないようにしてきた。『方丈記』には地震や辻風で倒壊した家や変わりはてた風景の話が出てくるのですが、長明はこれを不憫なものとして綴っています。そして、そのような気持ちをもつことの前提に無常観があったのです。

「みやび」と「ひなび」

判官びいきや西行やフーテンの寅をもって「敗北主義」とか「滅びの美学」だとは言えません。三島由紀夫にはそのように日本をとらえる見方があったけれど、私はそういうふうに追い込んで見なくてもいいと思います。むしろ「うつろい」に心を致していると見ます。いくつも例示できるでしょう。

たとえば巡礼や辺境が好まれてきたということ、人形浄瑠璃や歌舞伎で「道行《みちゆき》」が好まれてきたこと、時代小説や時代劇映画で「股旅《またたび》もの」が愛されてきたこと、司馬遼太郎の

『街道をゆく』シリーズに多くの読者がついていること、さらには、鉄男くんブームや路線バスの旅が人気をもちつづけていること、さらにはテレビで「いま、あの人はどうしている?」といった番組がずうっとくりかえされているということなどなど。こうしたことを併せて考えてみると、やはり日本人には「漂泊」「落魄《らくはく》」「無常」「辺境」「巡礼」「道行」の感覚がかなり重なっているのだろうと思えます。

これは「うつろい」を肯定しているのです。四季の移り変わりに感情を寄せられるように、歴史や人生や出来事にも「うつろい」を認めているのです。そもそも『伊勢物語』の業平は「都落ち」ともいえるのですが、かえってその「うつろい」のダンディぶりがかっこいいとも感じられてきたのです。

ふりかえって、平安期のころすでに「みやび」と「ひなび」は共存していたのです。「みやび」は「雅び」で、これは「宮ぶる」「都ぶる」から派生した言葉で、まさに都会主義的なモダン・アーバニズムのことを意味しており、一方の「ひなび」は「鄙び」で「鄙ぶる」ことですが、それがかえって趣きのいいものと感じられてきたのです。侘び茶が草庵っぽくなったのも、質素な仕立てを好んだのも、その根底には「みやび」に対する「ひなび」の共存思考があったからでした。

もっともこれは、近代欧米に流行した田園回帰志向や田園都市構想とはいささかちがっ

②

②

①

日本には「流された神こそ、かえって恵みをもたらす」という信仰がある。
ヒルコは艱難辛苦の旅のはてに、①福の神エビスとなった。葛飾北斎作。
②は補陀落渡海の様子。
行者は捨身の渡海を行うことで、民衆を浄土へ先導できると信じた。

here《ここ》からthere《むこう》へ

③

④

⑤

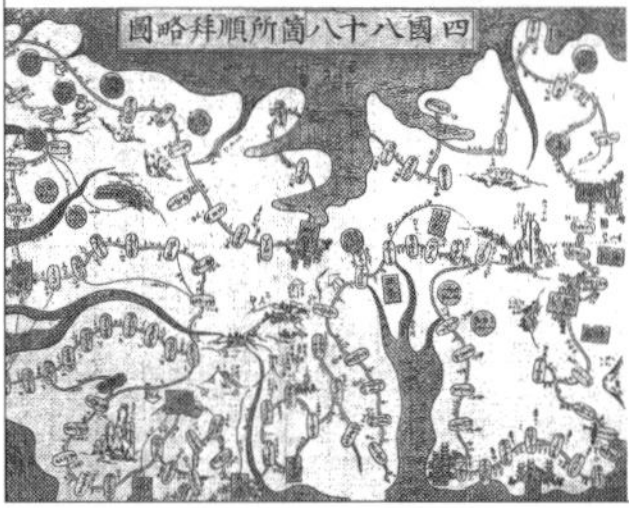

『職人尽絵』には中世の職人たちが描かれ、その多くは漂泊者や遊民だった。③は猿楽師と田楽師、④は覆面姿の煎じ物売。江戸期、観音浄土を求めて巡礼する四国八十八箇所が爆発的流行をみた。⑤はその順拝地図。

ています。地域や領域全体に「ひなび」化を促進したいというのではなく、またそれを「モダン」によって再構成しようというのではなく、何かを何かですいていくような数寄の感覚で「ひなび」を保とうというのです。

「うつろい」と「負い目」を許容する感覚

以上、ざっと案内してきたことには、センターに対するオフセンターの感覚が、「かたまり」に対する分散の好みが、メジャー志向に対するマイナー志向が、恒常的なものに対して「うつろい」型・「無常」型への認識が、英雄常勝型に対する反発の気持ちが、コアコンピタンスよりもマージナルな動向をおもしろがる風情が、おそらく横溢《おういつ》しているのだろうと思います。

これは「負け犬」感覚ではなく、あえて「負い目」を許容する、応援するという感覚です。「惻隠」です。だからこそ判官びいきや寅さんがんばれになる。私は本書では何度も、この路線で話を広げたり、深めたりしていきます。

このことをやや補助するために、さらに指摘しておこうと思うことがあります。詳しい説明は別の講で挟みこむので省略しますが、それは、次のようなことです。

第一に、日本は「ディストピア」を重視してこなかったということです。世界のSF的な発想には必ず「終末」や「大崩壊」や「ディストピア」が描かれてきました。これはユダヤ・キリスト教にそのことをめぐる基本思想があるからです。けれども日本では仏教の末法思想をべつにすると、長らく「全体の終わり」を想定してこなかった。これは楽観的とも、リスク感覚がなさすぎるともいえるのですが、そのかわり必ず「復活」を信じようという感覚を重んじたのです。SFにおいても小松左京の『日本沈没』が登場するまで、ディストピアは描いてこなかったと思います。その小松左京もそのあとに『復活の日』を書いた。

　第二に、日本はセンター志向が薄弱なのです。もともと古代の都はしょっちゅう変遷していました。七世紀から見ても飛鳥板蓋宮《あすかいたぶきのみや》、難波長柄豊碕宮《なにわのながらとよさきのみや》、近江大津宮《おうみおおつのみや》、飛鳥浄御原《あすかきよみがはら》宮《のみや》、藤原京、平城京、山背恭仁京《やましろくにきょう》、紫香楽宮《しがらきのみや》、難波京、平安京というふうにうつろっています。エジプトやオリエントのような古代大都市はなく、古代ペルシアや古代ローマのようでもないのです。これは最初から分散を好んだのではなく、「跡をつけながら進む」ということが好きだったからです。この慣習に終止符を打ったのが江戸建設に時間をかけた家康です。

　ということは、八百八町の江戸文化も東京一極集中も、日本の歴史や日本人の好みからすると、むしろ例外的なのです。大都市幻想が付和雷同したのだと思います。ロンドンにもパリにもベルリンにもおこったことです。けれどもそれなら、東京の中をもう少し分散させるべきでした。

第三に、これはすでに述べたことですが、日本がそもそもフラジャイルな花綵列島で、火山噴火・地震・風水害・津波・鉄砲水に見舞われるので、センターも辺境ももともと変化を受ける宿命をもっていたということです。そのぶん四季の変化や花鳥風月・雪月花の風情を、短時間でも感知する感覚を磨くことになりました。

第四に、日本人の心情や心性にとっては、「常なるもの」は常世《とこよ》やニライカナイのように海上の外にあって、内なる浮世は「常ならず」とみなしていたということです。いろは歌にあるように、「色は匂へど散りぬるを、我が世たれぞ常ならむ」なのです。平家物語の諸行無常の響きにつながります。

これが「うつろい」の感覚です。「移ろい」と綴りますが、その「うつろ」には「映る」も「写る」も愛《め》でられます。

第五に、ややわかりにくいかもしれませんが、日本の神々が主神ではなく客神であって、八百万の神をもったということから、さまざまな価値観や評価観においてセンタリゼーションがおこりにくくなったということ、そのぶん主語がたくさんになり、ときには一人称と二人称がひっくりかえることもしてきたということがあります。

　たとえば、日本人は自分のことを「わたし」「ぼく」「おれ」「わし」「あたし」「あたくし」「あたい」「拙者」「わて」「自分」「うち」「手前」などと使い分けます。土地柄や環境にも影響されてのことですが、これはつねに文脈を選択しながら自分の立場が動けるようにしているともいえます。さらには、「手前ども」とへりくだっているときに相手が横柄だったり無体であると、急に「手前」を「てめえ」というふうに二人称にしてしまうのです。日本人の人称が局面や場面に応じて変わるのは、日本文化の文脈が多岐的に成立してきたということを象徴します。

　この講で私が言いたかったことは明白です。地方創生は辺境に着目したほうがいいということです。

第七講

型・間・拍子

間と「五七」調の型と拍子にひそむ謎。

「型」とは何か

日本のおもしろさのひとつに武道があります。柔道・剣道・空手・弓道・合気道は独特です。いずれも相手を殺傷する技能だったものに仁や義や礼が加わって「道《どう》」に達しました。

これらはいまは古武道というふうにも総称されますが、そこから変化した武道もたくさん派生した。たとえば空手には世界を驚かした極真空手のようなものがあるし、プロレスやK―1も独特です。私の親友に前田日明《あきら》がいるのですが、彼は日本の武道にひそむ思想こそ日本思想の根幹にあたると確信しています。

日本の武芸書は兵法書から発展したものです。その初期の武芸書を代表する一冊に宮本武蔵の『五輪書』（講談社学術文庫）がある。極上の一書です。短いながらもよく練られコンデンスされた文章で綴られていて、全体を「地・水・火・風・空」の五つの章で構成しています。

これは仏教で「五大」といわれているコンセプトで、五大を下から上へ積み上げていくと（地面から空に向かわせると）、「地輪・水輪・火輪・風輪・空輪」という五輪になるというもので、これを建築物にすると五重塔や五輪塔になります。あの形は五大の形状を継承しているのです。下から四角・丸（球体）・三角・半丸（半球）、宝珠形の形になっている。この形の石を順に積み上げると、日本中のどこにもある石灯籠（五輪塔）になります。実はお墓によく挿してある卒塔婆《そとば》も、上部がこの形に彫られています。

六〇歳のとき、熊本に来た武蔵は来し方をふりかえり、心を澄まして『五輪書』を認《したた》めました。全体にわたって強調されているのは「型」と「流儀」です。太刀の持ち方、相手との向き合い方、足の運び方、その他いろいろ指南していますが、すべて「型」と「流儀」になりうると説いています。

武蔵は武芸を型や流儀で説明できると言っていますが、日本文化における「型」とは何かというと、けっこう悩ましいところもあります。

まず「型」には大きく二つあって、ひとつは形木です。形のもとになる木型、つまり鋳《い》型《がた》のことで、パターンをぼんぼんつくりだすものなので、わかりやすい。埴輪《はにわ》の型、建物の部材の型、金工の型（いわゆる金型）、小紋《こもん》の型、木版印刷の板木の型、和菓子の型、いろいろです。いわゆる紋切り型がここに入ります。英語でいえばテンプレートにあたる。

もうひとつは体の動作がかかわる型のことで、こちらがなかなか豊かであって、かつややこしい。芸能や武芸や遊芸の型はすべてこちらに入るのですが、たとえば踊り、生け花、茶の湯の作法、人形浄瑠璃にそれぞれの型があるのはお察しの通りだとはいえ、それらを一緒に語ることはかなりむつかしいのです。

実は英語で「型」にあたる言葉がすでにして多様です。スタイル、タイプ、モデル、モード、パターン、フォーム、フレーム、テンプレート、モールドなど、とても多い。日本文化を海外の例で比較するばあい、一般的にはむしろ英語になったほうがわかりやすいことが多いのですが、スタイルやフォームやパターンに関しては、日本語ではこれらをすべて「型」と言ってきたのです。これでは説明はかなりハイコンテキストになるか、謎めきます。あるいは「型は体でおぼえろ」というふうに、以心伝心ふうになる。

では、この英語のマルチスタイリッシュな用語群を日本舞踊、相撲の取口、文楽の動き、三味線の弾き方、神事のしきたりなどにあてはめて共通の説明ができるかというと、これはたいへんです。私は青年神職の全国大会の構成演出を頼まれて二回引き受けたことがあるのですが、このとき海外のゲストスピーカーに神事の作法を説明するのがいかに困難か、思い知りました。三〇代のときは同時通訳のカンパニーを一〇年にわたって預かり、しばしば海外アーティストや海外の文化人と日本文化とをつなげる役目を引き受けていたにもかかわらず、型の話は一番むつかしかったのです。

日本独特のアンサンブル

なぜ日本の型の話はむつかしいのか。それはそもそも日本の言語文化や芸能文化や音楽文化が欧米文化の成り立ちと根本において異なってきたからです。なぜ異なってきたかといえば思想的なことや背景の成り立ちと関係があるのですが、それとはかぎらない技能的なことも大いに関係しています。

たとえば、能舞台には向かって右から能管《のうかん》、小鼓《こつづみ》、大鼓《おおつづみ》、太鼓が並びます。能楽堂に行くと演目が始まる前に奏者たちが楽器をもって、しずしずと定座を占めるのがわかります。ここまでは西洋のオーケストラや四重奏《カルテット》と同じです。ところが、この能管・小鼓・大鼓・太鼓によるジャパン・カルテットの楽器は共通のチューニングをされていないのです。しないのではなく、できないのです。

能管は四〇センチほどの篠竹《しのだけ》でできた横笛で、七つの指穴をもつエアリード風の吹奏楽器ですが、一本ずつが微妙に異なっているので、相互のチューニングは不可能です。だから共鳴モードをつくる合奏はできません。作り方がそうしているのです。

歌口《うたぐち》と一番手前の指穴とのあいだに「のど」が入っているのが、その原因です。「のど」は厚さ二ミリほどの薄膜のような竹管で、わざわざ吹き込んだ息を通りにくくしているのです。これでは西洋の平均律の音階を出すことはもちろん、日本の他の楽器と音を合わせることもむずかしい。しかも一管ごとにわずかに調子がちがう。そこで奏者はフクラやセメやヒシギで、この困難を超えて独自の音を吹き出します。

フクラは低い「呂《りょ》」の音を出すときの吹き方で、セメは高い「甲《かん》」の音を出すときの吹き方、ヒシギはさらに高い音をピューと突き刺すようにもたらすための吹き方です。そのヒシギにも管全体の音域を引き出すようにヒィーと吹く片ヒシギと、外の風気をとりこむようにヒーヤーヒーと吹く双《もろ》ヒシギがあります。この双ヒシギはしばしば神降ろしの音といわれます。

ことほどさような笛が能のカルテットのリーダーなのです。オーケストラの第一ヴァイオリンとはまったくちがいます。だいたい毎回、その能管が「音取《ねと》り」ということをしないと、他の出演者もその日の調子がわからない。

小鼓にあっては、ときどき濡らさないといい音が出ないようになっています。馬の皮を桜の胴に張って、これを調緒《しらべお》という麻の紐《ひも》で締め付けてできる打楽器ですが、湿りぐあいによって音の響きがちがう。だから奏者は舞台の上でもときどき指を口で湿らせます。逆に大鼓は皮が乾いているほうがいい音がする。だから奏者は楽屋で、昔なら火鉢の炭火で焙《ほう》じ、最近ならドライヤーでぎりぎりまでパンパンに乾かして舞台に臨むのです。

こんなぐあいなのだから、日本の楽器はめちゃくちゃ勝手なのです。それに加えて、小鼓・大鼓の奏者はのべつイーヤーとかイョーとかヒャーッとか声を発して、拍子をとっている。奏者の打つ音と奏者のボーカリゼーションが混ざっている。これまたチューニング不可能です。

しかし、これだけめちゃくちゃなのに独特のアンサンブルになるのは、ここに日本の芸道の秘密があるわけですが、舞台現場でのその場の「打ち合わせ」が音楽になるということなのです（「打ち合わせ」という言葉はここに起源をもっています）。そこに独特の「型」の保持が継承されてきたのです。

伸び縮みする間拍子

日本文化はあえて便利で合理的なものをつくろうとはしてこなかったのです。もちろん不便なものをつくってきたわけではないけれど、むしろ「その場」で出会い、「その場」に創発するようなものをできるだけ重視してきたのだろうと思います。そのため楽器にもわざわざ困難を付与してきたのです。これにはリズムや拍子が西洋と異なることもあげておく必要があります。

西洋音楽の拍子は分割可能であり、足し算可能です。そこからたとえばショパンの『ピアノソナタ第一番』の五拍子も、バーンスタインの『キャンディード序曲』の七拍子も、ジェフ・ベックの『スカッターブレイン』やスティングの『アイ・ハング・マイヘッド』の九拍子もつくれます。ストラヴィンスキーの『春の祭典』では有名な可変拍子が出てきますが、これらは別に不条理でないし、演奏者の才能で左右されるものでもありません。いずれもたいへん合理的な拍子なのです。

ところが日本では、なんと拍子が伸びたり縮んだりする。これは「間拍子《まびょうし》」というもので、ワン・ツー・スリー・フォーという一定タイミングで進まずに、「一と二と三と」というふうに「と」が入る。この「と」はその曲その場で合わせていく「と」です。「と」は裏拍《うらはく》にもあたります。さきほどの武蔵の『五輪書』では拍子を論じて、「さかゆる拍子」「おとろふる拍子」「そむく拍子」などに分けています。ここが興味深いところなのです。拍子が引かれたり、背《そむ》いたりするのです。

さあ、こうなってくると、日本の「型」を語るにはパターンやスタイルやフォームに出たり入ったりする「間」や、生身《なまみ》の演奏者や踊り手や武芸者が関与しつつ包まれる「場」のことこそを、いろいろ考慮しなければならないということになります。つまり日本の型にはそういった「あいだ」が入っているのです。

「形代」と「物実《ものざね》」と「憑座《よりまし》」

三〇代半ばのことですが、私が日本の型に関心をもったのは「形代《かたしろ》」というものの役割に驚いたときからでした。

形代とは、型そのもののことではなく、形が力をもつようにするエージェント（代理物）のことです。形がそうなるであろうように仕向けている代理力が形代です。そんなものは見えませんから、これは神の関与によって形が形をなすためのものなのです。

天児《あまがつ》という小さな人形があります。たいへん不思議なもので、幼児が無事に育つように枕元においておく手作りの人形のことです。『源氏物語』若菜にも「稚児うつくしみし給ふ御心にて天児など御手づから作り」と出てきます。母親や乳母が木や竹をT字形に組んで、そこに首をすげ衣装を着せて作りました。たしか美智子さまが浩宮誕生のあと、手ずから天児をつくられたと聞きました。

これだけならお守りのような人形なのですが、天児はそうではなく、子供が背負うかもしれない凶事や禍事《まがごと》をあらかじめ移し負わせる力をもつとされたものなのです。つまり天児は子供の代わりにマイナスを先取りしてくれるものなのです。形代とは「代償の力」や

「代負の力」を背負うものだったのです。

私は天児のことを通して、形代が日本の型の背景にかかわっているると感じるようになりました。私の友人に山海塾《さんかいじゅく》という舞踏集団を率いている天児牛大《あまがつうしお》というダンサーがいます。一九七七年に『アマガツ頌』で旗上げし、『金柑少年』などで世界に知られた。たいへんユニークな舞踏を見せてくれますが、その基本はダンサーの体を形代と捉えているのです。もちろん、ここには「形」があり「型」があります。ただしその形や型は、何かこれからやってくるものをレセプションする代行者でもあるのです。たんなるパターンやモデルではないのです。そこには未了のものを了解する力が想定されているのです。

ついでながらもう少し、不思議な話を続けます。そのほうが形代や型の本質が実感できるでしょう。

古来、日本には「物実《ものざね》」という考え方がありました。「物の実」です。平たくいえば、物事のもとになるもの、物をつくりあげる種になるものといった意味ですが、中身は平たくありません。『古事記』の「うけひ」の場面のあとに「後に生《あ》れし五柱《いつはしら》の男子《おのこご》は、物実わが物によりて成れり」などと出てきます。アマテラスがスサノオが差し出した十拳剣《とつかのつるぎ》を嚙んで霧吹きのように吐き出した狭霧《さぎり》や、八尺勾《やさかのまがたま》を嚙んで吐き出した狭霧から、五人の男子の神々が生まれたとき、アマテラスが「これらは私の物実にもとづいたものだ、だから私の子だ」と言ったという場面です。アマテラスはのちに三種の神器となる剣や勾玉《まがたま》をわがものにして、それによって物実を作動させ、そうしてわが子を成らしめたのです。

いったい何がおこっているのか、すぐには理解できないかもしれません。なにしろ物から子が生まれるのだから不気味ですし、そこに物実という奇妙な媒介力がひそかにかかわっているというのだから、理解しにくいでしょう。しかし私たちの祖先は、何かに恵まれるとか、無事に事態が進捗したというときには、往々にしてそこに超越的なものがかかわってくれていたんだ、それがタネになってくれていたんだというような見方をしたのです。それが物実です。

また、「憑座《よりまし》」という考え方もありました。寄坐とも依坐とも尸童とも綴りますが、これはもともとは神霊が宿るシャーマンのような媒介的な存在のことをさしていました。つまり霊媒的な者の介在のことを言っていたのですが、その後、人形でも憑座になるとされました。

こちらは「生まれてくる元」ではなくて、「くっつける座」のことです。その「座」がないと、大事なものがくっつかない。逆にいえば、憑座があれば神聖なものや怪異なものは、いつもその「座」にやってくるということになる。座敷童子《ざしきわらし》などが座敷に寄ったり

雛流し（和歌山県・淡嶋神社）
全国から奉納された雛人形と、願い事を書いた形代（かたしろ）を海に流す神事。

依ったりして坐《ざ》していくという、あの民話がわかりやすいでしょう。トイレの花子さんはトイレの「座」にあらわれるのです。

このような見方があったということは、日本には「座」や「場」にかかわって何かが依ってくる、やってくる、出現するという可能性が継承されてきたということです。そしてこのことがまわりまわって「間」というものに魔法のような力を与えてきたのです。

「定型」の成立

拍子といえば、日本では昔から五七五七七とか五七五とか、五七や七五の言葉の拍子というものが力をもってきました。これは和歌や短歌や俳諧だけに特有なものではなく、私たちの日常にも忍びこんでいます。

日本人なら、この五七調や七五調はすぐ口につく。三三七拍子が嫌いな日本人はいない。それだけでなく、「マッチ一本、火事のもと」「飛んで火に入る夏の虫」「上野発の夜行列車おりたときから、青森駅は雪の中」「小っちゃなころから悪ガキで、十五で不良とよばれたよ」「セブンイレブン、いい気分」「三井住友ビザカード」「千と千尋の神隠し」、まあ、いろいろいっぱいです。最近では米津《よねづ》玄師《けんし》の一億再生突破の「フラミンゴ」が五七調でした。

いつからこのような五七調や七五調の調子を好むようになったのか、縄文語からなのか、コメ文化とともに定着したのか、はっきりしませんが、岡部隆志・工藤隆・西條勉が編著した『七五調のアジア』（大修館書店）などを見ると、アジア歌謡とのつながりもあったようです。

拍子や調子を言葉の発音のリズムで考えることを「音数律で考える」といいます。世界中に偶数型の音数律、奇数型の音数律が分布し、それが日本では五七・七五に落ち着いた。長江文明の調子と通底するところもあるようです。

和歌は「やまとうた」です。「敷島《しきしま》の道」とも呼ばれた。スサノオが「八《や》雲《くも》立つ　出雲八重垣　妻籠《つまごみ》に　八重垣つくる　その八重垣を」と詠んだのが最初の和歌《やまとうた》だったと言われていますが、広く巷間《こうかん》でもこうした口調が好まれていたんだろうと思います。それでも

『万葉集』では、長歌（五七・五七・五七・…・七）、短歌（五七・五七・七）、旋頭歌《せどうか》（五七七・五七七）、仏足石歌《ぶっそくせきか》（五七・五七・七七）というふうに、少しヴァージョンが乱れていたのですが、やがて古今和歌集に向かって五七五七七が定着しました。こうして「定型」というものが確立します。

秘伝としての型

そこで生まれたのが、私が注目してきた「古今伝授」という伝承形態でした。これは古今和歌集をめぐる読み方や解釈を秘伝として伝えようというもので、二条家が秘事として始め、二条家が断絶すると一門の弟子たちによって累々と継承されていきました。

とくに二条為世《ためよ》の弟子であった頓阿《とんあ》から経賢《きょうけん》・尭尋《ぎょうじん》・尭孝《ぎょうこう》をへて東常縁《とうのつねより》に伝授され、その常縁が連歌師の宗祇《そうぎ》にそのすべてを託したところがひとつのピークになりました。常縁が宗祇に伝授したのは美濃の妙見宮《みょうけんぐう》（現・明建《みょうけん》神社）だったというので、私はしばしばそこを訪れたものです。いまは「古今伝授の里」として竹林の中にきれいに整備され、おいしいフレンチレストランも併設されている。私はそこで何度か講演をしました。武満徹の『ノヴェンバー・ステップス』で世界的に有名になった横山勝也さんが尺八を吹いてくれた。

古今伝授は「口伝《くでん》」と「切紙伝授《きりがみでんじゅ》」があって、切紙伝授では紙面に認《したた》めた特別の紙片が渡されます。宗祇はこの切紙で三条西実隆《さんじょうにしさねたか》と肖柏《しょうはく》に伝授をおこない、肖柏が林宗二《はやしそうじ》に伝授したので、ここから三つの流れに分かれて古今伝授が今日に伝わったのですが、細川幽斎《ほそかわゆうさい》に伝わったいきさつがいささか劇的でした。

三条西が幽斎に伝授をしようとしていたところ、幽斎の居城の田辺城が石田三成方に攻めこまれて包囲され、このままでは幽斎が没すると予想されたため、朝廷が勅使を派遣して幽斎の身柄を保護して、伝授をおこなったというのです。幽斎はその後、桂離宮をつくった八条宮智仁《はちじょうのみやとしひと》親王、三条西実条《さねえだ》、寛永三筆と並び称される烏丸光広《からすまるみつひろ》に伝授し、八条宮が後水尾《ごみずのお》天皇に伝授をしました。

朝廷が裏から救いの手をさしのべるほど、古今伝授は大事に継承されてきたのです。ここに日本の「型」を守ろうとする格別の思いがあらわれていると思います。またそれとともに、このように重要な型は口伝や秘伝が多かったということです。世阿弥の『花伝書』（風姿花伝）なども、長らく口伝ないしは秘伝として伝えられてきたものです。

型と秘伝、間と職人、一門から一門へ。日本における型の文化が説明しにくいのには、それなりの理由があったと思います。このことは、日本の職人の社会でも徹底してきました。棟梁と弟子の関係は民主主義的ではないのです。

いまは日本の宮大工の棟梁としてトップの位置にいる小川三夫《みつお》さんは、若い時期に法隆寺の修復や薬師寺の再建などで知られる名人、西岡常一《つねかず》のもとで修業をしていたのですが、西岡棟梁はほとんど何も教えなかったと言います。小川さんは西岡棟梁が目の前でカンナをかけてみせ、そのとき貰った厚さ一ミリにも満たない向こうが透けて見えるようなカンナ屑《くず》一枚が、古今伝授だったと述懐していました。この話は日本の職人のあいだではとても有名な話です。

カンナ屑一枚で「型」をおぼえろというのは、いささか出来すぎた話ですが、それほどに日本の型の学習には絶妙なものがかかわっているということなのです。そして、そのことは和楽器のつくりにも、形代や物実や憑座の考え方にも、宮本武蔵の拍子の極意にもあらわれていたということなのです。

第八講
小さきもの

「一寸法師からポケモンまで。
「日本的ミニマリズム」の秘密。

ポケモンとかぐや姫

林明日香に『小さきもの』という歌があります。アニメ「ポケットモンスター」劇場版の主題歌で、「小さきもの　それは私。私です　まぎれなく」と歌っている。少し低い声なのにどこか哀しくもせつなくて、なかなか聞かせます。

ポケットモンスターは奇抜な発想でした。ゲームフリークの田尻智《たじりさとし》がおもちゃのカプセル怪獣にヒントを得てコンセプトをつくったロールプレイングゲームで、カプセルの中にいるモンスターたちが通信ケーブルを行き来する。そのころ新発売された任天堂のゲームボーイの人気とあいまって、一九九六年（平成八）以降、爆発的に当たりました。「ポケモン」と愛称され、キャラクター商品にもアニメにもカードゲームにもなった。

カプセルモンスターなので、最初は「カプモン」と略称されていたらしいのですが、それじゃ言いにくいということでポケットモンスター、縮めてポケモンとなった。モンスターとはいえ、カプセルに入っている怪獣なのでとてもかわいらしい。

もともとはロッテの「ビックリマンチョコ」のおまけシールに描かれた悪魔や天使のキャラクター集めが先行していて、このアイディアから連想が始まって、それらが田尻によってポケモンに結実したようです。バンダイが同じ一九九六年に発売した「たまごっち」もそういうものでした。ウィズの横井昭裕とバンダイの本郷武一によるアイディアで、電子ウォッチの中にいるチビッ子のたまごっちを育てるというふうになっていた。

小さなカプセルに入ったキャラクターという発想は、その後の日本の子供たちを夢中にさせました。なぜ、こんなアイディアが出てきたのか。ロッテの販売促進員や田尻や横井の発想に一日の長があったからか。

そうでもあるのでしょうが、実はこれは日本人が昔からおおいに得意にしてきた発想だったのです。

一番わかりやすいのは「かぐや姫」です。おじいさん（「竹取の翁」といいます）が竹藪《たけやぶ》で竹を伐っていたところ、一本の竹が少し光っていたので不思議に思ってその竹を伐ると、節《ふし》と節のあいだの空洞に輝くような幼女がニコニコしていたというのですから、これはまさしく歴史的なポケモン第一号です。

かぐや姫は成長すると美形女子になり、引く手あまたの求婚者があらわれたのに、次から次へと難問をふっかけて、結局は月にのぼっていきましたとさという話になっています。『源氏物語』よりもずっと古い平安時代初期の『竹取物語』（竹取の翁の物語）に語られている話です。日本最古のＳＦともいわれ、川端康成や星新一のほか、たくさんの作家たちが現代語訳をしています。

かぐや姫だけではありません。桃太郎や一寸法師だってポケモンです。桃太郎は川をどんぶらこ、どんぶらこと流れてきた桃を割ったらそこから生まれてきたわけですから、かぐや姫同様のカプセル・チャイルドです。やがて立派に成長してイヌ・サル・キジを連れて鬼が島に鬼退治に行って、金銀財宝を持ち帰った。

一寸法師のほうは、子供がほしいおじいさんとおばあさんが住吉神社に一心にお参りしていたら突然に授かるのですが、体はわずか一寸しかありません。一寸は約三センチですから、かなりちっぽけです。それでも、お椀の舟に乗って箸《はし》を櫂《かい》にして京《みやこ》に上り、大きな家の美しい娘さんをもらって打出《うちで》の小槌《こづち》を入手すると、これを振って自分を大きくしていった。自己成長させたのです。

小さい神＝スクナヒコナ

日本の昔話には、どうしてポケモンやたまごっちみたいな子が成長して成功する話が多いのでしょうか。

柳田国男は『桃太郎の誕生』（角川ソフィア文庫）のなかで、その謎に挑んだ。桃太郎がどうして水辺で発見されたのか、桃にはどんな力がひそんでいると信じられていたのか（桃には邪気を祓う仙果の力があった）、なぜ成長すると正義を発揮したり富をもたらすのかということを調べあげ、日本には「小さ子《ちいこ》」という伝承形態が脈々と流れていたということをつきとめました。全国にコケシやお守り人形や雛人形などのヴァージョンが多いことも関係していると見た。

つづいて文化人類学の石田英一郎は『桃太郎の母』（講談社学術文庫）で水辺の伝説との関連をさらに調べて、そこには日本神話に出てくるスクナヒコナの伝承や伝説が生きているという見方を確立しました。スクナヒコナとは誰でしょうか。

世界中には白雪姫と七人の小人や親指小僧やピノキオのような話は、けっこうあります。だから小さな者が成功するとか変身するという話はめずらしくはないのですが、スクナヒコナのように「国づくり」にかかわっているというのは、ちょっと特異です。

スクナヒコナ（少名彦神）とは、出雲国でオオクニヌシ（大国主命）が「国づくり」をしたときの最も重要なパートナーです。海の彼方からミソサザイあるいは蓑虫《みのむし》をかぶったような恰好で、ガガイモの舟に乗ってやってきて、オオクニヌシの「国づくり」を助けます。カミムスビの命令でオオクニヌシとは義兄弟にもなるのですが、蓑虫の蓑をかぶるほどだからとても小さい神なのです。ガガイモの舟は、別名「天之羅摩船《あめのかがみのふね》」とも言って、さまざまなものを映し出す舟でもありました。いったいスクナヒコナは何の役目をもった神さまだったのでしょうか。

出雲国はのちに高天原の一族（アマテラスの一族）が譲りうけて、これをその後の「日本」（大和朝廷）のモデルにしたわけですから、スクナヒコナはその根幹のモデルづくりにかかわった重要なプランナーないしはコンサルタントです。ということは、日本にはもともと小さな神や小さな者が大きなプランの成長の秘密にかかわっていた伝承があったのだろうということになります。

スクナヒコナの伝承は『古事記』『日本書紀』とともに『播磨《はりま》国風土記』や『伊予《いよ》国風土記』にも出てきます。それらによるとスクナヒコナは医薬の開発や温泉の発掘、穀物の育成や酒造りのコンサルもしたと述べられている。海の彼方からやってきたので航海術にも長けていたようです。かなり技能的だったのです。国づくりのためのいろいろなプランを実行したのです。

ポケモンのルーツがスクナヒコナにまでさかのぼるとは、かなり意外な話だと思うでしょうが、これは日本列島がもともと小さくて災害に見舞われることが多かったというフラジャイルな特質をもっていたことと関係があるかもしれません。また日本人の体が小さいこととも（だから「倭人」などとも呼ばれた）、関係があるかもしれません。けれども、日本人はそこに「みごとさ」や「かけがえのないこと」を感じてきたのです。

まとめていえば、私はスクナヒコナは日本における「インキュベーション」（育成）のシンボルだったのだろうと思っています。

「小さきもの」と「うつくしきもの」

柳田の「小さ子」論は日本の大事な成功や充実を物語る大きなヒントでした。カプセルに入った「成長の芽」をたいせつにするという考え方の原型が、ここに歴然として認められます。

このことは、日本人が「小さなもの」や「小さなところ」を大事にするという価値観や美学に密接に関係していきます。和歌や短歌、もっと短い俳句が普及し、小さな庭や小さな茶室から茶の湯の文化が生まれていったことも、それらが「わび・さび」として貴ばれた美意識になっていったのも、もとはといえば「小さ子」礼賛的なものだったのです。

清少納言の『枕草子』に「うつくしきもの」として、こんなふうに述べられている箇所があります。「瓜に描きたる稚児《ちご》の顔。雀《すずめ》の子の、鼠鳴《ねずな》きするに踊り来る。二つ三つばかりなる稚児の、急ぎて這ひ来る道に、いと小さき塵のありけるを目ざとに見つけて、いとをかしげなる指《および》にとらへて、大人ごとに見せたる、いとうつくし。頭《かしら》は尼削《あまそ》ぎなる稚児の、目に髪の覆《おお》へるをかきはやらで、うち傾《かたぶ》きて物など見たるも、うつくし」。また「雛《ひいな》の調度、蓮《はちす》の浮き葉のいと小さきを、池より取り上げたる。葵《あおい》のいと小さき。何も何も、小さきものはみなうつくし」ともあります。『枕草子』一五一段です。清少納言は「小さきもの」はみんな美しいのだと言っているのです。日本文化を語るうえで、この見方は見逃せません。

たんに小さいものが気になるのではなく、小さいものは美しい。とても大事なものに感じる。そこがポイントです。

ここからは、日本人が短歌や俳句が好きな理由だけでなく、小庭《さにわ》や盆栽を愛してきた理由、小屋がけの見世物が流行した理由、小さな体でも大男を投げ飛ばせる柔道（柔術）が発達した理由、小さな一杯呑み屋や小上がりが好きな理由、さらには日本を代表するホンダやソニーなどのベンチャーがオートバイやトランジスタラジオやウォークマンを率先して開発してきた理由、カシオのミニ電卓が大流行した理由、ポケベルが流行した理由なども説明できます。

扇子と手ぬぐいと端唄

私は「小さきもの」は、日本の社会文化や技術文化の特徴を解く鍵のひとつだと思っています。おそらくは技術的には手先が器用であること、江戸・明治期に家内制手工業が広がっていたこと、資源に乏しいため加工技術が発展したことなどがそうなった要因としてあげられますが、小さいものをさまざまに解釈していった才能があったことも特筆すべきです。

たとえば扇子《せんす》や手ぬぐいです。扇子の本来的な用途はもちろん扇ぐことですが、男性女性を問わず和服正装のときは必須用品ですし、大相撲の呼出《よびだし》が扇子を開いて力士を呼ぶこともあれば、茶道では正座した膝の前におくことで相手との間に一線を画す結界の役目をはたしますし、日本舞踊の扇子はしぐさを強調するためにつかわれます。

手ぬぐいもすばらしい。汗を拭《ぬぐ》ったり体を拭くときにつかいますが、なんといっても祭りに欠かせない。とくに豆絞りの手ぬぐいは全国津々浦々にある。捩《ねじ》れば鉢巻きになりますし、阿波踊りやよさこい踊りや盆踊りの頬かむりにもなる。

手ぬぐいは木綿を平織りしたシンプルな布にすぎません。平安時代にすでに登場して、『今昔物語集』では「手布《たのごい》」と呼ばれています。三尺（一尺は約三〇センチ）ものや九尺ものなど長かったようですが、江戸時代には反物《たんもの》の並幅（約三六センチ）になり、長さも二尺五寸に落ち着いた。家紋や屋号を染めたり、神事の際の装身具にしたり、贈答品にしたり、茶巾《ちゃきん》に使ったりで、ありとあらゆる用途に使われてきました。大流行でした。落語家がその手ぬぐいを開いたり、二つ折り三つ折りにして、財布や文書などいろいろなものに見せていますが、まことにみごとな芸当です。

これは「見立て」という才能です。AをBやCに比喩的になぞらえること、それが見立てです。小さきものはさまざまな見立てが可能なのです。大きいものはその形状がはっきりしていて、どーんとしていますが、小さきものはいろいろに見えるし、実際にもいろいろな用途に変じる。そこに日本人は価値の多様性や変容性を読みとったのです。

日本音楽を邦楽といい、その邦楽を代表する三味線音楽に端唄《はうた》や小唄《こうた》があることにも注目すべきです。端唄も小唄もお座敷でたのしむショートヴァージョンの曲ですが、三味線にはぴったりです。私は端唄の名人の本條秀太郎さんとときどき「三味三昧《しゃみざんまい》」という一夜をもうけて、日本各地の端唄や小唄を遊んできました。端唄は撥《ばち》をつかい、小唄は爪弾《つまび》きます。日本人なら二、三曲はおぼえてみるか、惚れてみるといいでしょう。

昭和の小さきもの

そのほか、「小さきもの」はいろいろあります。江戸時代、根付《ねつけ》のような細工物が大流行しました。根付は印籠《いんろう》や煙草《たばこ》入れなどを持ち歩く際、紐を着物の帯に吊るしておくための小さな留め具ですが、その小さな道具にきわめて精緻な彫刻や蒔絵《まきえ》が施されていることから、今日では日本以上に海外で評価されています。一点につき数百万円、数千万円で取り引きされている例だってザラです。

根付は男の持ち物ですが、そのような特殊なものではなくとも、たとえば塗箸《ぬりばし》や襖の把手《とって》などにも、小さいながらもけっこう細かい装飾や細工を施した。たんに小さいからいいというだけではなく、その小ささにとびきりの意匠を凝らしたのです。小さくても立派にさせることに意を尽くしたのです。草履《ぞうり》や下駄《げた》の花緒《はなお》や小物入れもごくごく小さいものですが、華麗な意匠を凝らした。雛人形など、その典型です。ぐい呑みやそば猪口《ちょこ》にオシャレを感じる人も少なくないと思います。

昔のものばかりではありません。「小さなもの」「小さいところ」は昭和の日本でもがんばっていた。

私が小学生のころ、男の子の遊びはメンコやビー玉で、女の子が好きなのはおはじきやリリー（リリアン）編みでした。みんな手の中で遊んだり、指先をつかって遊んだりした。遊び場としての小学校の砂場や近所の空き地もとても小さいものでした。たまに連れていってもらう遊園地やデパートの屋上だって狭く、そこにいっぱいの遊具が重ならないようにひしめいていたのです。

子供たちだけではない。大人たちもけっこう小さいところで暮らしたり、遊んだりしていた。オヅヤス（小津安二郎）の映画ではないですが、だいたい昭和の家や店は小さかったのです。昭和の平均的な家はサザエさんの家、天才バカボンやおそ松くんの家、「三丁目の夕日」の家々、ちびまる子ちゃんの家なのです。茶の間もとても小さいし、丸いちゃぶ台も今日のリビングルームの様子からくらべると、信じられないくらい小ちゃかった。冬はそういう茶の間に炬《こ》燵《たつ》が登場して、四人家族でも七人家族でもみんな足をつっこんでいた。

そういう小さな家々が並ぶ町は、通りも狭く、そこを走る車も自転車やスクーターやダットサンが主流です。小型車は日本が世界中に広めたものです。アパートや団地の間取りもごくごく質素なもので、それは手塚治虫や石ノ森章太郎がいた「トキワ荘」から一九八〇年代の高橋留美子の『めぞん一刻』（小学館）の一刻館まで、似たようなものです。

大人たちが外で遊ぶ一杯呑み屋も麻雀《マージャン》屋も街の喫茶店も小さかった。貧しかったからということもありますが、広すぎるのは落ち着かないのです。かつて「日本人はウサギ小屋に住んでいる」と馬鹿にされたことがあったものですが、とんでもない、われわれはあえて小型を好んだのです。

ミニマリズムとの違い

二〇一八年の冬、六本木のサントリー美術館で「扇の国、日本」という展覧会がありました。実際の扇や舞扇とともに数々の扇絵から扇面法華経のようなものまで美しく展示されていましたが、日本人が「小さきもの」にこめた心情や美意識がよく伝わってきました。その展覧会を観ていて、いくつか感じたことがあります。

第一に、世界のどこでもスモールサイズやプチな感覚をおもしろがる歴史がありました。フランス人のプチ・ロマネスクな感覚はその代表ですが、それらは日本の「小さきもの」に対する思いと同列に議論できるのだろうかということです。

美術史や表現史では装飾性を削いだシンプルでコンパクトなアート様式やデザインを、しばしば「レッサーアート」(lesser art)とか「ミニマリズム」(minimalism)と言います。ウィリアム・モリスが一九世紀後半に包装紙や壁紙にきれいな植物模様をプリントして、大きな美術作品に対してそうした日用化できるアートもありうるのではないかと主張したのがレッサーアートの始まりでした。芥川龍之介はモリスを卒業論文に選び、その影響もあって短編小説を好んだのではないかと言われています。

ミニマリズムは装飾的表現をなくして比較的小さなパターンを繰り返すようなスタイルの

ことで、美術や建築や文学やデザインで流行した。一九六〇年代後半にフランク・ステラやドナルド・ジャッドが意識的に始め、転じてミニマル・ミュージックなども生まれた。

これらは一種のスモールサイズ主義ですが、私はこのミニマル・スタイルと日本の「小さきもの」感覚はちがうものだと思っています。日本のばあいは、大きなものを小さくしたくてそうしたのではなく、「小さなもの」や「小さなところ」に世界を見いだしたのです。そこにスクナヒコナや桃太郎やオヅヤス（小津安二郎）やポケモンがいるのです。

第二に、日本の「小さきもの」感覚を節約や器用貧乏と関連づける見方があるようですが、これもちがいます。

日本語には「器用」と「器量」という言葉があります。どちらもたいへん重要な用語で、いずれも「器《うつわ》」という言葉を変化させています。器用は「器」をどう用いるかという才能に関する言葉で、たんに器用貧乏になることではなく、器がもともともっている力を引き出す才能が器用というものなのです。器量という言葉には、その器にひそんでいる量《はか》をどう発揮させるかという意図がこもっている。転じて器量が大きいというふうに、人格をあらわす言葉につかわれます。

このように日本人は多くのものを「器」とみなしてきました。この器は入れ物としての器ではなく、何かの気持ちをのせる乗り物としての器です。日本人には扇も箸も雛人形も

「器」だったのです。現代ふうにいえば「メディアとしての器」だと言ってもいいでしょう。つまり、「小さきもの」には日本人の本来の器用と器量がのせやすかったのです。扇子や手ぬぐいがいまなお挨拶や贈答につかわれるのは、そういうせいでした。

第三に、日本人は「小さきもの」をスモールサイズだというふうには思っていないということです。スモールサイズではないとすると何なのか。これは短歌や俳句や端唄や小唄のことを考えればわかると思いますが、ショートヴァージョンなのです。ショートカットの妙味です。このショートはたんに「短い」とか「小さい」ということではなく、「寸志《すんし》」とか「寸暇を惜しむ」と言うときの、あの「寸」にあたるもの、つまりは「一寸」と書いて「ちょっと」と読むあの「小ささ」のことなのです。

だからこそ、一寸法師は快挙でした。清少納言や小津安二郎はそういうショートカット・ヴァージョンとしての「小さきもの」に「寸志」という意地を感じたのです。

「コギャル」の衝撃

私は長くエディティング（編集）という仕事をしてきたので、本づくりにまつわることだけでなく、さまざまな言葉づかいに広く関心をもってきました。日本の歴史文化の中の言葉（用語）もそういう目でじっくり見てきたところがあります。歴史は言葉づかいの組

小さ子たち

極小主義、ミニチュアリズム、縮み志向、
たたむ・よせる・つめる・けずる。
清少納言は『枕草子』に、
「小さきものはみなうつくし」と綴った。
日本人は「小さなもの」に思いと想像力をめぐらしてきた。

かぐや姫、扇、根付、ポケモン
ホンダCB250T、たまごっち、
桃太郎、メンコ、ウォークマン。
令和の子供たちは、
どんな次世代の「小さ子」を見出すだろうか。

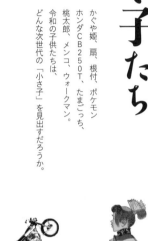

み立てでできているのです。

たとえば、新古今和歌集の時代に「有心《うしん》」や「余情《よせい》」というコンセプトが出てきたこと、何でも知っている村の長老を「日知りの者」だというので「ひじり」（聖）と崇めたこと、ちゃんとその道の心得をマスターした者たちを「折り紙付き」と称えたこと、「さぶらふ」という動詞を「さむらい」という武門の身分をあらわす言葉にしたこと、「粋」に対して「野暮《やぼ》」を対比させたところ、強引なお世話を口実に難癖をつけてくる連中をインチキな行者に見立てて「護摩《ごま》の灰」と呼んだこと、従来にない手法で世情を切り取った版画を「浮世絵」としたこと、将軍に仕える女性たちをそのすまいの場所から「大奥」と総称するようになったこと、襟《えり》の高いブラウスをハイ・カラーと呼ぶところからそういうおシャレをする女性たち向けに「ハイカラさん」という呼び名をつくったこと、自分の身のまわりばかりを書く小説を「私小説」と名付けたことなどなど、いずれもたいへんおもしろい。抜群のネーミングです。

昭和や平成の世の中でも、外出がままならない大事にされてきた娘は「深窓《しんそう》の令嬢」とか「籠の鳥」ですが、家の中でゲームに耽《ふけ》っている青少年は「おたく」です。こうしたネーミングもまことにうまい。

これらはその時代時代がつくったキーワードであり、バズワードなのです。そういうふうに見たほうが歴史文化は見えやすい。歴史は言葉でつくられるのです。最近のスナック菓子や日用品など、商品のネーミングにもその手が光ります。雪見だいふく、のどぬーる、味ぽん、お〜いお茶、じゃがりこ、鼻セレブ、ガリガリ君などなど。

そうしたなかでホンダのビートや日産のＢｅ－１などの小型カーや、「小枝」「ポッキー」といった細い棒状のチョコレート菓子が出てきたりして、おうおう、やっぱり「小さきもの」は健闘しているなと納得しました。なかで最も感心したバズワードが「コギャル」です。ギャルも日本語ならではの略称ですが、そのギャルに「小」をつけた。安室奈《あむろな》美恵《みえ》というコギャルのスターも生まれた。これには脱帽しました。スクナヒコナ伝承、いまだ衰えずでした。

第九講
まねび／まなび

世阿弥が説く学びの本質。
現在日本の教育に足りないこと。

日本人はどのように「学び」をしてきたか

二〇一九年冬、かねて文部科学省が計画してきた二〇二一年から実施する大学入試改革で、記述問題の導入がネックとなって、改革の要訣《ようけつ》がペンディングになるという残念な事態になりました。

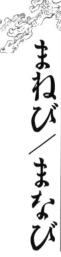

これまでのマークシートによる〇×式の問題だけではなく、国語や数学にはじっくりと文章で答えるお題を入れる予定だったのですが、国語は採点しにくい、あるいは採点基準が定まらないという理由で、英語は民間委託した企業が採点者にアルバイト人員を入れていたという理由などで、いずれも中止（延期）されました。

入試改革はもともとは「高大接続プロジェクト」の一環として実施される予定だったものです。高大接続というのは高校と大学を接続させるような教育的な一貫性と広い枠組をつくりだそうという狙いなのですが、まことにお粗末な結果になった。現場の教師たちも受験生たちも、記述式に難色を示したことが大きな原因です。記述式の試みが進捗できないなんて、情けない体たらくです。私は呆れました。

この講で述べたいのは、日本人がかつてどんなふうに「学び」(学習)をしてきたのか、その際にどんなテキストや道具を採用していたのか、端的にいえば「読み書きそろばん」をどうしてきたのか、そのことを通して日本人に蓄積されてきたであろう学び方について考えてみようというものです。

世に「読み書きそろばん」といいますが、この言い方は江戸時代の中期に言いならわされたもので、分解していえば「読み書き・そろばん」です。だからといってリテラシー(読み書き能力)とニューメラシー(計算能力)の習得をさしているだけではなく、またその高度化や高次化が求められているというのではなく、そういう能力を支えている人間の認知力の基本を暗示している言葉なのだろうと思います。

二〇世紀初頭のロシアに、レフ・ヴィゴツキーという三七歳で夭折した天才的な発達心理学者がいました。「学ぶ」ということの基本を解明するために数々の仮説を提案し、子供には「内的な認知道具が潜在している」ということを暗示した。『思考と言語』『子どもの想像力と創造』(新読書社)、『芸術心理学』(学文社)、『「発達の最近接領域」の理論』(三学出版）といった本があります。私は若いころから愛読してきた。
ヴィゴツキーは幼児や子供にひそむ内的認知道具を育むような教育こそが最も大事な「学び」の触発になるだろうということ、とくに「模倣と協同」が基本を触発しているということを強調しました。その「模倣と協同」は民族的な心情や言語感覚に密接に関係していると述べたのです。

日本の主だった大学試験に記述式が敬遠されたのはとても残念なことでしたが、このことは今日の日本人の認知力が文章的ではなくなっていることを暴露したものでもあったろうと思えます。

ここでは、なぜこんなふうになったのかということを考えてみようと思います。結論から先に言うと、私は日本人の「読み書きそろばん」のためには、ヴィゴツキーの「模倣と協同」にあたるものがあらためて必要だろうと見ています。それには世阿弥の学習方法論を大きな前提にすべきだと考えているのです。それが日本人の「学び」の根幹をつくるだろう、ぜひともそうなってほしいという意見です。

官の儒学・民の仏教

すでに述べてきたように、日本人の歴史的な「読み書き」は中国漢字の学習と漢字から派生させた仮名文字の学習の併用によって進んできました。そのリテラシーを中心的に担ってきたのは貴族や僧侶や儒者たちと、宮中の女性たちです。和歌が日本的な「読み書き」を独特なスタイルで発展させていったのに対して、知識や学問の「読み書き」（リテラシー）は中国的な儒学・儒教と仏教の分野が受け持っていきました。

律令時代、すでに大学寮がありました（地方では国学といいます）。本科の明経道《みょうぎょうどう》、律令を学ぶ明法道《みょうぼうどう》、歴史を学ぶ紀伝道《きでんどう》、文章にとりくむ文章道《もんじょうどう》などが、それぞれ博士・助教・直講《ちょっこう》らによって教えられていたのです。

本科の明経道は中国の経学を修める学科で、論語・春秋左氏伝・周易などを教えた。平安中期以降は中原氏と清原氏が教官を受け持ちました。紀伝道と文章道はごっちゃになることが多く、紀伝博士よりも菅原道真の菅原氏などが担当した文章博士のほうが力をもちました。あまりにも力をもちすぎたので道真は左遷もされます。明法道は坂上氏、中原氏が指導を独占しました。

これらはいずれも儒学にもとづいた科目で、ほぼ中国式の中身（カリキュラムとコンテンツ）です。日本には中国のような科挙（役人採用試験）はないのですが、大学や国学に学ぶ者からするとかなりどっぷり中国漬けにならないと、どのコースもまっとうできないと思えるものになっていました。

他方、古代日本では仏教寺院が大学的な教育機関を兼ねていたということがあります。奈良時代は南都六宗を担う大寺がこの役割をはたします。

三論宗や成実宗《じょうじつ》を学びたい者は元興寺や大安寺を、法相宗は興福寺や薬師寺の門を、華厳宗《けごん》は東大寺を、律宗は唐招提寺を、倶舎宗《くしゃ》は東大寺や興福寺の門を、それぞれくぐりました。こうした寺は今日の高校や大学みたいなものです。ただし門をくぐれば、当然、仏教を学び、仏法による世界観を叩きこまれ、経典から知識や文法を会得します。

その後、最澄と空海が登場して密教が勃興すると、天台の延暦寺（比叡山）と真言の教王護国寺（東寺）がクローズアップされてきて、それまで南都六宗に通っていた学生《がくしょう》が転向して、密教寺院に〝進学〟する者もふえます。なかでも空海は綜芸種智院《しゅげいしゅちいん》という私立学校を設立し、完全給食制での統合教育をめざしました。

儒学や仏教による教育は、その後もずっと継続されていくのですが、「官」の学校が儒学的なものとして継承されていくのに対して、「民」の学校は仏教各派に分かれていきました。とくに延暦寺が巨大な学術センター機能をもつようになると（いいかえれば今日の東大にあたるような権威をもつようになると）、そこで途中まで基礎を学んだ学生もドロップアウトして、独自の「学び」と「教え」に転じていきます。『往生要集』を書いた源信、『選択《せんじゃく》本願念仏集』の法然、『歎異抄《たんにしょう》』の親鸞がそういうドロップアウトの学僧で、その後は新たな教えに開眼したリーダーになっていった。

お寺は出家をするところです。だから仏教による「学び」は家族から離れることがつきもので、そこからは日本風の学習性が次々に派生します。しかし、そのようなプログラムはしだいに宗派の教義や宗旨を守ったり広めたりするほうに引っ張られ、日本人の学習の基礎にあたるものだとはみなされなくなっていきます。かくて近世になると、多くの学校や私塾は儒学的なものに覆われていくようになるのです。

江戸時代の読み書きそろばん

それでも徳川社会では新たな「読み書きそろばん」を教える機会が出てきます。藩校や寺子屋が普及して、テキストに往来物がひんぱんにつかわれるようになった。

往来物というのは手紙や証文などの文例をまとめたテキストのことで、実際の社会で流通している文章で読み書きを習うための簡易教科書です。四書五経のような儒学っぽいテキスト（『論語』『大学』など）よりずっと実用的でした。室町時代の『庭訓往来《ていきんおうらい》』『富士野往来』や江戸時代の『商売往来』『農事往来』など、いくつものテキスト集があります。これらを「読み書き」の基本におくようになって、武士や町人や商人のあいだで識字率が高まります。村の庄屋さんや落語に出てくる横町の大家さんあたりも、そこそこ読み書きができるようになったのです。

徳川社会の日本人の識字率が高かったことについては、当時日本に訪れた外国人がみんな驚いています。たとえば外交官のゴロウニンは「日本人はことのほか文字を読むのが大好きで、兵卒（足軽）でさえ見張りのときに本を読んでいる」と感嘆し、長崎出島のオランダ商館にいたフィッセルは「私は日本人ほどなんでも文書にしている国民がいるとは信じられない。かれらが広い範囲にわたって手紙を交わしていることにも驚いた。男たちばかりではない、婦人も手紙を愉しみにしている」と述べています。


では、「そろばん」のほうはどうだったかというと、こちらはまさに「道具としてのそろばん」に頼りきっていました。諸藩の役人や商人はもっぱらそろばん片手に計算ずくめです。「鉄砲・三味線・そろばん」はほぼ一緒に入ってきたと見ればいいでしょう。

そろばんは中国で確立したものが桃山時代に入ってきたもので、玉の大きさ、五つ玉と四つ玉など、しだいに改良されました。そろばんという名は「算盤」のチャイニーズ読みの「スァンパン」からきたものです。四則計算のための演算器ですから、高度な微分や積分はできませんが、日常の計算には役に立つ。少しそろばんができるようになると、暗算もできる。そのため大いに普及します。

この「そろばん主義」はその後もながらく続いて、渋沢栄一の『論語と算盤』（角川ソフィア文庫）に代表されるように、日本の財政経営感覚の象徴的なツールになりました。だから学校教育でも重視した。私の小中学校時代までの教室ではそろばんをつかった授業がずうっとあって（読み上げ算をさせられるのです）、町にはいくつものそろばん塾（珠算教室）がひらかれていて、友人たちがそこに通っていたものです。ちなみに私の中学時代のガールフレンドは京都の珠算コンクール三位の子でした。

ただし「そろばん主義」はあくまで「計算ができる」ということで、算数的ではあっても数学的ではありません。そのため、一部で「和算」による高度な計算力の学習が試みられたとはいえ（『割算書《わりざんしょ》』の毛利《もうり》重能《しげよし》、『塵劫記《じんこうき》』の吉田光由《みつよし》、『発微《はつび》算法《さんぽう》』の関孝和《せきたかかず》などの和算は独自の算法を研究開発した）、一般にはほとんど数学的思考が普及していません。そろばん主義は合理的な推論を可能にするリクツにはめっぽう弱かったのです。いわゆる三段論法などのロジカル・シンキングの学習もほとんどしてこなかった。

こうしてよく言われるように「日本人は論理思考が苦手だ」ということになるのですが、これはおおむね当たっている。儒学、仏教、往来物、そろばんでは、ロジカル・シンキングは育たなかったのです。

それでは日本人にリクツがなかったかといえば、そうではなかった。鎌倉中期から室町時代にかけて、日本人は日本人なりのリクツを重視した時期があったのです。そのリクツとは「道理」というものでした。ちょっとその話を挟んでおきます。

「道理」とリクツ

鎌倉時代の後半は、源氏の三代（頼朝・頼家・実朝《さねとも》）につづいて北条氏が執権として君臨した時代です。その三代執権に北条泰時が登場して「貞永式目《じょうえいしきもく》」を布告した。貞永元年（一二三二）に制定されたのでそう呼ばれていますが、正式には「御成敗式目《ごせいばいしきもく》」といいます。おそらく日本の法制史上、独創的という意味ではピカ一のものでしょう。

五一条あって、世の中の慣習や争い事から貸し借りや相続の取り決めにいたるまで、微にいり細を穿《うが》って判断基準を示しました。一応は武家法で、当時は御家人《ごけにん》とよばれた武士たちがどのように社会とかかわるかということについての行動基準や価値基準を示したものです。条目の詳しいことは省きますが、全体として画期的だったのはその価値基準をすべて「道理」とみなしたことでした。

これからは世間の道理を大事にしなさい、道理にはずれたことは罰しますよ、というのです。道理をわきまえることがすべてだ、北条泰時が世の中で徹底したいことは道理という政治なのだ、この国を道理の国にしたいのだと言っているのです。わきまえるは「弁える」と綴るように弁論的に認知しなさいという意味です。なまぬるいように感じるかもしれませんが、そうでもありません。

道理は「ものごとがそうあるべき筋道」のことで、人々が行うべき正しい道義のことでした。つまりリクツです。そのリクツとしての道理に背《そむ》けば、御成敗をする。だから道理をわきまえなさい。そう言っているのです。

道理は英語に訳せば"reason"になる。現在分詞では"reasoning"で、すなわち「推論する」に当たります。御成敗式目（貞永式目）は日本人がつかうべきリクツを提示したものだったのです。道理にもとづく成敗が重要な社会規準になったのです。

このことについては、現代の二人の思想家が二冊の本で格別の評価をしています。ひとつは山本七平の『日本的革命の哲学』（祥伝社）です。北条泰時の御成敗式目は日本で最初の「自前の秩序」を示したもので、ここにこそ「日本人を動かす原理」が明示化されたという評価でした。

もうひとつは大澤真幸《まさち》の『日本史のなぞ――なぜこの国で一度だけ革命が成功したのか』（朝日新書）で、やはり泰時が天皇家や公家の範例にとらわれないで独自に革命的な原理を示したと強調しました。いずれも、泰時が提示した「道理」は日本人のリクツになりうるものだったという評価です。

このように、日本にもリクツはあったのですが、ただしそれは論理や数学性や論証性にもとづいたものではなく（すなわち証明可能なものではなく）、あくまで社会的心情に訴えられていることをわきまえるべきものでした。それゆえ、室町時代をへて戦国時代になり、武家社会が信長や秀吉や家康によって統一される時代になると、泰時の道理はそのまま継承されてはいくのですが（いわゆる「武家諸法度」として）、残念ながら深まっていったり、日本社会を飛び出て国際的に通用されたりするレベルのものにはなりませんでした。

そのため近世社会では道理はしだいに「義理」や「人情」とまじって、世の中の通念にまぎれていったのです。いわば武家社会の内部に向かって花咲いていったのです（それが西鶴や近松の作品を飾りました）。

ということは、道理というリクツは海外には通じないということだったのです。それが如実になったのが黒船による混乱と騒動です。幕末維新の大騒ぎです。それでどうなったかといえば、明治近代の世で「西洋知」が席巻することになったのです。

以上の経緯をまとめると、日本人の「読み書きそろばん」は「国内トレース型」のみの技能だったということになります。

義理人情の限界

明治政府が近代日本を構想するにあたって選んだ方針には、二つの達成目標がありました。「新しい日本をつくること」と「古い日本を自慢すること」です。新しい日本は統治力と産業力と軍事力を備えた新日本です。これは文明開化・殖産興業・富国強兵のスローガンにあらわれた。古い日本の自慢は、万世一系の天皇とともに変遷してきた歴史を日本の国民として海外にも誇ることでした。そのためには新しい学問で古い日本を説明できなければなりません。

新しい日本を逞《たくま》しくするには「工場」が必要で、古い日本に誇りをもつには「学校」が必要です。両方ともどんどんつくったのですが、工場が「もの」をつくるのに対して、学校は「人」と「歴史観」をつくらなければならない。しかも古い日本と新しい日本の両方を誇れる人間をつくる必要がある。かんたんではありません。「もの」はつくって売ればいいのですが、「人」や「歴史観」には納得力や説明力がいる。

では、どうするか。結論からいうと、西洋の学問を急速に採り入れつつ、一方で「教育勅語」にみられるような日本的な道徳観や国民観を植え付けていこうと決めたのです。しかし、これがいささか「ねじれ」を呼びました。

順に説明していきますが、まず新政府は日本の歴史や社会を解読するために「ヨーロッパの学問を用いる」という手法を用いることにした。明治の知識人たちも福沢諭吉や中村正直《まさなお》や中江兆民をはじめ、海外の学問やテキストや見識や技術に学ぶことを重視したのです。鎖国状態から脱して海外の列強と伍《ご》する国をつくるには、当然のことでした。

福沢諭吉の『西洋事情』が突破口をひらきます。この本は、咸臨丸《かんりんまる》でサンフランシスコに着いて以来、遣欧使節団に同行して一年あまりのヨーロッパ各国見聞と、軍艦受取委員会の随員としてふたたびアメリカにわたったときの、都合三回にわたる洋行体験での見聞を書き記したもので、議会、外交、紙幣制度、税制、会社、軍事、科学技術、図書館、学校、新聞、病院、博物館、電信機などなど、ともかくなんでも書いてある。

読んでみると、欧米の実情を知ることがいかに急務であったかがひしひしと伝わってきます。焦りも感じる。続く『学問のすすめ』は大ベストセラーになりました。「天は人の上に人をつくらず、人の下に人をつくらずと言えり」が有名ですが、諭吉が言いたかったことはそのあとに書いてあることです。人は生まれながら貴賤や上下の別はないけれど、現実には貧富の差や身分の上下がまかりとおっている。それを少しでも平等なレベルにもっていくには、人が学問を身につけたかどうかにかかっている。だから学問、とくに読み書きの力、計算の力、基本的な道徳観、そして実学の習慣を身につける必要があると言っているのです。

道理や義理や人情だけではむりがある。これからの日本には新たな知識や合理的思考や実学の習得が急務だと強調したのです。

お雇い外国人の功績

明治維新が進行していた一八七〇年代は、欧米ではダーウィンの進化論が急速に広まっていた時期にあたります（『種の起原』発行は一八五九年一一月）。そのため主として社会進化論にもとづいた改良思想が日本に流れこみます。いわゆるダーウィニズム、また社会ダーウィニズムです。この西洋知は強力でした。

明治政府は諭吉の「学問のすすめ」に従い、一八七二年（明治五）に太政官《だじょうかん》布告で「学制」を敷きます。日本最初の学校制度を定めた教育法令です。「大中小学区ノ事」「学校ノ事」「教員ノ事」「生徒及試業ノ事」「海外留学生規則ノ事」「学費ノ事」の六項目を決めた。これで国民皆学をめざした。

参考のためどんな国民皆学をめざしたかというと、けっこうな網羅です。初等教育機関が小学校下等科、女児小学、村落小学、貧人小学、小学私塾など、中等機関が小学校上等科、中等学校下等科、外国語学校下等科、中学校予科、諸民学校など、高等機関が師範学校、外国語教師ニテ教授スル中学校と医学校、諸芸／理／医学校・工業／法／鉱山学校、獣医／商業／農業学校など、それに大学校が設定されました。

特筆すべきは、小・中・高・大いずれにもお雇い外国人を招聘《しょうへい》して、法律や政治学や西洋音楽を積極的に採り入れたことです。アメリカの音楽教師に学んだ伊沢修二《いざわしゅうじ》は小学校にオルガンやピアノを導入し、小学校唱歌を西洋の旋律でつくります。鹿鳴館をつくってダンスもするようになります。

フルベッキやジェーンズは英語学全般を教え、ヘボンはローマ字の導入を提案して明治学院を創立し、クラークが創設した札幌農学校は内村鑑三や新渡戸稲造を輩出し、ボアソナードは法律を教えて法政大学の基礎をつくり、大森貝塚を発見したモースは動物学を、フォッサマグナを発見したナウマンは地質学を教えた。私はこの時期のこうしたお雇い外国人たちの努力と勇気に感心します。よくぞ教えてくれた、よくぞ本気で若い日本人たちに勉学の基礎を叩きこんでくれたと思います。

発見された日本美

こんなふうに、明治の「学び」は欧米主義一辺倒だったのですが、一方、意外なこともおこりました。ハーンやフェノロサやコンドルのように、日本の実情を取材にきた作家、日本に欧米の美術や建築を教えにきたお雇い外国人が、初めて見る日本の文化に驚きの目を見張ったのです。そして、この目を見張るほどの文化を欧米のロジックやテクノロジーが壊してしまうのではないかと心配した。

ラフカディオ・ハーンは松江で日本人の小泉節子と結婚し、日清戦争と日露戦争のあいだの明治二九年（一八九六）に日本国籍をとり、小泉八雲として日本のしきたりや昔話を英文にするためペンをとりました。『日本の面影』『心』『怪談』は傑作です。アーネスト・フェノロサはハーバート・スペンサーの社会進化論をひっさげて来日した俊英の学者でしたが、日本の仏像や日本絵画を見てびっくりし、岡倉天心とともに日本人が誇るべきはそういう日本独特のアートだと考えました。天心は『茶の本』『日本の目覚め』『東洋の覚醒』などを書き、欧米のリクツでは日本文化の精髄は説明できないと強調した。

丸の内に煉瓦《れんが》街を出現させた建築家のジョサイア・コンドルは、片山東熊《かたやまとうくま》（赤坂離宮・東京国立博物館表慶館など）や辰野金吾《たつのきんご》（日本銀行・東京駅・奈良ホテルなど）らを育て、かれらに洋風建築の精髄を教えるわけですが、自身は日本の絵画や三味線音楽に痺れ（端唄や小唄！）、河鍋暁斎《かわなべきょうさい》に日本画を学んだり、都々逸《どどいつ》の本を英語で出版したりしたのです。

ハーンやフェノロサやコンドルが見いだした日本の美は生活の中に生きていたり、徒弟的に師から弟子に伝えられたりしてきた技法やセンスにもとづくもので、教育的に継承されてきたものではありません。「生」と「技」と「美」がつながっていたのです。かれらはそこに感動したのです。

それまで外国にあまり知られていなかった浮世絵が注目され、大量に海外流出してジャポニズムとして話題になっていったのもこの時期です。浮世絵も日本人には美術価値よりも江戸社会の風景や風俗を写したものとみられていたにすぎなかったのが、外国人にはたいそう特異な表現力の賜物として評価されたのでした。

しかしながら政府が学校の先生や生徒にもたらそうとしたものは、日本人がたいせつにしてきた「生と技と美」のつながりを解釈できる能力の提供ではなかったのです。少なくとも「学制」としてはそういうことをほとんど重視しなかった。かわりに明治近代の学制が強調したのは何だったのか。「教育勅語」でした。これからの日本人が大日本帝国の国民(臣民)として守るべき歴史観と道徳観を公式見解にしたような勅語です。

教育勅語と国体

教育勅語は明治二三年(一八九〇)に発布されたもので、これは大日本帝国憲法の発布と第一回帝国議会の開会のちょうどあいだにあたります。それを狙って発布された。勅語と名付けられているのは「明治天皇の御言葉」によるものだとしたからで、女子高等師範学校の学校長だった中村正直らが原案を練り、草案は憲法制定にもかかわった井上《いのうえ》毅《こわし》と儒学的な歴史教育に一家言をもつ元田永孚《もとだながざね》が起草しました。

冒頭が「朕惟《ちんおも》フニ、我カ皇祖皇宗、国ヲ肇《はじ》ムルコト、宏遠《こうえん》ニ徳ヲ樹《た》ツルコト、深厚《しんこう》ナリ」というふうに始まり、そのあと、臣民は父母に孝を尽くし、兄弟姉妹なかよくし、夫婦はともに睦《むつ》みあい、人々には慈愛を及ぼすようにといった一二の期待する徳目が述べられる。かなり道徳的で国家主義的な勅語ですが、この謄本が、全国の学校に配布され神聖視されたのです。

何がおこったのか。ある意味では、貞永式目や武家諸法度に代わる「道理」の中身を明治臣民向けのものに入れ替えてしまったのです。チョンマゲをなくし帯刀を禁止して「武士」を廃止したので、中身を変えたのです。しかしその中身は「国体《こくたい》」を国民が護持《ごじ》しなさいという教育思想でした。

国体とは「日本という国の体制」をあらわしているキーワードであって、コンセプトです。幕末に水戸藩の会沢正志斎《あいざわせいしさい》が『新論』などで最初に言い出した用語ですが、その後は尊王攘夷の前提にされていったイデオロギーです。「尊王」のイデオロギーを近代向けに言い換えたのが「国体」だったと見ればいいでしょう。教育勅語はその国体を学校教育の前提にも敷いておこうというものでした。

しかし、これはやりすぎだった。明治政府の教育方針は極端になりすぎていたのです。福沢諭吉はグローバルな文明知こそを日本はマスターするべきだと言い、そのために来日したお雇い外国人はみごとにその文明知を大学教育にもたらしたのですが、その外国人たちは日本の伝統文化に関心を示したにもかかわらず、教育勅語では天皇中心の国体護持思想をふりまいたのだから、何か根本的なところがまちまちだったのです。

このような事情を見てくると、明治以来の「新しい日本をつくる」ための学びも「古い日本を自慢する」ための学びも、二つながら片寄っていたと言わざるをえません。このことはいまなお継続されているところも少なくなく、前者の西洋知の導入と追随はグローバリズムに対する迎合として、後者の日本主義的な教育思想はナショナリズムに軸をおこうとするものとして、今日もその特徴を二分したままなのです。

ならば、何をもって日本は「学び」とするべきなのか。グローバルなものとローカルなものをどう融合させればいいのか、そこがあらためて問われます。とくに国体的なナショナリズムに陥らない日本知をどのように認識するのか、そこが問われます。

受験勉強やマークシート方式の試験問題に長らく依拠させてきたこともモンダイです。考え方や考える力を停滞させたかもしれません。日本語は文脈を重視する国語ですから、

日本の「まなび」の根幹には「まねび」がある。
稽古とはそもそも「古（いにしえ）を稽（かんがえ）る」という意味だ。
④江戸の寺子屋では先生は〝手習い師匠〟と呼ばれた。
明治のお雇い外国人たちは、
日本の美が徒弟的に伝えられてきたことに目をみはった。
①ハーン、②フェノロサ、③コンドル。

①

まねびの系譜

②

③

⑤国体護持を強調する「教育勅語」は、日本における「学び」とは何だったのかを考えさせる。

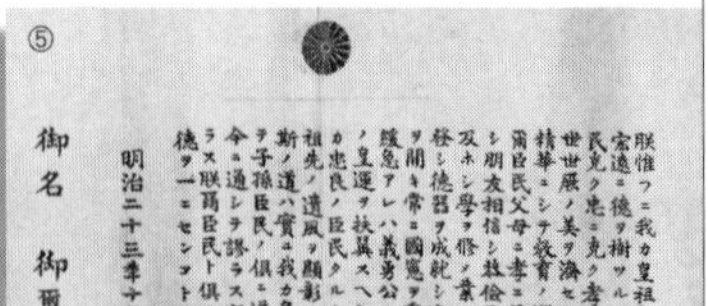

⑤

朕惟フニ我カ皇祖皇宗國ヲ肇
宏遠ニ徳ヲ樹ツルコト深厚ナ
民克ク忠ニ克ク孝ニ億兆心ヲ一
世世厥ノ美ヲ濟セルハ此レ我
精華ニシテ教育ノ淵源亦實ニ
爾臣民父母ニ孝ニ兄弟ニ友ニ
シ朋友相信シ恭儉己レヲ持シ
及ホシ學ヲ修メ業ヲ習ヒ以テ
發シ徳器ヲ成就シ進テ公益ヲ
ヲ開キ常ニ國憲ヲ重シ國法ニ
緩急アレハ義勇公ニ奉シ以テ
ノ皇運ヲ扶翼スヘシ是ノ如キ
カ忠良ノ臣民タルノミナラス
祖先ノ遺風ヲ顯彰スルニ足ラ
斯ノ道ハ實ニ我カ皇祖皇宗ノ
テ子孫臣民ノ倶ニ遵守スヘキ
今ニ通シテ謬ラス之ヲ中外ニ
ラス朕爾臣民ト倶ニ拳拳服膺
徳ヲ一ニセンコトヲ庶幾フ

明治二十三年十月三十日

御名御璽

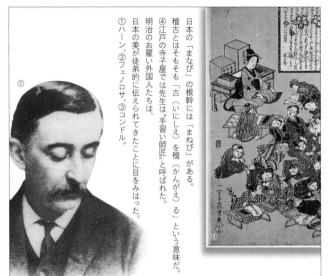

高校や大学の試験問題が○×になっているのでは、また、それればかりやっていると、日本人の基本的な学習能力に齟齬《そご》をきたします。

むろんどんなことも参照して学ぶべきではあるでしょう。しかしまずはあらためて「日本人が何をどのようにして学んだのか」を知り、しかるのちにそのようにして身につけたものを何に活用できたのかを知る必要があるだろうと思います。そこに日本人が得意とする「学びの姿」があるだろうからです。

何をもって日本は「学び」とするべきなのか。そこにどんな方針や方向や方法があるのかというと、私はいったん「世阿弥に戻ってみる」のがいいと思っています。

世阿弥の「物学《ものまね》」

世阿弥は学者ではありません。観世三郎元清《かんぜさぶろうもときよ》という能楽師です。世阿弥は芸名でした。だから芸能者です。今日ふうにいえばアーティストです。

お父さんの観阿弥とともに観世座という一座を組み、足利義満にその才能を期待され、『高砂《たかさご》』『頼政』『井筒《いづつ》』『班女《はんじょ》』『砧《きぬた》』『融《とおる》』などの多くの謡曲をつくるとともに、『風姿花伝』『花鏡《かきょう》』『中楽談儀《さるがくだんぎ》』といった二一種の能楽芸能論をのこした。『風姿花伝』は『花伝書』という通り名でも愛読されてきたものです。

世阿弥は作品においては複式夢幻能という高度な様式を生み出し、その考え方としては「初心忘るべからず」とか「秘すれば花」とか「衆人愛敬《しゅにんあいぎょう》」とか、その後の人口に膾炙《かいしゃ》した名文句の数々を後の世に伝えました。その世阿弥が作品にも芸能書にも貫いたことは何かというと、ずばり「まなび」は「まねび」であるということでした。まさにヴィゴツキーです。

世阿弥は「物学」と書いて「ものまね」と読ませました。「もの真似」「物真似」ではなく「物学」です。そういうふうにしたことの意味は重大です。世阿弥は芸能としての「ものまね」を通して「まなび」こそが「まねび」であって、「まねび」がどうすれば「まなび」になるかを追究したのです。

そもそも世阿弥が能として確立する以前の猿楽《さるがく》（申楽）、またそれ以前の田楽《でんがく》といった芸能は、平安時代当時の伝承や風俗に取材して滑稽《こっけい》に見せるモノマネ的な芸能でした。ただし、そこには神々や翁《おきな》や死者や亡霊が登場していた。世阿弥はこのことに注目して、なぜ日本の芸能の根幹にそうした神々や亡霊がまじっているのか、そこを考えます。

滑稽なモノマネ芸は、芸能が貴族にも庶民にも僧侶にも武家にも関心をもってもらうためには不可欠かもしれません。そのほうが伝わりやすいかもしれない。しかしたんに笑いをとるだけなら、そこに神々や亡霊は必須ではないはずです。

世阿弥は考えた。神々や亡霊や死者は目に見えるものではありません。しかし、なんとなくいるような気がする。もしこれらを無視したり冒瀆《ぼうとく》したりすれば祟《たた》りがあるかもしれない。そこで、こうした者たちを舞台上ではシテ（主人公）にして、そのシテの気持ち（風気）や姿（風姿）を代弁させることができるのではないだろうか。代弁させるためには、そのシテの以前の姿を知ってもらう必要がある。それにはワキ（脇役）がその以前の姿に偶然に出会ったというふうにして、そのワキの目の前でシテがその後に変じた神々や亡霊や死者に戻るというふうにしたらどうか。そう、考えたのです。

こうして能舞台では、最初に旅の途中のワキがある場所にさしかかったというふうにした。ワキは自分はどこそこにさしかかったところだ、ここはかつてこんな伝承や伝説があったところだといった話をします。すると、舞台向かって左端の鏡の間の幕がサッと上がってシテがゆっくり登場し、橋掛《はしが》かりを通って舞台の中央に出て、ここでワキとの会話をします。シテは自分の身の上などを話すのですが、それはシテの過去の姿なのです。

やがて能管がピーッと鳴り、小鼓や大鼓や太鼓がはげしくなってくると、シテは本性をあらわします。本性というのは、シテのもともとの風姿、つまり神々や亡霊や死者になっている姿です。この本性があらわれてくるところを「移り舞」といいます。こうしてひとしきり劇的な仕舞《しまい》がつづくと、またシテは何事もなかったかのようにしずしずと橋掛かりからこの世ではない鏡の間のほうに消えていくのです。

これが複式夢幻能のあらかたの顚末です。世阿弥はこの顚末に、本来の人間が学ぶべきことを「まねび」を通して構成演出してみせたのです。

「まこと」に近づくための「まねび」

世阿弥は能が求める最もたいせつなことを「花」と言いました。『花伝書』の花、『花鏡』の花、「時分《じぶん》の花」の花です。花とは何なのか。何かの盛りのことでしょうか。世阿弥は「花」のことをしばしば「まこと」とも言いました。「まことの花」という言い方もした。「まこと」は文字どおり「真なるもの」のことです。アクチュアリティです。その真を映し出すものが「花」でした。

真なるものは容易にはつかめません。接近すらむつかしいこともある。そこで世阿弥は「真《まこと》」が外にあらわしているだろう「体《たい》」に注目し、そこを「まねび」なさいと言うのです。そうすればその体は能役者の体に映って「風体」(ふうたい・ふうてい)になります。

ただし、そうなっていくには稽古《けいこ》が絶対に必要です。稽古とはたんなるリハーサルとか練習ということではありません。稽古とは「古《いにしえ》を稽《かんがえ》る」ということです。「古」は真を孕《はら》んでいるかもしれない。それは「もともと」です。その「もともと」の「古」に風体をもって接近するために、ひたすら稽古をする。それにはどうしても「物学《ものまね》」が必要です。古の「もの」に学ぶことが必要です。日本における「もの」はすでに述べたように、「物」であって「霊」です。その「もの」が語りだすのが「物・語り」です。

こうして世阿弥は「まねび」を稽古することをもって「まこと」に近づいていくことを「まなび」としたわけです。

私は、ここに日本の「学び」の真骨頂があると思っています。乱暴なことをいえば、日本人は世阿弥の学習論を小学生からとりくんだほうがいいとさえ思います。『花伝書』も早くから教えるべきでしょう。現代語訳でもかまいません。このことは、昨今のフィギュアが好きな世代にも申し渡しておきたいことです。フィギュアとは「風姿」のこと、「風体」のことです。いわゆるフィギュアは何かをコスプレしたようなところがありますが、それでいいのです。そこに世阿弥のいう「まねび／まなび」がおこるなら、それでいいのです。

私が早稲田大学のフランス文学科にいたころ、同級生に中村吉右衛門がいました。当時はまだ中村萬之助《まんのすけ》を名のっていた。当時の萬之助はお兄さんの市川染五郎（→松本幸四郎→

白鸚《はくおう》）が若くしてスターになったのとくらべると出世も遅く、人気も薄く、そのことを悩んでもいたようですが、しかしその後にかなりの努力を積み、現在のすばらしい芸を確立しました。

ただ吉右衛門氏本人が言うには、そのすばらしさをみんなが「吉右衛門さんもやっと先代に似てきはりましたな」「先代そっくりなところが出てきましたね」などと褒めるのが、嬉しくもあり奇妙な感じもしたというのです。

この話は、日本においては学ぶことの基本はまず「写す」ことであって、学びを評価されるばあいも、オリジナルの要素を出せたかどうかではなく、お手本を上手に写していたか、そっくりであるかが評価されてきたということをあらわしています。「まなび」は「まねび」にもとづいているのです。

こうした学びのありかたは「かたどる」（象る）という言葉でも表現できます。型や形から入るという学びです。また「あやかる」（肖る）という言葉でも伝えられます。肖像性、フィギュア性、風姿を移す、あるいは写す、あるいは映すということです。日本人はそのほうが「まこと」に近いとみなしたのです。

このことは、日本人が「手習い」ということを重視してきたことにもつながります。学習の基本には手本や見本が先行したということです。これはヴィゴツキーの「模倣と協同」につながることでした。

日本人の学習の基礎が「まねび」や「うつし」にあるとすると、私たちは手本や先達の才能や技能を踏襲しながら、その「知」と「芸」と「姿」を関連させて学ぶのがいいだろうということになります。知識もそれをスタティックに学習するのではなく、その提供者や教授者のナリフリとともに、あるいは文脈のニュアンスとともに学習するのが得意だろうということです。○×方式の試験はこれに逆行するところがあります。これからは小学生もパソコン学習がふえるでしょうが、そのソフトやアプリには先達たちのナリフリが入っている必要があるのです。

第一〇講

或るおおもと

公家・武家・家元。
ブランドとしての「家」について。

「家」というブランド

最近のニュースでは家族が殺しあう事件がふえています。親が子を、子が親を殺している。なんとも痛ましいかぎりですが、これをもって家族の紐帯が細くなったりなくなったりしてきたとは言えないものの、少なくとも「家」というものが軽視されるようになったのだろうと思います。

ここでは「家」についていろいろ考えたいと思います。「家」を考えることは日本の歴史の根幹の流れを理解することにつながります。

かつての日本ではながらく「家柄」や「家格」がブランドでした。今日では企業がつくりだすブランド商品がブランドの代表になっていますが、そしてそれはマーケティングによって成功するかしないかが決まるとみなされていますが、かつては家そのものがブランドであり、レガシーだったのです。

ヨーロッパの歴史を見ればわかるように、家柄だけではなく、馬や牛や農業生産物やワインのようなお酒もブランドをもっていました。エルメスやヴィトンやボルドーワインはその代表です。このへんの事情は日本でも同じなのに、日本における家のブランド性についてはあまり理解されていません。議論もされていない。ミツカンやソニーは知っていても、酢の中埜《なかの》家や醬油の盛田家のことには関心がない。両方とも愛知県の知多半島の老舗《しにせ》です。

なぜ今日の日本で家柄や家格がブランドにならなくなっているかというと、おそらく戦後の財閥解体以降、家柄の歴史を語ることが軽視されたり、反発されたりするようになったからです。いまでは三井や三菱や豊田は「家」ではなくなったかのようです。それとともにハイソサエティもなかったかのようにしている。これも華族の廃止とともにそうなったのでしょうが、しかしこれはおかしい。どこかで歴史を忘却しようとしすぎです。

忘却するようになったのは、血縁を語ることにモンダイを感じるようになったことが原因のひとつでしょう。かつて「優生学」という忌まわしい学問がはびこり、それがヨーロッパにおいてはユダヤ人の虐殺をもたらし、日本においては被差別部落に対する蔑《さげす》みをもたらしたことも大きな理由だったと思います。しかし、このまま「家」を封建意識や差別意識の巣窟とか温床とみるのは、おかしい。

日本の家はクセモノ

もうひとつ、めんどうな理由があります。日本では「家」というコンセプトがかなり広く解釈されてきたからです。あるいはあいまいに解釈されてきた。そこがなかなかのクセモノなのです。

たとえば、みんな知っていることですが、日本では国家を「国の家」と書きます。この国家とは「国という家」のことなのか、それとも「家が集まると国になる」ということなのか、そこが微妙なのです。英語では「国家」はステート（state）、ネーション（nation）、カントリー（country）などで、ちっとも家っぽくはない。ドイツ語の"Land"もスペイン語の"Pais"も家ではない。中国語では国家（guó jiā）はよくつかわれるナショナル・カテゴリーですが、しばしば中国民族を強調するときにつかわれます。

日本においては、なぜ国が家とみなされるのでしょうか。たんなる習慣でしょうか。そうとは言いきれません。

国が家なだけではなく、家と家のあいだにも本末関係がありました。たとえば本家《ほんけ》と分家と新家《しんや》です。これはレヴィ＝ストロースの構造主義このかた、社会における婚姻関係によって歴史を語るうえで欠かせない議論になるところなのですが、日本ではそうした厳密な議論ではなく、やたらに「本家」を争いあうというような事情も続きました。最近になっても蕎麦《そば》屋や和菓子屋も、いろいろな本家どうしが競争しあっています。京都の銘菓「八ツ橋」は、本家西尾八ッ橋、聖護院《しょうごいん》八ツ橋総本店、聖光堂《しょうこうどう》八ツ橋総本舗、井筒八ッ橋本舗が競いあっています。

一方、「家元」という存在やその言い方も、ちょっと不思議です。のちに説明しますが、これは世界でもめずらしい制度です。いや、公認された制度ではなく、名のれば家元になれるようになっている。そんな勝手なものならプレステージが下がっていってもおかしくないのですが、けれどもそうはならなかった。茶の湯でも日本舞踊でも家元はけっこうなプレステージをもっているのです。

まだまだ事例はありますが、ともかくもこんなふうに「家」といってもいろいろで、なかなかのクセモノなのです。しかし、日本を語るにはこの「家」に向き合っておくことが欠かせない。

聖徳太子と「国家」

日本で「国家」という文字を最初にのこしたのは、聖徳太子が制定したといわれる「十七条憲法」でした。その四に「百姓有礼、国家自治」とあります。

これは「百姓《おおみたから》に礼有《いやび》るときは、国家《あめのした》自づからに治まる」と読みます。前後の脈絡をまじえて解釈すると、群臣たちに礼が保たれていれば社会の秩序は乱れないし、百姓《ひゃくせい》に礼があれば国はおのずと治まってくるという意味になります。

ここで百姓と言っているのは、お百姓さんのことではありません。古代律令社会で戸籍に「良」と示された有姓階層の全体を「百姓」（多くの氏姓の集まり）と呼んでいたのです。貴族・官人・公民・雑色人《ぞうしきにん》が百姓です。ここには皇族、および奴婢《ぬひ》などの賤民と「化外《けがい》の民」とされた蝦夷《えみし》は入っていません。

そうした例外はあるにせよ、聖徳太子の時代は「国家という家」は群臣と百姓の礼によって成立していると考えられたのです。ただし、ここでいう「家」は「戸《こ》」という単位で数えられるものでした。

おそらくもともとの「国の家」とは、家が集まって国になっているということでしょう。この「家」は家屋や住宅のことではなく、また徴税の対象の「戸」ではなく、人々がそこに時をおくる家のことです。時をおくる家というと、私などはついつい民家のような家々や蕪村《ぶそん》の「五月雨や大河を前に家二軒」といった庶民の家を思い浮かべるのですが、国をつくる家はそういうものではなく、家名をもった家でした。

家名をもった家、つまりブランドとしての家は、その後の日本ではながらく「公家《くげ》」と

「武家」が代表してきました。日本の家を一種のブランドとして支えてきたのは、皇族をべつにすると、公家と武家なのです。そこから話をほぐしていきたいと思います。

公家の序列

公家とは何かというと、朝廷に仕える貴族や上級官人のことです。なかでも三位《さんみ》以上の位階をもち、昇殿が許された公家（公卿）を堂上《どうじょう》家といい、そうでない公家は地下《じげ》家といわれました。こちらは昇級できません。

そのうち平安後期になってくると武士が登場してきて、棟梁《とうりょう》による「武門の家」をかたちづくりはじめます。これが武家ですが、この武家の台頭に対抗して、公家のほうも藤原北家を中心に摂家《せっけ》（摂関家）をつくって家格を確立させました。ランク付けによってブランドをつくっていったのです。

ランキング・トップは「摂家」です。近衛《このえ》・九条・二条・一条・鷹司《たかつかさ》の五摂家が選ばれた。摂家だけが大納言・右大臣・左大臣をへて摂政と関白と太政大臣になれます。最高の官職を独占しました。

次が「清華《せいが》家」で、摂家に次ぐ家格です。転法輪《てんぽうりん》三条・西園寺・徳大寺・久我《こが》・花山《かざん》院《いん》・大炊御門《おおいのみかど》・今出川《いまでがわ》の七家が選ばれ、摂家とは別のコースで近衛大将から太政大臣になれるようにした。この摂家と清華家をあわせて「公達《きんだち》」といいます。

清華家の庶流から「大臣家」をつくります。正親町《おおぎまち》三条（のちに嵯峨《さが》）・三条西《さんじょうにし》・中院《なかのいん》の三家です。そのほか羽林《うりん》家、名《めい》家、半《はん》家が決まります。「羽林家」は「羽のごとく速く、林のごとく多い」というところからついた名称で、トータル六〇家をこえます。それぞれに「流」があって、閑院《かんいん》流には姉小路《あねこうじ》・大宮・押小路《おしこうじ》・風早《かざはや》・高松・武者小路《むしゃのこうじ》・四辻《よつつじ》・藪《やぶ》・中園・高丘など二三家が、花山院《かさんのいん》流に中山・難波《なんば》・飛鳥井《あすかい》・野宮《ののみや》・今城《いまき》の五家が、中《なか》御門《みかど》流に中御門・持明院・壬生《みぶ》・六角など九家が、御子左《みこひだり》流に冷泉《れいぜい》家・入江家など四家が選抜され、さらに四条流、水無瀬《みなせ》流、高倉流からもエントリーが続きました。

このあたりまでが日本を代表する「貴族の家柄」だということになります。念のため、公家はイコール貴族です。

注目すべきは、これらの家々はたいてい保護されるべき「家職」や「家学」をもっていたということです。多くは有職故実《ゆうそくこじつ》や歌道や衣装や薬事の扱いを受け持ちました。公家はこういう職能を世襲できたのです。ライセンスが認められた。つまり家のブランドの発生はライセンスの発生でもあったのです。日本ではこのライセンスのことを「知行《ちぎょう》」といいます。知行はもともとは領主が行使した所領支配権のことで、その権利がつかわれたところを知行国とか一円知行と言ったのですが、やがて変化して職務的なソフトウェアにもあてはめられていったものです。

こうして朝廷をとりまく勢力が確立していきました。すべて天皇家を最高位に戴くヒエラルキーにもとづくシステムです。では、武家のほうはどのようになっていたのか。

武家の成立

武家も「家」です。家門です。「兵《つわもの》の家」から発生した。公家のひとつに武芸を家職とする家が登場し、ここから武家ができあがっていったのです。公家の末端にいた軍事的貴族がのしあがったとみればいいと思います。弓矢や刀が武器でしたから「弓取りの者」ともいわれた。

かれらは武力が専門ですから守備能力と攻撃能力をもっています。そこで当初は白河《しらかわ》上皇の「北面の武士」などとして朝廷の警護にあたったり、荘園の警護にあたったりしていたのですが、やがてグループとしての実力と党派性がついてくると（このグループを一族郎党といいます）、そのなかから平清盛のように太政大臣になる者があらわれます。清盛の一派は平氏を名のります。そうなるといろいろ対抗勢力もでてきて、その最大の一族郎党は源氏を名のった一門でした。平氏は四流、源氏はなんと二一流あるのですが、リーダーはいずれも「棟梁」（武門の棟梁）とみなされます。

朝廷勢力もかれらをつかって自身の権勢をかためます。崇徳《すとく》上皇は後白河《ごしらかわ》天皇とのイニシアティブ争いで保元の乱をおこし、後白河の周辺では側近の藤原通憲《みちのり》（信西《しんぜい》）と藤原信頼《のぶより》が内部イニシアティブの取り合いで平治の乱をおこします。いずれの争乱にも源平の各家が入り交じっていました。保元・平治の乱の直後、慈円《じえん》は『愚管抄《ぐかんしょう》』に「鳥羽院うせさせ給ひてのち、日本国の乱逆といふことはをこりて後、武者《むさ》の世になりにける也」と綴りました。つまり、ここから「武者の世」が始まったのです。

そのうち平氏も源氏も力の誇示を譲らなくなってきて、こうなると武力どうしの対決の様相を呈さざるをえません。それが源平の合戦になり、伊豆に流されていた源頼朝による鎌倉政権の誕生にいたります。

頼朝が朝廷から征夷大将軍に任官されると、武家政権は新たに「幕府」とよばれました。鎌倉幕府です。幕府は征夷大将軍の軍事的居館あるいは陣幕を張りめぐらした陣営のことですが、文字通りは「幔幕《まんまく》をめぐらした府」という意味です。のちに武門の統合的象徴名となりました。

将軍の家臣は御家人《ごけにん》として、将軍すなわち鎌倉殿にたいして忠誠を誓い、「いざ鎌倉」となれば奉公をはたします。鎌倉殿もかれらに見返りとしての御恩を報います。いわゆる「御恩と奉公」による日本封建制度のスタートでした。

こうして、それまではたんなる「兵《つわもの》」だった者たちが「武者」や「武士」として認知されるようになった。この呼び名は古代の豪族に大伴氏《おおともし》のような武官《もののふ》がいたことと区別したもので、のちには「侍」(サムライ＝さぶらふ者)としてごっちゃになりました。サムライの名称は、武士の身分を士分《しぶん》というのですが、その士分が「侍」と「徒士《かち》」に分かれたためでした。たとえば徳川時代の旗本は侍で、御家人は徒士です。ちなみに足軽は「卒《そつ》」とよばれました。

以上でわかるように、武家は公家のシステムから突起してできあがったものでした。ただしその後は公家とは異なって、「武家の棟梁」すなわち「将軍」によるまったく新しい武家システムを組み上げたのです。

分岐点としての承久の乱

鎌倉幕府は東国に誕生した政権ですから、その勢力圏は当然ながら東に片寄っています。そこで幕府の力を全国に及ぼすため、諸国にくまなく守護と地頭を配置して政務をゆきとどかせ、警察権を掌握できるようにした。しかし都や西国には朝廷と公家の力がまだのこっています。

建保七年(一二一九)一月、三代将軍の源実朝が甥っ子の公暁《くぎょう》に鎌倉八幡宮の大銀杏《おおいちょう》の下で暗殺されるという事件がおこりました。北条義時が執権として統率にまわることになり、新たな将軍に後鳥羽上皇の皇子の六条宮雅成《まさなり》親王を迎えたいと朝廷に申し入れたところ、上皇はいくつかの条件付きでならいいと言う。その条件が幕府の統率を乱すものだと判断した義時は、すぐさま弟の時房に一〇〇〇騎を従わせて上洛させ、上皇の条件を潰しにかかります。

上皇は憮然《ぶぜん》として鎌倉調伏のための加持祈禱《かじきとう》を寺社にさせたりして、さらに反発の意志を示すのですが、そこへ承久元年七月、内裏を守護していた源頼茂《よりもち》が西面の武士に殺されるという事件がおこります。頼茂は将軍に就く野望をもっていたようです。

ここにおいて上皇は幕府の打倒を決断します。順徳《じゅんとく》天皇は主旨に賛同し、みずから譲位して皇位を仲恭天皇にあずけ、自身は自由の身で討幕に協力することにした。これで気合が入った上皇は秘密裏に三浦氏・小山氏・武田氏などにはたらきかけて軍勢をととのえると、ついに承久三年（一二二一）、義時追討の院宣《いんぜん》を発しました。日本史上、きわめて重要な「承久の乱」の勃発です。

上皇挙兵のニュースは鎌倉に知らされ、ここに朝廷vs.幕府という前代未聞の戦端がひらかれることになります。当初の勢いは上皇側にありました。そこで北条政子は熱弁をふるって「実朝の遺業を引き継ぐためにも上皇の軍勢を蹴散らかすべきである」と説くと、幕府軍は一九万の大軍となって都に向かい、木曽川と宇治川の合戦で一気に上皇軍を制圧します。

結果は上皇の惨敗。後鳥羽上皇は隠岐島に、順徳天皇は佐渡に流され、上皇に加担した者はほとんど斬首されました。以降、幕府は京都に六波羅探題《ろくはらたんだい》をおき朝廷を見張るとともに、北条執権政治を確立します。

承久の乱で日本史は劇的に折り返したと言っていいでしょう。武家が公家を制圧するという事態がおこったのです。

しかし、それで朝廷や公家がなくなったかというと、まったくそうはなってはいません。さすがに弱体化はおこっていきますが、武家政権は朝廷を巧みに動かすようになり、朝廷のほうも武家の活用を慎重にもくろむようになったのです。日本史で大事なところは、この朝廷と幕府の関係がどうなっているかということです。

結論からいうと、そこには朝廷と幕府のデュアリティ（双対性）が確立し、「天皇を戴く日本という国家」をどう運用したらいいかという、その運用のしくみができあがっていったのです。それが南北朝、足利時代、戦国、信長・秀吉から徳川二五〇年まで続くことになります。

この運用の中核を担った役職があります。それを「武家伝奏《ぶけてんそう》」といいます。朝廷と幕府のあいだをつなぐ役目です。

後醍醐《ごだいご》天皇の時代に生まれ、室町幕府が制度化したもので、公家と武家とのあいだをとりもつスペシャル・エージェントになりました。数年おきにおびただしい数の人物が武家伝奏となり、公家と武家のパイプ役を引き受けました。徳川時代では関白に次ぐ要職でした。大納言や参議から選ばれたスペシャル・エージェントなのですから、もっと注目すべきです。

しかし、パイプはときに詰まったり歪《ゆが》んだり複合化したりします。朝廷と幕府の関係はデュアリティを保ちながらもしだいに複雑になり、その複雑さから日本史をゆるがす新たな様相が噴き出てきました。それが幕末の尊王攘夷であり、「国体」思想の蔓延《まんえん》であり、維新の王政復古の提案でした。けれども、これらは明治日本には歪んだかたちでしかあらわれてこなかったのです。どこかで伝奏がボタンを掛けちがえたのです。このボタンの掛けちがえが明治維新を促しました。

『夜明け前』が問うたもの

島崎藤村に『夜明け前』という記念碑的な小説があります。「木曽路《きそじ》はすべて山の中で

家を象《かたど》る

日本の歴史と文化は、武家や公家や商家などの「家」によって支えられてきた。家のブランドを意匠化したものが「家紋」である。②は「名所江戸百景〈大てんま町店〉」。浮世絵に描かれたのれんは、位置情報を知らせる記号の役割を担った。③は家紋入りの将軍旗。

①岩崎彌太郎生家（安芸市）の土倉の鬼瓦に刻まれた「三階菱」の家紋。現在の三菱のマークの原型といわれている。

③

②

ある」という有名な出だしで始まります。文庫本でも四冊になる大長編です。日本を考えるならゼッタイの必読本です。

主人公は藤村の父をモデルにした青山半蔵。舞台は中山道の木曽馬籠《まごめ》。時は幕末維新。半蔵はその地で一七代つづいた本陣を実直に守っている庄屋です。

半蔵は平田篤胤《あつたね》派の国学者に国学を学び、黒船到来のあとの日本がどうなるか、どきどきしながら木曽路の奥から耳目をそばだてています。そこへ王政復古の大号令がかかったという嬉しいニュースがとどきます。万歳！でした。半蔵は古代のような王政が復活するなら、周辺の山林を整えて村の者たちとともに自然共同体のような日々がおくれるようになると確信します。

しかし、その後の明治日本のあさましい変貌ぶりを見て驚いた。西洋文化に尻尾をふるような文明開化の足音が高まるばかりです。やがて山林伐採禁止令が下されました。半蔵はこれは何かの誤解による下令だと思い、意を決して上京し、自分のような者でも本来の日本づくりに役に立てるならと、教部省に出仕することにしました。人づくりに奉仕したかったのです。しかし、同僚たちは半蔵の古い考え方を冷笑し、もう国学なんて役に立たないと言う。

傷心した半蔵は、扇に憂国の歌を書きつけて、折から通りかかる明治天皇の行列にその扇を投げつけます。

物語はここを折り目に、半蔵が馬籠に戻ってしだいに沈思黙考していく日々と、それでも飛騨の神社の宮司となってせめてもの努力を重ねようとする日々を、次々と描きます。けれども半蔵には決定的なスティグマが刻まれてしまっていたのです。それを藤村は「或るおおもと」と書きます。半蔵にとって、明治日本は「或るおおもと」を失ってしまった虚像になっていたのです。晩年、半蔵がしだいに狂って、この物語は暗澹《あんたん》として閉じられます。


藤村には『家』という小説もあります。舞台はやはり木曽ですが、時代は明治末期になっていて、登場人物たちは少しハイカラになりつつある町に暮らしています。

物語はその町の二つの旧家、小泉家と橋本家をめぐって、その当主たちと息子たちの十余年にわたる生きざまと周辺の人間関係を描き出します。当主たちが伝統的な「家」に縛られているため、息子たちはその呪縛から脱しようとしているのですが、主人公（藤村自身）の小泉三吉はそのどちらにも加担できず、ひそかに詩や小説などの文筆で身をたてて暮らしています。けれどもどうしても「家」が離れない。

三吉はいったい自分が育ってきた「家」とは何なのだろうと悩みながら、恋に落ち、抒情に憧れ、人間性を探求しようともがきます。三吉の父は『夜明け前』同様に狂死してしまいます。自然主義文学の代表作となった『家』ですが、その全編にはやはり明治日本が失った「或るおおもと」が問われているのです。

「家の死」を見つめた森鷗外

藤村を読んでいると、日本のかつての「家」が守っていたものが暗示されていること、しかしその守っていることが静かに崩壊しつつあるか、大きく訂正されつつあることが、ひしひしと伝わってきます。

いったい日本の「家」は何を守っていたのでしょうか。そのことをもう少し考えるために、今度は森鷗外の小説を紹介して、そのあたりを覗いておこうと思います。

鷗外は津和野出身の藩医の息子で、自身も東大医学部を卒業した軍医でした。陸軍の派遣留学生としてドイツで四年を過ごした。だから西洋の知識と文化がぞんぶんに身についている知的作家です。デビュー作の『舞姫』は日本の青年とドイツの娘エリスとの淡い恋物語ですし、初期にはアンデルセンの『即興詩人』やゲーテの『ファウスト』やカルデロンの詩篇などの翻訳も手掛けます。

その後、明治を代表する文人として崇められ、「スバル」創刊後は旺盛な作家活動で人気も博します。金井湛《かねいしずか》という地方青年の東京の日々を描いた『ヰタ・セクスアリス』では奔放な性の文芸にも挑んでいる。ところが明治天皇が崩御した直後、乃木希典《のぎまれすけ》大将が天皇にお詫びしなければならないとして夫人とともに殉死《じゅんし》したことを知って、愕然《がくぜん》とします。

このとき鷗外は、自分は背筋をのばさなければならない、書くべきことはもはやちゃらちゃらした『ヰタ・セクスアリス』などではない、これからは「簡浄《かんじょう》の美」に向かわなければならないと決意するのです。こうして一週間もかけずに「中央公論」に『興津《おきつ》弥五右衛門の遺書』という短編小説の原稿をもちこみます。日本における「お家大事」を綴ったものでした。

続いて、鷗外は代表作『阿部一族』を発表します。江戸時代初期に肥後藩主の細川忠利の死後に、重臣たちが次から次へ大量に殉死したという実際の出来事に材を取った物語で、壮絶な武士の覚悟の世界を描いています。テーマはやはり「日本の家」とは何かということでした。鷗外は「家の死」を感じることによって「日本の家」を炙《あぶ》り出したかったのです。これも大傑作、必読の一冊です。

このあと、鷗外はいっさい西洋的題材を取り上げず、死ぬまで歴史小説（稗史《はいし》小説）だけを書きました。『山椒大夫《さんしょうだゆう》』『澁江抽斎《しぶえちゅうさい》』『伊沢蘭軒《いざわらんけん》』『北条霞亭《ほうじょうかてい》』などです。

家元制というシステム

それにしても藤村といい鷗外といい、明治を代表する作家がなぜ絶頂期に「家」や「家の死」をとりあげたのでしょうか。家とともに日本の「或るおおもと」が崩れ落ちていくと見えたからです。

日本の家は「或るおおもと」を抱えていたのです。どのようにか。ここから話はさきほど案内してきた公家や武家の歴史に戻るので、そこはさすがに省略しますが、そのくりかえしに代えて、もうひとつ別の「家」の話をしておきたいと思います。それは「家元」の話です。

家元は芸道・芸能・技能・武道などの家にみられるもので、その流儀や流派の師弟システムのことをいいます。家元は多くは世襲ですが、養子や婿入りなどによっても維持されてきました。名称も家元のほかに「宗家《そうけ》」とも呼ばれてきた。

こうした家元的なものは、すでに奈良平安期の雅楽の伝承や御子左家《みこひだりけ》の歌仙継承にみられます。その後、能楽、舞踊、音曲、香道、茶道、華道、武道などに広がりました。

家元制がアピールしていることは、まとめていえば「型の継承」「流派と流儀の維持」「メンバーシップの連携性」「一家相伝」（一子相伝）「お稽古」「一座建立」「日本文化の重視」の七つです。いずれも重要ですが、私は「座」によってスキルが守られ発揮されていくところが肝要だったのだと見ています。

加えて、たいていはここに免状制、すなわちライセンスが付きます。たんにライセンスが付くというなら医者の免許でも自動車免許でもありうることなのですが、そういう個人単位のものではありません。家元制のライセンスは日本のソフトウェアとそのネットワーク化にかかわるもので、家元の「家」をかこんでタテ・ヨコ両方に「絆《きずな》」をつくるものになっているのです。そこには独特の擬似家族性がともなっていて、それゆえ「型」や「流派」や「日本」が保たれているといえます。

茶道の伝承と家

茶の湯は、千利休が侘び茶の様式を確立したところで大成されます。その前に村田珠光が「草庵の茶」にめざめ、これを連歌師の武野紹鷗《たけのじょうおう》が「座の文化」に育て、それらを利休が信長や秀吉のパトロネージュによって「侘び茶」として完成させました。

権力者のパトロネージュがありながら、利休があえて万事万端に「引き算」を心掛け、茶室を四畳半や三帖台目の「小さきもの」に徹し、ふるまいを僅《わず》かな動きに絞ったところが鮮やかでした。大きな相手を小さく受けたのです。

この利休の茶が、まずは利休七哲とよばれる蒲生氏郷《がもううじさと》・細川三斎《さんさい》・牧村兵部《ひょうぶ》・古田織《おり》部《べ》・芝山堅物《けんもつ》・高山右近《うこん》・前田利家らに受け継がれ、これがさらに織田有楽《うらく》・小堀遠州・片桐石州らに踏襲され変化していきます。絶妙な継承でした。

江戸時代に入って、利休の養子であり娘婿である千少庵《しょうあん》の子の千宗旦《そうたん》のときに、表千家・裏千家・武者小路《むしゃのこうじ》千家の三千家が伝統を引き継ぎました。これはたいへんみごとな三本の矢となりました。表千家は宗旦の三男の不審庵《ふしんあん》が、裏千家は四男の今日庵《こんにちあん》が、武者小路千家は二男の官休庵《かんきゅうあん》がつくります。それぞれいまなお京都の小川町あたりに宗家の茶室を構えています。私はいずれの先代のお点前もいただきましたが、三家独得の気分と趣向の緩急自在をひたひた感じました。

このほか宗旦四天王からは山田宗徧《そうへん》の宗徧流、藤村庸軒《ようけん》の庸軒流が生まれ、そこから久《ひさ》田《だ》流、堀内《ほりのうち》流、川上不白《ふはく》の江戸千家などが派生した。すべて家元になったのですが、それは「何かを伝えるための家」でした。

茶の湯は一客一亭といって、亭主が一人ずつの客にお茶をふるまいます。それがすべてだといってもいいのですが、そこは「仮の家」なのです。その「仮の家」で亭主と客が向き合っておこなっている作法や茶事は、利休以来ほとんど変わっていません。まさに「或るおもと」がくりかえされてきたのです。

くりかえしとはいえ、そこにはつねに「取り合わせ」が演出されます。掛軸、茶花、釜、茶碗、茶杓《ちゃしゃく》、菓子などなど、毎回の茶事ごとに異なる道具立てが用意されるのです。フルコースでは懐石料理もふるまわれる。流派にパフォーマンス上の大きなちがいはないのに、何度坐ってもつねに新たな「好み」に出会えるのはそのためです。ここには日本の家のもうひとつのモデルが生きていたのです。

千家の茶には、千家十職という道具づくりのプロが控えているのもたいへんな魅力です。茶碗師の楽吉左衛門、釜師の大西清右衛門、塗師《ぬし》の中村宗哲、指物《さしもの》師の駒沢利斎、金物師の中川浄益《じょうえき》、袋師の土田友湖《ゆうこ》、表具《ひょうぐ》師の奥村吉兵衛、一閑張《いっかんばり》細工師の飛来《ひき》一閑《いっかん》、竹細工柄杓《ひしゃく》師の黒田正玄、土風炉《どぶろ》焼物師の永楽善五郎の十職です。時代によって少し顔触れと職能は変わってはきましたが、これだけの職人が十数代にわたって千家の茶を支えていたのですから、これは日本文化のクラブ財の維持継承のしくみとしても特筆に値します。こうしたところにも「お家大事」が生きていたのです。

親分子分と侠客たち

茶の湯の話をするとキリがないのでこのくらいにして、家元の話とはまったく異なる別の分野になるのですが、私は日本における「親分子分」ということも、いったんはちゃんと議論したほうがいいと思っています。

この話をすると、それはヤクザのことだろう、いまは反社会勢力といって法にふれることになるという声が飛んできそうなのですが、それはそれとして、日本の「家」を語るには親分子分が「一家」をかまえたということは、日本の社会文化の特色分析には欠かせないものだと思います。武家の一族郎党はこういうところでも継承されている。

親分子分というと、すぐにヤクザの親分・子分・兄弟分などのことが思い浮かぶかもしれませんが、日本には中世のころから「寄親《よりおや》」と「寄子《よりこ》」のしきたりがありました。

これは正規の主従関係の枠内で、保護者と奉公者の関係として生まれていたもので、たとえば元服《げんぷく》の儀をとりもった烏帽子《えぼし》親《おや》が親代わりとして寄親になるということがあったのです。やがて商家や芸能集団でも擬似的な親子がいろいろ登場し、大工の親方、相撲の親方、鳶職《とびしよく》の親方などをつくりました。

ついで各地（主に宿場町）に賭場《とば》ができてくると、ここに貸元や札差《ふださし》や人入《ひといれ》が必要になってきて、出入りを仕切ります。賭場はサイコロや花札による賭け事、博打《ばくち》をするところですから、勢い血気がさかんになる。専門の博徒や用心棒も雇われ、壺振りもあらわれる。こうなってくると賭場を仕切る統率者が出てきて、親分が一家をかまえるようになるわけです。

貸し借りも頻繁におこります。逃げる者も追う者も出てくる。賭場を渡り歩くものがふえてくると、この社会は「渡世人《とせいにん》」の社会です。そうなると「一宿一飯《いっしゅくいっぱん》の義理」が生じます。侠客《きょうきゃく》の世界の誕生です。各地で一家を仕切る親分は子分をかかえ、渡世人の面倒をもち、凶状持ち（犯罪者）を匿《かく》まったりもする。

こうして、上州の国定忠治《くにさだちゅうじ》や大前田英五郎、下総の笹川繁蔵《ささがわのしげぞう》や飯岡助五郎、駿河の清水次郎長など、一家の大親分が顔を揃える時代になったのです。ご存じ『天保水滸伝』で有名な親分衆です。

その後、明治の筑豊遠賀《おんが》川の川筋の荒くれ者たちを仕切った吉田磯吉を「最後の侠客」として、博徒の渡世社会はヤクザに転じていくのですが、それでも親分・子分のしきたり（たとえば盃をかわすこと）は残っていったのです。日本の「家」を考えるには、かれら任侠の一家のことは看過できません。

第二二講 かぶいて候

いまの日本社会に足りない「バサラ」の心意気。

「かぶき者」の登場

　私が校長をしているイシス編集学校はネットで編集術を学んでもらう学校です。「守・破・離」の三コースがあって、それぞれ変わったお題が出ます、答えを送ると師範代が指南をしてくれるようになっている。「守・破・離」は茶道や剣道がたいせつにしてきた学習心得のようなもの、まずはしっかり型を守り、ついでは型を破って応用に進み、やがて型から離れても自在になれるというプログラムの目処《めど》をあらわします。けっこうおもしろいネット上の学校です。

　その「守」のコースに「歌舞伎っぽいもの」と思えるものをあげてくださいというお題が出てきます。八百屋の店先、ロックスターたちのフェスティバル、山本寛斎の衣裳、旭山動物園の見せ方、ほったらかしの庭、デコトラ、中華料理のフルコースなど、いろいろの回答が寄せられます。歌舞伎のことを詳しく知らなくても「歌舞伎っぽいもの」は見当がつく。これが日本人です。私はそういうお題から日本人の想像的編集力を引き出したいと思ってきたのです。

歌舞伎という名称は「傾《かぶ》く」という言葉から生まれました。だから最初のカブキは「傾奇」と綴った。傾《かたむ》くわけですから、平常ではないのです。バランスがとれていない。わざわざバランスを破っているのです。

いささか多様で、ちょっと大袈裟《おおげさ》で、何かが過剰で、どこか異様なもの、それが傾奇《かぶき》です。そういう風情をもった者を「かぶき者」とも言いました。まさにデコトラっぽいし、ロックスター並みなのです。

この言葉が最初にはやったのは慶長年間（一五九六～一六一五年）のことで、出雲の阿国《おくに》が名古屋山三郎（山三《さんざ》）と組んで四条河原で「かぶき踊り」を見せたあたりからのことでした。そこへ今度は、派手な男たちが徒党を組んで往来を歩く姿が人目を引くようになった。髷《まげ》を大きく結い、大きな朱鞘《ざや》の太刀を腰に差し、ビロードを着たり、皮のコートを羽織ったりして、長いキセルで煙草をくゆらしながら闊歩《かっぽ》したのです。飲食代を踏み倒したり因縁をふっかけたりの、乱暴狼藉《ろうぜき》もはたらいた。これで「かぶき者」が有名になります。前田慶次（郎）、大鳥逸平《いっぺい》といった連中は巷間にその名も知られることになる。黒束組、神祇組などの徒党も次々に生まれました。

まあ、無頼《ぶらい》そのものですが、ところがかれらは仲間どうしの結束や信義をたいせつにする。案外人気があるのです。やがて旗本や町奴《まちやっこ》にも「かぶき者」が登場し、幡随院長兵衛《ばんずいいんちょうべえ》や水野十郎左衛門などの、それこそ歌舞伎や時代劇映画でも有名なスター連も出てきます。かれらは〝男の仁義〟を競いあった連中でした。

「バサラ」の系譜

中世にも「かぶき者」に似た連中がいました。こちらは「ばさら」（婆娑羅＝バサラ）とよばれた。派手な恰好をして、大きな鉄扇をかざし、権威を嘲笑《あざわら》って風流を好んだ者たちのことです。ただしこちらは往来を遊ぶ無頼ではなくて、華美で大胆なことをする武士のことでした。

NHKの大河ドラマにもなった『太平記』には、足利尊氏の執事で手腕を発揮して武蔵国の守護大名となった高師直《こうのもろなお》、後醍醐天皇の決起につきあったのち若狭や出雲や上総《かずさ》の守護をつとめた近江の有力者の佐々木道誉《どうよ》、尊氏に仕えたのちに美濃の守護大名になった土岐頼遠《ときよりとお》などが、「ばさら大名」として紹介されています。

バサラは大げさな恰好やふるまいをする過度な様子をあらわした言葉で、当時は「過《か》差《さ》」とも言われました。"too much"という意味です。さしずめ「やりすぎ」「派手すぎ」「人目を引きすぎ」です。ばさら大名として最も有名な佐々木道誉は宴会を開くときは座敷に大きな桜の木をそのままどーんと飾って派手な連中を集め、大きな杯で酒を呑みほしたりしました。

こうしたふるまいは「風流《ふりゆう》」とも言われて（フーリューではなくフリュー）、装飾過剰になること、とことんデコラティブになることを悦《よろこ》んだのです。『太平記』に「例ノバサラニ風流ヲ尽シテ」と書かれています。

風流《ふりゆう》は、全国の祭りでもたくさん見られます。派手で大きな山車《だし》や装飾的な花傘や「ねぶた」のような大胆な作り物は、すべて風流です。すでに紹介してきたコンセプトでいえば、風流は荒霊《あらたま》が吹き出したものなのです。それを一丁、われらもやってみせようかというのが「バサラ」や「かぶき者」であり、そこから歌舞伎や日本舞踊の総踊りのようなものが出てきたのです。

バサラに前後の系譜があるとしたら、これより少し前なら後醍醐天皇を助けた楠木正成の「悪党」の一群や南朝ロマンの残党で、もっと前なら木曽義仲や巴御前《ともえごぜん》で、これよりあとの例なら織田信長の「うつけ者」や歌舞伎十八番の市川団十郎、あるいは浮世絵の主人公たちでしょう。

昭和や平成の最近ならば、私のパンクな好みになってしまいますが、たとえば江戸川乱歩、勅使河原蒼風《てしがはらそうふう》、夢野久作、伊福部昭《いふくべあきら》、鈴木清順、唐十郎、筒井康隆、原田芳雄、荒木経惟《のぶよし》、戸川純、忌野清志郎《いまわのきよしろう》、阿部薫、EP―4、電気グルーヴ、いとうせいこう、筋肉少女帯、町田町蔵（康）、アナーキー、アンジー、遠藤ミチロウ、スタークラブ、白髪《しらが》一雄、中村宏、井上有一、山本耀司、押井守、椎名林檎《りんご》……とかとか。

アポロン的でディオニソス的な日本

さて、なぜこんな話を始めたかというと、私は二一世紀の日本文化を活性化させるには、一方では伝統文化や伝統芸能の中の「バサラっぽいもの」「歌舞伎っぽいもの」を溢れ出させることと、他方では近現代日本の表現力の中から過剰なものや密度の濃いものやパンクアートや大胆な劇画や過激なアニメのようなものをふんだんに並べてみることが、かなり重要なことだろうと思っているからです。

それというのも、今日の日本社会はコンプライアンスに惑わされ、監視カメラと賞味期限に縛られ、安全安心なところでしか仕事ができないようにしています。仕事場だけでなく、学校でも家庭でも“too much”を見せたらアウトの社会です。セクハラ、パワハラはもってのほかです。そこで自粛なのか、自己規制なのかはわかりませんが、多くの現象や表

風流過差

too much

①

日本の芸能や祭祀は、
しばしば大仰でやりすぎる風流に遊び
人々の好奇心を煽ってきた。
過差をまとった「バサラ」や「カブキもの」は
やがて斬新な動きと、
派手な装いで魅せる「歌舞伎」となる。
①市川海老蔵の「連獅子」。②風流踊りに熱狂する人々。
現代のバサラといえば、
オタク文化の象徴である③コスプレイヤーだ。
④青森ねぶた祭の派手な灯籠や山車は、風流（ふりゅう）そのもの。

②

③

④

現が衛生無害なものに向かっていて、このままでは和風に整った和霊《にぎたま》はともかく、荒ぶるものまですっかり縮こまってしまっているのです。

これは「監視社会」で「忖度社会」です。ちょっとでもおかしなことがあるとタレコミをするか、忖度してしまう。やむなく青少年は成人式で暴走したり、言いたいことをラップにしてヒップホップするのですが、たいして過激ではありません。すぐ取り締まられてしまうからです。

かつて古代ギリシアにはアポロン的なるものとディオニソス的なるものがあって、アポロン的なものは理性的になり、ディオニソス的なるものは饗宴《きょうえん》や破壊や起爆につながる情念的なものになっていました。べつだん古代ギリシアを持ち出す必要はないのですが、今日の日本文化には、あえていうならこのディオニソスが再来すべきなのです。

こんなことを言うのは、実は今日の日本ではアポロン的なものもひどく衛生無害なものになっているからです。おそらく日本の理性は民主主義や平等主義によってつるつるになってしまっているのです。これはいけません。ガチンとしたものやゴツイものが出てこない。けれどもそれは大学センター試験の記述問題すら素通りさせている現状では、またカジノの開設ですら見送りたくなっている現状では（私はカジノにまったく関心はありませんが）、とうていすぐには望めないことなのかもしれないのです。

そこで、それなら、いったんは荒霊やスサノオの一群にちゃんと直面してみるべきなのではないか。そういうことです。

ずっと以前のことですが、私は『男はつらいよ』シリーズの寅さんは「かぶき者」の流れを汲んでいるのではないかと書いたことがあります。フーテンの寅の魅力とは何なのかを考えはじめると、興味が尽きないのです。

テキヤではあるけどヤクザというわけではないし、不埒者《ふらちもの》のようだけれど義理と人情には厚く、学がないからと謙遜しているけれど、偉い人には一目をおき、そういう偉人がタダの人でもあることを見抜く。でも、大筋は無宿者で、無頼でもあるわけです。

言うところのヤンキーの兄貴分かもしれないし、漱石が憧れた「余計者」なのかもしれません。とくに魅力的なのは、一線を破って他人をコケにする相手に出会うと「それを言っちゃあ、おしまいよ」で逆襲する。この魅力はいったい何なのか。

寅さんの系譜をさかのぼることは危険でしょうか。そんなはずはありません。きっと最初は北面の武士に始まって、悪党、自由狼藉、バサラ、風流隠士、かぶき者ときて、ここから平賀源内あたりをターニングポイントに、山東京伝、曽我蕭白《しょうはく》、滝沢馬琴、河鍋暁斎、月岡芳年《よしとし》、尾崎放哉《ほうさい》、種田山頭火《さんとうか》のほうに進んでいくのかもしれません。私はこの系譜には親鸞の「悪人正機」がひそんでいるとも、一休禅師の「狂雲集」が出入りしているとも思います。

一休の「過差」と「中道」

バサラやカブキの精神には「出る杭《くい》は打たれる」とは反対の気骨が流れてきました。出る杭になっても怖れないようにする、それがバサラやカブキの精神です。そのためには、ときにはあえて「過差」に言及してみることも大事なのです。

親鸞の「悪人正機説」は、『歎異抄《たんにしよう》』に「善人なおもて往生をとぐ、いはんや悪人をや」という一節に集約されている考え方ですが、ここにはすべての衆生《しゆじよう》（民衆）はこの世という末法濁世《じよくせ》で煩悩《ぼんのう》をもっている凡夫《ぼんぷ》にほかならない。けれども凡夫は自分が「悪」をもっていると思うなら、かえって救済されるにちがいない。阿弥陀仏はそういう「悪人」をこそ救ってくれるという思想があります。親鸞のいう「悪」とは“bad”ではありません。“too much”が「悪」なのです。そこで親鸞は念仏によって「悪」という“too much”からの逆転を計ったのです。

一休のフルネームは一休宗純です。少年期に禅門に入って修行をするのですが、いっこうに悟れない。少年や青年が悟れなくても仕方がないことですが、仏道そのものにピンとこないのです。だから琵琶湖に飛び込んで自殺しようとするのですが、助けられた。

こうして長い日々のはて、ある日、パッと覚悟した。それからは異様なほどに醒めていく。世の中のことと仏の世界との隙間に何があるのか、鋭いほど見えていきました。しかし、そのことを言いあらわすにあたっては、自分を「いい子」にしなかった。あえて「悪態」においたのです。だから一休を慕っている法門の弟子に「仏法とはどういうものですか」と聞かれると、「仏法はなべのさかやき、石の髭《ひげ》」と言います。

また自分のことをこんなふうに言う、「骨体露堂々、純一将軍誉、風流好色腸」。「わしは体はまことに堂々としていて、将軍の誉《ほま》れをもっているし、しかもはらわたの奥まで好色で詰まっている」というのです。

これは漢詩を多くのこした『狂雲集』に入っている一節ですが、この詩集はこんな暴露的な詩がいっぱいです。男色も女色も好きだし、仏におしっこを引っかけても屁《へ》をひっても大丈夫というぐあいです。つまり「過差」によって禅の心を覗かせることに徹したのです。実際にも大徳寺に入ってからの一休のところには多くの文化人が集まってきました。茶の村田珠光、能の金春禅竹《こんぱるぜんちく》、花の池坊専好《いけのぼうせんこう》らは一休文化圏が育んだディレクターたちです。

親鸞や一休の例は極端な例ではありません。そうではなくて、極端を封じていると、本当の「中道」が見えなくなる、わからなくなるという例です。

私は現状の日本がコンプライアンスを破る者に目くじらを立てたり、罰則をもうけようとしていると、本当の「中道」がうんと遠くなるだろうと危惧しています。今日の日本にバサラやかぶき者の気骨が失われていることは残念なかぎりです。派手な格好をしてほしいというのではなく、親鸞の精神が派手だと思えるようになってほしいのです。

第一二講
市と庭

「庭」「お金」「支払い」に
込められた日本社会の意外性。

日本の庭をよく見てみる

世界公園会議の議長をしたことがありました。世界中から造園家や公園プロデューサーや自治体の首長が集まって意見をかわしあうというもので、ゲストスピーカーはアメリカの未来学者アルヴィン・トフラーと下河辺淳《しもこうべあつし》でした。

そこそこ興味深い報告を聞きました。ドイツ代表は森と風が公園の主人公だと言い、カナダ代表は公園は子供の目でつくるべきだと言い、イスラム圏のガーデンデザイナーは「中庭《パティオ》は閉じていない」と言っていた。韓国にとってはマダン（広場）は家族のためで、アメリカ人にとってはパークは個人をフリーダムに扱うところでした。日本からは桂離宮などの巡回型の庭園がいろいろ映し出され、「全貌が見渡せないのが日本の庭だ」という説明がされました。

各国や各地域の公園や庭園の特色からは、さまざまな風土観や環境感覚が抜き出せるとともに、社会観や公共観のちがいが見えてきます。日本の庭についての考え方からは日本社会の基本像にかかわる何かが見えてくるはずです。

というわけで、この講のキーワードは「庭」です。ただしここでガーデンやパークやガーデニングの話をしようというのではありません。庭を通して日本人の経済感覚や市場感覚をさぐってみます。

「神庭」「斎庭」「市庭」

日本には「庭」のアーキタイプというべきもの（元型）が三つありました。「神庭《こうにわ》」「斎《いつき》庭《のにわ》」「市庭《いちば》」です。いずれも公《おおやけ》の出来事や人が出会うところです。

一つ目の「神庭」は神の庭のこと。神が降りてきて、そこで何かを告知したり、そこに臨む者の心を鎮めたり高揚させたりします。神域、神社のあるところ、聖山や修験の山などが該当します。二つ目の「斎庭」は浄《きよ》めたり裁いたりするところ。斎場やお白州をさすことが多いのですが、その由来は「身をととのえるところ」という意味です。「斎」は「いわう・いつく・とき」などと読み、そこで潔斎《けっさい》がされるべきことを示します。斎庭ではその人の身におこったいろいろなことがクリティカルに裁定されるのです。三つ目の「市庭」は読んでその通りの、まさに市場のこと。マーケットです。さまざまなものが交換され、商われます。かつては小さな「市」が各地に立ちました。

日本社会はいまなお、基本的にはこの「神庭」「斎庭」「市庭」でできていると見るのがいいと、私は思っています。

神庭についてはここまでの講でいくつかの角度から話してきました。日本の神々は客なる神（客神）だから、神がやってくる庭が必要で、そこには神を迎えるための依代《よりしろ》や物実《ものざね》が用意されたわけでした。斎庭は「浄め」のパフォーマンスができるようになっています。能舞台の前庭に白州が敷いてあるのも、お能の演目の起源に「浄め」の意図があったからでした。

その後、浄めは「清める」という言い方に変わり、さらに心の曇りを払うという意味をもつようにもなりましたが、基本は同じです。斎庭は裁きの場でもあるので、この庭ではジャッジメントが下されます。ここではジャスティス（justice）の方向が検討され、正義が示されるのです。

ただし日本では正義をジャッジするという見方を「ただす」というふうに見る。「ただす」は「糺す」であって「正す」であって「質す」です。「それでいいのかどうか」ということを見きわめ、不明なことや不問にされていたことが「質される」のです。尋問に近いといえば近いのですが、本来は斎庭では本人が「おのずから質す」べきなのです。

必ずしも自白するということではありません。日本的に言うと「自然《じねん》になる」ということです。法然や親鸞が重視しました。また江戸時代に農本主義を唱えた安藤昌益は『自然《じねん》真営道《しんえいどう》』を書いて、自然《じねん》になることにすべての営みの「まこと」(真)があることを滔々《とうとう》と説きました。昌益は「お米」に神さまを感じればそうなると言っています。

では、「市庭」はどういうものだったのか。市庭は市場ですから、日本の経済社会がもともとどういうものであったかということが見えてきます。

ちなみにヨーロッパでも見本市を意味する「メッセ」(messe)はもともとカトリック教会の「ミサ」(missa)に由来する言葉ですし、「フェア」(fair)はローマの神殿の中庭に人々が集う「フォーラム」(forum)に由来しています。メッセもフェアも神聖な場所がのちに公共化したものでした。西も東も大事な場所の語源は似ているのです。

「市庭」から「市場」へ

日本の最初の市庭は人々が集まったところ、とくに古代では男女が交流する場に生まれました。万葉時代には海柘榴市《つばいち》が有名です。現在の奈良県桜井市の三輪山の南西の一角に男女が集い歌垣《うたがき》が催され、そのうち人々が持ち寄った穀物や野菜や生活品や産物が交換された。物々交換です。

海柘榴市は呪能的な力をもつ三輪山の霊験がひたひた降りてくるところで、かつ上《かみ》ツ道や初瀬川の交通力が重なった交通の要衝であったため、古来「海柘榴市の八十《やそ》の巷《ちまた》」と歌われてきました。巷は人々の雑踏が重なるところをいいます。

藤原京や平城京になると、唐の都に倣《なら》って東西の町角に市が開かれます。官設市です。平安京では三斎市が立った。二日市、四日市、十日市などの月に三回の市です。六日目ごとに立つようになると六斎市になります。これらの市ではまだ物々交換が多く、貨幣はあまりつかわれません。しきりに三斎念仏や六斎念仏がおこなわれて、人々はその賑わいや念仏による御利益《ごりやく》に心が奪われたのです。ざっくりいえば、この利益《りやく》が「利益《りえき》」というふうに認識されるようになったとき、日本経済は自立するのです。

貨幣は「まじない」だった

日本の経済社会史で長らく経済基準の根幹となったのは、「イノリとミノリ」の講で述べたように、お米でした。お米が収穫と納税のスタンダードになった。どんな経済行為も世界中のすべてのところにおいて、イン（収入）とアウト（支出）で成立するのですが、そのインとアウトはお米が基準になっていました。お米は古代の租庸調からはじまって近世の石高の分配まで、ずっと日本経済のインとアウトの算定力としてつかわれたのです。

それならお米は貨幣の代わりだったのかというと、まさにそうでした。もっと正確にいえば米が貨幣の代わりだったのではなく、米が通貨だったのです。古代日本では米・絹・布が、ときには馬や塩や金属などが貨幣の役割をもっていて、そこに基準になる「米」があって、その基準《レート》にもとづいて相互の交換価値が決まっていたのです。

それなら貨幣がなかったのかというと、貨幣もあった。金貨も銀貨も銅貨も、いずれもありました。古代の銀貨は七世紀の無文銭（文様も文字もない貨幣）が、銅貨は富本銭《ふほんせん》が、金貨は天平宝字四年（七六〇）に鋳造された開基勝宝《かいきしょうほう》が最初です。和同開珎《わどうかいほう》は富本銭のあとに秩父で銅が採れた記念に鋳造されました。

貨幣を発行する母体は朝廷です。つまり国家です。和同開珎から平安中期まで、一二種類の貨幣が鋳造された。「皇朝十二銭」と総称されます。しかし古代中世を通じて、日本の朝廷も貴族も民衆も貨幣の効用をあまり理解しなかったのです。むしろ唐や宋との交易を通して唐銭や宋銭が流入して、それが出回るほうが多かった。

なぜそうなったかというと、古代中世の日本人は貨幣には「まじないの力」があると感じていたからです。

そのように貨幣をみなすことを「厭勝銭《ようしょうせん》」というのですが、これは貨幣の形をした護符の一種なのです。厭勝銭は漢の時代の半ば（王莽《おうもう》の時代）に中国で流行したもので、みかけは貨幣そっくりなのですが、経済の力というより福徳の力があると信じられたものです。ところが、これが唐銭や宋銭とともに日本に入ってくると、ごっちゃになってしまった。そのため、平家の時代がそうなるのですが、「銭《ぜに》の病」という迷信がはびこり、銭を手にしたり貯めたりするとロクなことがおこらないというふうにもなった。これは清盛が宋との交易に熱心で、宋銭がじゃぶじゃぶ流入してきたからです。

日本人は貨幣の通貨性を認識できなかったのだと思います。だから銭が手に入ると、これを洗ったり、神社に納めたりして浄化をした。各地に「銭洗い弁天」のようなところがあるのはそのせいですし、神社のお賽銭《さいせん》がここまで定着したのもそのせいでした。

三〇代のころ、私は外国人を神社仏閣に案内することが多かったのですが、かれらがしばしば驚いていたのは、どんな神社でもみんながお賽銭をあげていることです。

世界各地にもコインを投げ入れる聖地や泉はあるけれど、日本のようにどこにでもある神社がすべてコイン投げの対象になっているなんて、アンビリーバブルだと言う。トレヴィの泉が行く先々にあるようなものですから、たしかにちょっと異様な光景に映るでしょう。日本人はどこでもお賽銭をあげて、そんなことで「神々からのリターン」を期待しているのかと訝《いぶか》る外国人もいた。別の外国人は地方の郷土資料館の仏像展示の台座に注意書きがあるのを、これは何と書いてあるのかと尋ねるので「賽銭をあげないでください」と書いてあると小声で言うと、大笑いしていた。

しかし、これはリターンではなく、実は「まじない」と「お金」がながらく密接な関係にあったということなのです。プロフィット（profit）を得たいのではなく、プュリフィケーション（purification）をしたいのです。利益《りえき》ではなく御利益《ごりやく》という観念がお賽銭行為を支えているというべきなのです。「賽」とは神仏に対する返礼のことなのです。

もう少しちゃんと説明すると、賽銭はもともとは散米で、それが散銭に、近世になって賽銭になったものです。洗ったお米や五穀を紙に包んで供えたのです。したがってこれは本来は「幣」（まい・まいない）というものなのです。「幣」のことがわかれば、日本の社会・経済・文化の根底が一挙につながって見えてくるはずなので、さらにディープなところを説明します。

捧げものとしての「幣」

まず、貨幣や紙幣という熟語にもつかわれている「幣」とは何かということです。これは「まい」「まいわい」「ぬさ」「みてぐら」「へい」などと読みます。後世になるにつれて少しずつ意味が異なりますが、基本は神々への捧げもののことです。捧げものだから、お米でもお酒でも魚でも衣類でも「しるし」になるものなら、それが「幣」になります。

ただし、こうした物品はかさばります。また腐ったりもする。奉納された側も困る。そこでそれらの名を布に示して枝や串に挟んで納めるようになり（最初は木の皮）、その布が紙になるうちに、その役割を象徴する幣帛《へいはく》だけが神々に捧げられるというふうに変化しました。これは現在、どこの神社でも神主さんがつかっている玉串《たまぐし》の原型です。玉串なのですが、もとはみんなが捧げたものを集合させた束なのです。

このように「幣」には、その社会や生活にとって最も大切なコトやモノを媒介するという力があるとみなされました。したがって、のちに「お金」が社会生活の中で流通するようになったとき、日本人はその力を「お金」にも託して、貨幣とか紙幣という呼び方をして「幣」を継続させたわけです。

ちなみにいまのうちに言っておきますが、「お金」という呼び名は近世近代になってからで、多くは「銭《ぜに・せん》」と言っていました。銭は東アジア共通の通貨の呼称で、中国語ではチェン、朝鮮語ではチョン、ベトナムではティエンといいます。

支払いとお祓い

これでだんだん見えてきただろうと思いますが、貨幣や紙幣はもともとは「幣」だったわけですから、日本人が「お金」（銭）を神さまに捧げたり洗ったりするのはやむをえないことなのです。

もっと大胆なことを言うと、日本においては実は「支払い」は「お祓い」なのです。また「お祓い」は神さまへの「支払い」なのです。「祓い」は「払い」であって、「支払い」は「お祓い」でした、そう見たほうがいいでしょう。このことを最初にあきらかにしたのは民俗学者の小松和彦でした。『経済の誕生』（工作舎）という本に詳しく説明されています。「支払い」は「お祓い」だったなんて、日本人の経済感覚をついて、まことに言い得て妙なるところです。

小松さんはまた『神々の精神史』（講談社学術文庫）で日本中世における「富」の交換システムを研究して、たいへん興味深いモデルを発見しました。それは「信貴山縁起《しぎさんえんぎ》モデル」というものです。

美術史では有名な「信貴山縁起絵巻」があります。信貴山寺は奈良県生駒にあるお寺で、そこの中興の祖となった命蓮《みょうれん》という僧の奇瑞《きずい》めいた事績を描いたもので、「鳥獣人物戯画」とともにマンガのルーツともいわれるおもしろい絵巻です。その第一巻に「飛倉《とびくら》の巻」というたいへん不思議な続き絵が出てきます。

里の長者がたくさんの米を倉に貯めていると、信貴山からお鉢が飛んできて「少し喜捨《きしゃ》

「信貴山縁起絵巻 飛倉の巻」
高僧命蓮が、法力で米倉の中の米俵を空に飛ばして長者にもどそうとする場面。

していただきたい」（恵んでくれ）と言う。忙しさにまぎれてほったらかしにしていたら、お鉢が怒って米倉を山に飛ばしてしまう。慌てた長者が「返してくれ」と談判に行き、命蓮に適当な数の米俵を喜捨して、あとはまたお鉢の力で米俵を飛ばして返してもらうという場面です。

　この妙な話は何を暗示しているのか。第二巻の「延喜加持の巻」を見ると、都の帝《みかど》が病いに臥《ふ》せっているので、法力のある命蓮に祈ってもらおうという案が出た（この帝は醍醐天皇です）。使者がそのことを信貴山に頼みにいくと、命蓮はわざわざ私が宮中に行く必要はない、ここで祈ってやれば、そのうち夢に護法童子《ごほうどうじ》があらわれるだろうからそれを待てと言う。使者がそのことを告げると、はたして帝の夢の中に童子があらわれ、それで病いが治ったとなっています。

小松は次のように解釈した。ここには「都・里・山」という三角関係があって、それぞれが関係しあっているというのです。都は里の長者に経済を委ね、農村からの収益で市《いち》を開催している。長者はその一部の富を山に喜捨し貢《みつ》ぎ物をもたらしている。山の命蓮は祈禱力によって都の帝を「健康という富」に変えている。この三角形では都から里に富の認可がくだされ、里は富を蓄え、山はその一部で寺を守り、その山の力が都の安定をもたらしている。これは当時の日本社会が「富」をこのようなしくみで維持しようとしていたせいではないかというのです。

今日の経済社会では「都」(政府)と「里」(社会)の関係は明々白々ですが、「山」の役割がなくなっています。私は小松の解釈を知って、日本社会のどこかに、今日もこの「山の役割」に当たるものが少しはあったほうがいいのではないかと思ったものでした。「支払い」と「お祓い」はデュアルになっていたほうがいいところもあるのです。

以上の話でわかるように、古代中世の市庭(市場)はたいへんマジカルで、人々の心を熱狂させたのです。藤原時代でも「虹が立つと市を開いた」という話がのこっています。いまでも人気のショッピング・モールや話題のメッセやフェアの会場はごったがえしますが、私はそこには今日的な意味でのマジカルパワーが噴き出ているのだと思います。

最近は、電子マネーの時代がやってきつつあります。ビットコインなどの仮想通貨や特定の地域や商圏で流通する地域通貨などもさまざまなかっこうで試みられています。これは、ネット社会では国が用意したお金とは別の通貨が出回る可能性があるということですが、こうした動向を見ていると、そのうち二一世紀社会のどこかでは意外にももう一度、古代や中世への回帰に近いことがおこって、電子通貨をマジカルに活用するところも出てくるのではないかと思わせます。なぜなら、電子通貨は実体貨幣ではなくて、しだいに情報貨幣になりつつあるからです。

貨幣経済の到来

さて、ここで話をもとに戻して、あらためて「市」の歴史と日本の市場経済の歴史をざっと眺めておこうと思います。

皇朝十二銭などを発行したにもかかわらず（二五〇年間に合計一二種類の銅貨発行）、古代中世の日本人が「お金」の均等な流通力や高速な交換力にあまりピンときていなかったことを説明しましたが、さすがにその後は日本の経済社会も目がさめた。そうなっていったのは南北朝から室町時代にかけてのことで、これは中国が元から明になり、アジア社会においてふたたび巨大な力を発揚するようになったことが大きかったと思います。

鎌倉時代の日本は蒙古襲来などの事件があったので元との関係が悪くなっていたのですが、室町幕府は明との国交を回復させます。この回復を率先したのは博多商人の肥富《こいとみ》や僧の祖阿《そあ》たちで、かれらが幕府の使者として交渉し、その後は遣明船による交易をさかんにさせました。収入も莫大になった。これで幕府の財政が急速によくなり、朝廷や寺社の経済力を上回ったのです。公家から武家に政治力が移っていったことは誰でも知っていますが、ここで経済力も公家から武家に移っていったのです。武家経済の確立です。

このとき中国で発行されていた永楽通宝や洪武通宝などの銅貨の力が、日本にもやっと影響を及ぼしました。日本の戦後社会でドルが影響をもったことと同じことで、まずは商人のあいだで硬貨による支払いが流通し、ついでそれが武家のプロジェクトの受発注などにも波及して、だんだん通貨意識が発達してきたのです。ときに年貢も銅貨で納めた。これを「代銭納」といいます。

そうなると、中国からの輸入銭だけではまにあわなくなって、国内でも銅貨を発行することが復活し、いよいよ貨幣経済の時代がやってくるのです。「山下吹き」とか「南蛮吹き」といった鋳貨《ちゅうか》の精錬法が工夫されたことも、この流れを加速しました。

もはやかつての皇朝十二銭や宋銭などは役に立たなくなりました。いまでも「ビタ一文払えない」という言い方がありますが、このビタとはそうした摩滅して使えなくなった悪貨のことをさしています。

金の東国・銀の上方

貨幣経済が動き出すと、次の変化がおこります。運送業、倉庫業、金融業がさかんになって、市庭（市場）がそうした業者の力で左右されるのです。運送の問丸《といまる》、金融の借上《かしあげ》、倉庫の土倉《どそう》などが活躍し、生産物や商品の流れがループを描くようになり、流通の時間差をコントロールできるようになります。

大変化でした。ここに登場するのが「貸し借り」や「利子」や「手形」です。業者たちは資金力をもちはじめ、市場経済の新しい担い手になっていく。物々交換がなくなってきて、業者の資金運用力に頼った「替銭《かえせん》」や「替米《かえまい》」がおこり、両替商まで出てくると貨幣が商品として扱われるようになるのです。

いよいよ「市」は特定の場所をもつ市から、広い交換性をもつ市場性に変化していきます。市で交換されるのは「物」と「金」というふうになり、市場性が大きく膨らんでいきます。ストックとフローの経済がしだいに拡張していったのです。

しかし、そこには債権や債務も生まれる。貧富も生じる。そこで幕府はときどき徳政令を出して「借金帳消し」の苦策を練らざるをえなくなったりします。また貨幣を融通するための証文がとびかうようになり、金銭の貸し借りを示した「折紙銭《おりがみせん》」といった紙切れが金融力をもつようになって、それが約束手形のような代替力を発揮するようにもなります。宣教師として日本に滞在したルイス・フロイスは、こうした「貨幣の贈与」のような習慣はヨーロッパにはないと言って、日本の経済社会の特徴を抜き出しました。

フロイスは「撰銭《えりぜに》」についても書いています。通貨はどんなものでも同じはずなのに、日本人はどの硬貨を貯めたり払ったりするかということに関心が深く、そのため良貨を中心にした経済を成功させるかもしれないというのです。このことはヨーロッパでは「悪貨は良貨を駆逐する」という諺になるのに対して、日本では世間が悪貨の洗浄を図ったというちがいをあらわします。

撰銭の習慣は、徳川時代ではもっと別なかたちで定着しました。ひとつは三貨制がゆきわたったことです。金貨と銀貨と銭貨(銅貨)のオーダーを確定したのです。金貨は小判と一分判で「両・分《ぶ》・朱《しゅ》」というふうに数える。銀貨は丁銀と豆板銀《まめいた》で「貫《かん》・匁《もんめ》・分《ぶ》」で数え、銭貨は穴銭一枚を一文《もん》と数えるというふうにしました。

注目すべきは「金の決済圏」と「銀の決済圏」が分かれて発達したということです。よく「江戸の金遣い」（金立て）と言われるように、東国では金による決済が中心になり、西国では「上方の銀遣い」（銀立て）のほうが中心になり、金遣いは大口の、銀遣いは小口の経済力を発達させました。これは近世日本経済のデュアリティとして特筆すべきことで、小さな日本なのに「金と銀」とが別々の価値を持ち続けたのです。なかで薩摩藩だけが「金遣い」を主流にしたことは、のちの幕末維新での薩摩の台頭の前提になります。

藩札が発行されたことも注目です。「藩」という言葉は明治以降に公称としてつかわれるようになったので、当時は藩札と言わずに「札《さつ》・鈔《しょう》・判書《はんしょ》」などと言っていたのですが、藩の経済を補塡するため、都合二四四藩で一六九四種類の藩札が使用されました。私は地域通貨としての藩札については、もっと研究されたほうがいいと思っています。

こうした多様な貨幣経済は、当然のことに東アジアやオランダ・イギリスの東インド会社との取引を担う商人や、国内の運搬を仕切った廻船問屋や、さまざまな貨幣の流通サイクルを牛耳った両替商の力を増長させます。なかでも両替商は「生きたＡＴＭ」として大活躍を見せ、のちの銀行の先駆となりました。

戦国武将の経済改革

日本の古い伝統経済は、戦国武将の地域支配力が台頭するとともに壊れていきます。代わって領国経済が発展し、検地、新田の開発、木綿栽培、金山や銀山の開発、城下町の建設などが進みます。

領国経済は大名経済です。北の方は最上（山形）、伊達（仙台）、上杉（越後・信州）、蘆名《あしな》（会津）、宇都宮（栃木）が分担し、関東を佐竹（茨城）、結城《ゆうき》（千葉）、北条（相模・駿河）、武田（甲州）が抑えます。北陸と中部を今川（愛知）、斎藤・織田（美濃）、畠山（能登）、朝倉（越前）、関西を浅井・六角《ろっかく》（近江）、三好（大坂・徳島）が仕切ります。激戦区でした。山陰山陽四国は尼子《あまご》（鳥取・島根）、毛利（広島・山口）、河野（愛媛）、長宗我部《ちょうそかべ》（土佐）で、九州を竜造寺（長崎・佐賀）、大友（大分）、相良《さがら》（熊本）、島津（薩摩）が、それぞれ戦国大名として切り盛りしました。ここには日本の現代の原型がある。

既存の支配体制を、ときに突き上げによる下克上によって、ときに家臣団の武力によって、ときに北条早雲のような戦力と蓄財力の掛け合わせによって改編し、地方にまで武家という「家」が支配を及ぼせたのです。

経済史的には、越前の柴田勝家、近江の六角義賢《よしかた》、駿河の今川義元、美濃と安土の織田信長の「楽市楽座」は市場と職能の関係に新たな変化をもたらします。

楽市楽座は特定の権益を独占している業者の力を開放して、いわゆる規制緩和をもたらすために始まったもので、領国の大名の支配力や信長のような天下人がいないかぎりはできなかった政策です。もっとも最近の研究では、楽市楽座は各地の業者たちにあまりインセンティブを提供できなかったとみられています。これは今日の伝統産業力が弱いままになっている原因のひとつです。

それよりも領国経済の市場にとって決定的だったのは、第一には信長の延暦寺焼打ちや顕如《けんにょ》の一向宗勢力との石山合戦によって宗教教団の財政力に大きな打撃を加えられたこと、第二に秀吉が刀狩りや太閤検地その他の政策の連打で兵農分離を完遂したこと、そして第三に鉄砲や火薬などの新型武器を掌中にしたことで、武力による競争原理が貫徹したことです。とくに兵農分離が決定版でした。

これらによって武士が農村から城下町に集められ、その武家社会を維持するための職人・商人が城下町に移住して、戦国領主が好きなことができるようになり、のちの幕藩体制の基礎ができあがったのでした。家康と家光はこれに参勤交代制による各地の財政の「締め上げ」を加え、中央集権力を形成したのです。

現在の日本の経済力だって、政教分離と宗教法によって宗教の力を限定され、警察と自衛隊がすべての国内武力を掌握しているから、自由資本主義市場がまずまず闊歩できているのです。もしも輸出入規制と農業政策がなく、海外の脅威を保守する日米安保体制がなかったら、日本の経済はどうなっていくかはわかりません。

日本的な株仲間

徳川社会は一言でいえば「富の集中と分配」を仕切った社会です。そのコントロールがうまくいくために、鎖国をし（正確には「海禁」といいます）、公家諸法度と武家諸法度で公家と武家の両方の自由度を規制し、寺請制度で宗教と戸籍を管理した。大名たちも参勤交代や普請（工事）の担当で大金を費《つか》わされるため、勝手なことができません。幕府はそのような縛りをかけておいたうえで、全国に「市」と「問屋」と「仲間」を適度に自由なかっこうで活性化するように仕向けたのです。

そこに発達してきたのが問屋です。また「家」と「生産」の関係を問屋が動かす問屋制家内産業です。富がそこそこ蓄積され、さまざまな仕事の受注量がふえていくと、問屋がその間に入って仕事を発注し、生産物を買い取って分配するというしくみができあがっていったのです。

それにつれて米相場や株仲間も動き出し、吉宗の時代からは国産品が奨励されたので、各地にいろいろな「名物」が誕生しました。いまでも東京の海苔《のり》や佃煮《つくだに》、埼玉の草加《そうか》せんべい、水戸の納豆、名古屋のういろう、伊勢の赤福、広島のもみじ饅頭など、土産物として有名なものがあいかわらず人気をもっているようですが、これらはもとをただせば問屋の家内制のしくみがつくりだしたものです。

私はとくに株仲間が、日本らしい制度としてもっと注目されるといいと思ってきました。これは問屋が一種の営業権を保証するための株を持ち合いにして互いに組みあうもので、営業権を書きこんだ株札は譲渡することも質入れすることもできた。享保の改革のときに生まれ、株価を安定させることに奏功し、田沼意次《おきつぐ》がダイナミックに発展させてそこに冥加金《みようがきん》や運上金を発生させたという独特のシステムでした。

ところがこれを水野忠邦の天保の改革が「利権の誘導」だとみて、潰《つぶ》してしまったのです。愚策でした。経済を放縦にさせる規制緩和だったというべきで、小泉・竹中の改革に似て日本をダメにしたと思えます。

このあと日本の「市庭」は維新の近代化によって、西洋型の富国強兵・重商政策・殖産興業に大きく転換します。通貨制度も金本位制をとりいれ、国際レートに応じた「円」に切り替えられ、かつての米俵に見立てた小判は跡形もなくなっていったのです。近代国家をつくるにはこれらは必要条件だったのですが、そうなると世界のグローバルスタンダードが十分条件を要求してくるのです。

第一三講

ナリフリかまう

「粋」と「いなせ」に見る
コードとモードの文化。

そもそも「文化」とは何か

これまで「日本文化」あるいは「日本の文化」という言葉をいろいろな文脈と場面でつかってきましたが、このへんで日本文化の「文化」という概念について、少し説明しておこうと思います。

文化（culture）とは、その時代の、その民族やその地域のライフスタイルや文物のすべてのことです。文化人類学でもだいたいはそのように定義してきました。文化人類学最初期のエドワード・タイラーの定義は次のようなものです。「知識、信仰、芸術、道徳、法律、慣行その他、人が社会の成員として獲得した能力や習慣を含むところの複合された総体のことである」。

いささか押し付けがましいところもあるけれど、まあこういうところでしょう。レヴィ＝ストロースはこの定義に「言葉の力」を加え、社会学のハーバーマスは「知のストック」と「コミュニケーション」を加え、フーコーは「アルシーブされるもの」（アーカイブされるもの）という性質を加えました。

文化自体を研究目的にする「カルチュラル・スタディーズ」という学問も登場しました。ハイカルチャーとサブカルチャーを問わず、特定の社会現象や流行から文化を導き出そうというもので、バーミング大学のスチュアート・ホールとディック・ヘブディジが提唱した学問です。一九七〇年代以降に確立した。たとえばコカ・コーラ文化、ディズニーランド文化、マドンナ旋風、ユニクロ現象などを対象にします。

文化は社会現象にあらわれるとはかぎりません。もっと以前の、動物の行動レベルから始まっているとみなす見方もあります。

動物行動学のローレンツや生態学の今西錦司がそのような見方を代表しますが、これは動物にも集団の調整、道具の使用、独自のコミュニーケション、さまざまなディスプレー行為、食の選択があるからです。人間の文化を、そのような動物行動に由来するものから類推したり敷衍《ふえん》したりして見るという見方は、私にもけっこう納得がいく。

最も新しい文化の定義はリチャード・ドーキンスによるものでしょうか。ドーキンスは『利己的な遺伝子《セルフイッシュ・ジーン》』（紀伊國屋書店）で生物学界を一新させた斬新な遺伝子学者ですが、遺伝子が生物種の世代をこえて複製されたり組み合わされたりするように、文化も大きな意味で遺伝されているのではないかと言い出した。そして、この文化を遺伝させる素子のようなものを、遺伝子(gene)の綴りに似せて「ミーム」(meme)という用語にした。「文化遺伝子」という訳で日本に紹介されましたが、私はこれに「意伝子」という訳を付けてみました。スーザン・ブラックモアは「人間がミームマシンであるのなら、人間文化もミームで語りうる」と言っています。

どんな文化も「生きている」のです。生きているのだから、森も動物も人間も都会も、男も女も文化の対象になりますし、集団も組織も対象になる。実際にも「環境文化」とか「企業文化」とか「ジェンダー文化」という言い方もつかわれてきた。そういうものがどんなふうに生きているのか、どのように活性化しているのか、その活動が周囲に何をもたらしているのか、そこを見るのが文化を摑《つか》むということなのです。

日本文化もまったく同じことです。日本文化も生きています。だから他の文化とまったく同様に議論できるはずなのですが、これまでは日本文化というと、能・歌舞伎などの伝統的な文化や「富士山・ゲイシャ・浮世絵」や日本人の典型的な行動パターンを特徴的に検出してみせて、それですませているという傾向がたいへん多かったのです。とくに「恥の文化」「甘えの文化」「タテ社会」「親方日の丸」というような言い方がまかり通ったままでした。むろんそういうところもあるにはありますが、それでは本来の伝統芸能や伝統工芸の文化的な意味がかえって薄っぺらになってしまいます。深みのある視点が日本人の側に積み重ならないでおわってしまう。

では、どうするか。少しばかり見方を整理しておいたほうがいいでしょう。やみくもに日本文化を議論しようとしても、レイヤーの区別もアプローチの仕方も使用概念も、ごちゃごちゃになってしまいます。

日本文化への三つのアプローチ

わかりやすく三つのアプローチ・レイヤーを分けてみるだけでも、だいぶんちがってきます。

たとえば、(A)縄文文化、仏教文化、武家文化、元禄文化、昭和の文化というような大きな括《くく》りで説明するばあい、(B)草履の文化、俳諧文化、漱石の文化、豆腐文化、団地文化、オタクの文化というふうに標的を特定しながら説明するばあい、(C)旬の文化、ハレの文化、数寄の文化、余白の文化、粋の文化というふうにコンセプトを吊るして説明しようとするばあい、というふうに。

こんなふうに区分けしてみるだけでも、それぞれの日本文化についてのイメージ・サークルも精度がずいぶんちがってきます。ざっといえば、（A）は通時的かつ共時的な歴史文化的なアプローチ、（B）はジャンル分類型でかつ世代意識把握的なアプローチ、（C）はキーワード摘出型のコンセプチュアル・アプローチです。ほかにも地域別、産品別、技能別、儀礼別に見てみたり、文化リーダーから見たり、方言のちがいから見たり、海外文化との比較から見たりするアプローチがありえます。

　それならもっと細分化できるのではないかと思うかもしれませんが、それはダメです。細分化しすぎると膨大な日本文化大百科をつくることになり、中くらいの特徴や共通の特色が見えにくくなります。大百科をつくるのなら、むしろＡＩをいかした「ジャパンＡＩ」を構築して、動的なプロセスを追跡できるものにしたほうがいいでしょう。

　私はどうしてきたかというと、当初は（A）（B）（C）のいずれにも与《くみ》したり、また儀礼や方言や歴史的な流行の変遷を追うということをしてみたり、そのつどいろいろなアプローチをしてきました。しかし、これは基礎的な準備作業にあたっていたようで、ある時期からこれに私なりの編集文化論の角度を加えることにしました。

　まとめれば三つほどの角度になる。（一）日本を方法として捉える、（二）日本文化は「アナロジカルに編集されてきた」と見る、（三）新たなコンセプトやキーワードを掲げて考える、というものです。
（一）は日本の歴史文化の中にいろいろな方法があったのではなく、もともと方法が日本をつくった、日本は方法日本なのだという歴史観にもとづいたものです。一万年以上にわたって文字をもっていなかったこと、長らく中国のグローバルスタンダードの影響を受けてきたこと、独自の武家政権をつくったこと、鎖国期間を長くとったこと、近代において欧米主義を選択したこと、ファシズムに走ったこと、敗戦して復活したこと、日米安保の傘を利用して仕事をしていることなどなどが、さまざまな意味において方法日本を維持してきたという捉え方です。
この考え方は本書にも流れていますし、『日本という方法』（NHK出版）や『連塾 方法日本』全三冊（春秋社）などにもまとめてあります。
（二）は編集工学的にアナロジカルなアプローチをしようというもので、日本文化の特色を顕著に示すことになった芸術や芸能には、その成り立ちから手続き《プロトコル》の確定をへて、道具立てから表現のパフォーマンスの定着と応用にいたるまで、つねに編集的なプロセスが追えるはずだという見方です。和歌、俳句、能、文人画、茶の湯、文楽、各地の祭り、落語、ボケとツッコミの漫才、手塚マンガ、歌謡曲、劇画、テレビゲーム、日本語ラップにおよぶすべてにあてはまります。

どのようにあてはまるのか。その一端は、『知の編集工学』（朝日文庫）、『花鳥風月の科学』（中公文庫）、『日本数寄』（ちくま学芸文庫）、『法然の編集力』（ＮＨＫ出版）、『擬《もどき》』（春秋社）、『わたしが情報について語るなら』（ポプラ社）、『17歳のための世界と日本の見方』（春秋社）などにも書いてあります。

（三）は日本独特の用語によって日本文化のディープなところまで降りて、そのうえで現在の日本社会にまで浮上してこようというアプローチです。「面影《おもかげ》」「うつろい」「間《ま》」「季寄せ」「縁」「ハレとケ」「かぶく」「景色」などの重要タームと、あまり日本文化の全般に用いられてこなかったキーワードながら、私がもっと使えるなと感じたキーワードをコンセプトに仕立てて、切り込む。

たとえば「ムスビ」「客神」「イノリ・ミノリ」「間拍子」「ゆかり」「なり・ふり」「さま」「洒落《しゃれ》」「なぞらえ」「埒《らち》」「ちょっと」「勿体《もったい》」「別」「あやかる」「始末」といったキーワードによるアプローチです。これについてはまとめたことがなく、本書の随所にその試みを入れてみました。

というわけで、以下には（三）のアプローチから、本書でまだ説明していなかった日本文化の特色について説明しておきたいと思います。

「根まわし」と「埒をあける」

私は、日本の社会は欧米的な合理主義によっては組み上げきれないだろうと見ています。コンプライアンスにも限界があるし、意思決定プロセスを明示的に公開することにも限界があるにちがいありません。では、どうするか。

ひとつは、非合理的なプロセスに注目してみるのがいい。どういうものが非合理かというと、はっきりいって「根まわし」です。「根まわし」は談合とか密室主義とみなされてたいそう評判が悪くなっていますが、必ずしもそういうものではないかもしれません。

日本には「仕事」という言葉があって、何かの「事」に仕《つか》えることが仕事なのですが、この「こと」は「事」であって「言」なのです。管轄の神さまでいうとコトシロヌシが仕切っているのですが、この神名は事代主神であって、また言代主神なのです。すなわち、誰がいつどこで何を言ったのかが、仕事のプロセスにビルトインされているのです。これは委員会や会議でもあきらかにできないわけではないのですが、日本人は「公」の日本語をグローバルにつくってこなかった。だからついつい英語などに頼ることになる。むろんそれを徹底すればそれでもいいのですが、おそらくそうはいかないでしょう。

そうなると、どこかで「根まわし」の「事と言」が介在していいのです。ただし、このことは明示的ではなく暗示的になることが多いので、忖度《そんたく》を早とちりするというリスクもある。安倍政権は早とちりしたようです。

もうひとつは、「埒《らち》をあける」ということです。「埒」はもともとは馬場の柵や仕切りのことですが、その埒をあけるとは、馬を外に出すのと同様に、事態が煮詰まりすぎないような手を打つという意味になります。

日々の会話では「これは埒があかないな」というふうに逆説的につかうことも多くなっています。しかし、これは非常口をつくっておくという意味ではないのです。仕事をしているうちにいままで見えなかった溜まりの柵ができてきて、その事態が窮屈になってきたのです。そこで新たに埒をあけることが必要になる。風通しをよくする程度ではまにあわない。そういう意味です。

したがって埒をあけるには、ふだんから別の枠組をつくっておいて、旧来の埒と新たな埒をつなげる必要がある。つまりあらかじめデュアルな埒を用意しておき、いったん事態を新たな埒のほうへ、そのスペースに転移させる。これが私が注目する「埒をあける」ということです。

実は、文化とは埒をあけるためのもの、またすでに埒があいて新たに構成やしくみを変えて発動されていたものだったのです。わかりやすくいえば、文化とは「根まわし」と「埒があく」が別のところに転移されてできてきたものなのです。

こんなふうな見方はかなり斬新なものだろうと思います。ふつうは、風通しが悪いから根まわしや埒をあける云々に及ぶということになるのですが、すぐれた文化はそれをやってのけている。埒をあけた成果が文化なのです。だとしたら、私たちは仕事をするうえでも日本文化の「根」と「埒」をもっと詳しく知っておいたほうがいいということになるはずです。

では、これで日本文化が語れるかといえば、もちろん足りません。私はここに日本文化にとって重要だろうと思える見方を、さらに二つ追加したいと思います。その二つとは「さま」と「ナリフリ」ということです。

文化の様式としての「さま」

いつのどの歴史文化であれ、どんな社会現象であれ、それが文化として感じられ、印象づけられるとすると、そこには「様式」に近いものが発酵していると見られます。様式はとりあえずモードのことだと思っておいてください。

さまざまな文化様式が何かを伝えてきます。ゴシック様式やバロック様式やロマン派様式のように建築や美術や音楽の作品群が伝えてくるものもあれば、縄文土器やカシミールの織物やフランス料理のように素材や形状や味が伝えてくるものもあります。かばん、自転車、フライパン、折り畳み傘などの道具的なものにも、新聞・雑誌、テレビ番組、ウェブサイトといったメディアやコンテンツにも、文化様式の芽生えやモードの成熟や断絶が感じられます。たとえばスカートは、つねに時代社会をあらわすモードそのものでありつづけている文化様式です。

なぜ文化現象から様式的なものが感じられるのでしょうか。デザインが施されているからなのか、人気が出たからなのか、たんにトレンドになったからなのか。それもありますが、地域文化や商品文化や世代文化から特徴的な「さま」が出てくるからなのです。この「さま」は様式というよりも様子や様相です。しかしこの様子や様相がプロデューサーやディレクターやデザイナーによって強調されたり、意匠化されたり、フィギュア化されたりして、気がつくと文化現象になっているのです。

様式的なものが醸し出されていることを、日本では「さま」(様)といいます。あるいはその「さま」は人々の言動や衣裳や作りものにあらわれます。その「さま」を先頭を切ってあらわす人物としてあらわれる(そのようなリーダーは広い意味でのファッションリーダーです)。また、その「さま」は時代の変遷を経たうえで、似たような恰好で出てきます。たとえば九〇年代前半に札幌に出現した「よさこいソーラン」は、八〇年代の原宿の竹の子族や、その前の盆踊りや、さらにその前の風流踊りや「かぶきもの」やバサラを背景に突出してきたものでした。「ナリフリかまう文化」は歴史の中からもいろいろ滲《にじ》み出してくるのです。

日本文化は「さま」の力によって、さまざまな共感をもたらしてきました。「杉の文化」「利根川の文化」「里山の文化」などは自然観や景観が培ってきた「さま」を伝え、障子の文化、包丁の文化、校庭の文化などがもたらす「さま」は日本の社会に欠かせないメッセージ性をもちます。セーラー服の文化、ルーズソックスの文化、ツケマの文化は日本の少女たちの連帯意識と矜持《きょうじ》と流行感覚の「さま」を雄弁に語っているのです。

このような「さま」にはスタイルとモードが編集されています。これらはれっきとしたジャパン・モードやジャパニーズ・スタイルなのです。これらはジャポニズム（日本趣味）やジャパニズム（日本主義）ではなく、ロマネスクやアラベスクがそのように語られてきたように、ジャパネスク（日本様式）なのです。

日本的モードをあらわす言葉

日本にはスタイルやモードをあらわす言葉（用語）がいろいろ試みられてきました。まとめると代表的には「風、様、流、式、派」があります。

和風・洋風・中華風・南仏風などというときの「○○風」という言い方、和様・唐様・天《てん》竺《じく》様などというときの「××様」という言い方、小笠原流・花柳《はなやぎ》流・藤間流・我流などというときの「△△流」、和式・洋式・中山式・公文式などというときの「◇◇式」、琳《りん》派・尊王派・水戸学派・維新派などと呼ぶばあいの「▽▽派」というふうに、いろいろです。

あらゆる流儀やモードに関して「風、様、流、式、派」があると思っていいでしょう。日本文化の議論をしたいときは、ここから入っていくとわかりやすい。

これらのうち、最も広い日本的モード用語は「風」です。「風」という文字言葉は風土・風景・風光・風味・風采・風体・風流・風情・風合などさまざまな熟語となって、たいていは「それは○○風だ」「○○みたいだ」という意味につかわれてきました。かつて私は『花鳥風月の科学』(中公文庫)に、日本人が外からやってくる情報動向に対して最初に感じる雰囲気やニュアンスは、たいてい「風」の到来として受けとめてきたと書きました。空海はそのことを「風気《ふうき》」とまとめて呼んでいます。

これに対して「△△流」「◇◇式」「▽▽派」の「流」や「式」や「派」は流派や流儀、あるいは方式や方策や党派性のことをさすことが多く、こちらはスタイルに関するメソッドやシステム、あるいは傾向やスクールやエコールをあらわしています。

文化の様式にいちばん近い言い方は、やはり「××様《よう》」の「様」だと思います。もともと「よう」とも「さま」とも読みました。おおむね「××のように」という意味にしたいときにつかいますが、歴史的には「和様・唐様・天竺様」という表現がそうであったように、建築や絵画や書のスタイルやモードを言いあらわすときにつかってきました。とくにニュースタイルが登場したときは「新様」というふうに言いました。水墨画に如拙や明《みん》兆《ちょう》のスタイルがあらわれたとき「しんやう」(新様)という評判が立ったものでした。

　しかしながら「風、様、流、式、派」という言い方は、いずれもいささか漢語っぽいので、これらをジャパネスクにまとめて言うには「なり」や「ふり」、あるいは「ナリフリ」と見るのがいいように思います。

日本文化のナリフリ

　ナリとは「身なり」のナリ、生業《なりわい》のナリです。「成る」にもとづきます。成り行きのナリです。フリは「振り付け」のフリ、「久しぶり」のフリ、「振り返る」のフリですから、所作やジェスチャーのことですが、もっと含みがある。

　この二つをくっつけると「ナリフリ」になり、さらに含みのある言葉になって、それが日本文化のスタイルにもモードにもなるのです。

　日本人はかなり以前から、このナリフリを磨いてきました。かまってきた。ナリフリを重視することで「様」というものをつくりあげてきたのです。ハイソサエティでも庶民文化でも同じことでした。衣冠束帯《いかんそくたい》をととのえる、十二単衣《じゅうにひとえ》に身を包む、書を認《したた》める、お膳に着く、ハレの出来事で紋付羽織を着る、消息（手紙）を書く、花を飾る、野良仕事の身なりをする、隣り近所に挨拶をする。みんな同じです。

渡世人や無宿者にもナリフリがあり、三つ編みの仕方やセーラー服の着方にもナリフリがあり、教職員室の先生たちにもナリフリがあるのです。それがあまりに身についていないと、それは「場ちがい」だとか「粗相《そそう》」だとみなされました。べつだん粗相があってもいいのですが、あまりに乱れた状態が続くと、そこからソーシャル・モードが読み取れないということになる。日本文化のスタイルやモードの原点は互いに互いの「様がわかる」ということが大事だったのです。

そうしたモダリティが前提になったうえで、さらにその水準をハイパーに超えていくものが生まれたとき、そこに「伊達《だて》」や「粋」や「通」が出現できたのです。

「粋」と「野暮」

江戸時代の半ば、「地味」とか「派手」とか、また「粋《いき》」とか「野暮《やぼ》」という言葉がつかわれるようになりました。だいたい元禄から享保にかけて、また宝暦から天明にかけてのことです。

地味と派手は、日本人が何かを見るとき「地」と「柄」を分けて味わっていたことから、柄（図柄・模様）があまりなくて、地（地色・地模様）の味で勝負しているときに「地味好み」が強調され、地と柄の組み合わせが目立って映えているときに「派手なさま」が強調されたものです。派手は「映え手」のことで、この「手」は三味線の弾き方や職人の手《て》捌《さば》きの「手」に関係しています。いまでは「ド派手」とか「ジミハデ」とすら言うようになっている。

　地味と派手はまさにスタイルやモードに関する評価の言葉ですが、ここまではたんに「シック（chic）か、ファンシー（fancy）か」ということで、べつだん特別なことではありません。ところがそこに江戸用語の真骨頂ともいうべき、あるいは日本的美意識の究極の言いあらわしともいうべき「粋」や「通」や「いなせ」という言い方が登場した。これは日本文化のナリフリに関する極上の用語の登場でした。

　まず「粋」ですが、これは江戸では「いき」と読み、京・大坂では「すい」と読みました。読み方がちがえばニュアンスもちがってくるのですが、ここでは「粋」はほぼ「洗練されている」という意味だと思ってもらえばいいでしょう。しかし、たんに洗練されているのでなく、その洗練を内側に秘めた当人がナリフリそのものになっていることが重要なのです。

このことがわかるには、一人の哲学者のヒントを借りたほうがいいでしょう。それは九《く》鬼周造《きしゅうぞう》です。

九鬼周造に『「いき」の構造』(岩波文庫)という一世を風靡《ふうび》した著書があります。九鬼はここで、江戸紫の色味、抜《ぬ》き衣紋《えもん》の色気、少し略式の髷の具合などを語ったすえに、粋には「寂しさ」「恋しさ」「媚態《びたい》」「意気地」「あきらめ」が肝要になるということを書いています。驚くべき言及でした。それまで「粋」を哲学した者などいなかったし、どうして「寂しさ」と「意気地」が「媚態」と「あきらめ」と一緒になると粋なのか、すぐには見当がつかないかもしれません。けれどもここがとても大事なところなので、少し説明します。

九鬼周造が探究した「寂しさ」

九鬼は日本で初のアメリカ全権大使になった九鬼隆一《りゅういち》男爵の子で、お母さんは祇園の芸者だった星崎初子です。初子がアメリカ滞在中に身ごもって、こんな外国の地で赤ちゃんを産むのはいやだからといって、男爵に随行していた青年、岡倉天心にエスコートをしてもらって船で横浜まで戻って生まれたのが九鬼周造です。ところが初子はそのあとおかしくなって精神病院に入り、そのまま死んでしまいます。

そのことを九鬼はあとから知るのですが、青年になって東京帝国大学で哲学を学ぶうちに、どうしても日本文化には「寂しさ」があることに関心をもち、その精髄を哲学したくなり、哲学の本場のドイツやフランスに留学します。そのころ学生だったサルトルを家庭教師にして、リッケルト、ベルクソン、フッサール、ハイデガーといった当代最高の哲学者たちに学ぶのですが、どうにも西洋の哲学では日本文化にひそむ寂しさが説明できないことを知ります。

また、ヨーロッパ滞在中にしきりに聞きたくなったのが歌沢《うたざわ》のお師匠さんの声であったことにも思いが至り、帰国してさっそくとりくんだのが『「いき」の構造』でした。歌沢は清元《きよもと》や新内《しんない》から分かれたもので、江戸後期の武士が好んだ俗曲《ぞっきょく》です。

九鬼は母のことを想いながら、「寂しさ」とは他者との同一性が得られないことであること、西洋哲学では同一性が追求されるのでそれでは日本文化を語れないこと、日本文化を語るにはむしろ異質性への憧れが探求されるべきであることなどを考えて、そのようなテーマには「いき」（粋）を選ぶのがふさわしいと決断しました。

そして「いき」はどこにあらわれるのかを考えた。九鬼は遊郭と遊女を想定し、遊女が発する粋が「浮かみもやらぬ、流れのうき身」にあることに気が付きます。そこには永遠も同一性もありません。「苦界《くがい》」があるだけです。けれども遊女たちは意気地をもって、そこを飛翔する。まるで瞬時だけに恋しさをあらわしているかのように、粋の気分を一身にあらわすのです。

こうして九鬼は、粋には「寂しさ」「恋しさ」「媚態」「意気地」「あきらめ」が発現されているとみなしたのでした。無常観につながる哲学ですが、九鬼はそこに粋な色気を付け加えたのです。


九鬼周造が解明した「粋」は、ヨーロッパの思想をつかわないで日本文化の真髄を深めていく哲学のためのものでした。つまりは日本哲学です。九鬼の言葉でいえば、「可能が、可能の、そういうふうになるところ」に日本哲学の根拠をおこうとしたのです。その象徴が「粋の哲学」だったのです。これはまさにナリフリの行方に全貌を見ようとする哲学でした。

九鬼には「私は端唄《はうた》や小唄を聞くと、全人格を根底から震撼《しんかん》するとでもいうような迫力を感じる」という文章があります。私が大好きな一節ですが、九鬼が見据えた「粋」もそういうものだったと思います。

もっとも、「粋」を九鬼のように考えなければならないということはありません。「小《こ》粋《いき》」とか「小意気」という言葉があるように、もっと淡泊でさらっとしたところもあると見ておくのも必要でしょう。第八講の「小さきもの」でも触れたように、ショートカットができるのも日本文化のいいところなのです。ただ「純粋」や「抜粋」という言葉が「純度をきわめる」とか「いいところだけを抜く」という意味をもつように、本来の「粋」はまじりっけがない美意識によってこそ担われていたのでした。

いなせな男、伊達な女

さて、江戸っ子たちにとって、粋は遊女だけのためのものではありません。男にもあてはまる。そのばあいは、たいてい「粋で、いなせ」というふうにつかわれました。「いなせ」は鯔背のことで（勢いのある魚の背の輝き）、もともとは魚河岸《うおがし》ではたらいているお兄さん方の素振りやナリフリが粋であることを言いました。「いなせ」をさらに勇ましい勢いのほうへ突っ込むと、これは「いさみ」になります。「勇み」です。

一方、男の「いなせ」や「いさみ」がしかるべき女性に向かうと、今度は「鉄火《てっか》」や「伝法《でんぼう》」などの、女性ならではの威勢のいい美しさになります。鉄火は鍛冶場の鉄が真っ赤に輝いているほどの強気なイメージをあらわす言葉で、しばしば「鉄火肌の姐《ねえ》さん」とか「伝法なお姐さん」というふうにつかわれました。伝法モードでは「伝法な口をきく」というように、言葉づかいまでが強気の粋だったのです（ちなみに寿司の鉄火巻や鉄火丼は赤い鉄に色が似ているために付けられた名称です）。

この感覚を下町娘にもっていくと、こちらはちょっとコギャルめいた「お俠《きゃん》」になりま

粋なジャパネスク

装いは、時代の心をうつし、振舞の姿を浮かびあがらせる。
江戸時代、都市の発展とともに経済力をもった町人たちは
「粋」と「通」を競ってお洒落に身をやつした。

①右手に懐中鏡をもち、
左手の刷毛で白粉をのばしている女性。
日本髪を②櫛と③簪（かんざし）で整えた。
④半纏（はんてん）を羽織る江戸の火消し。
⑤江戸の粋をモダン化した小村雪岱の「傘」。

②

①

③
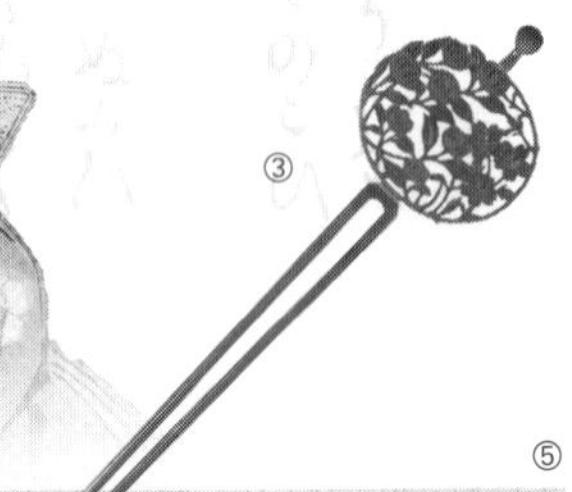

④
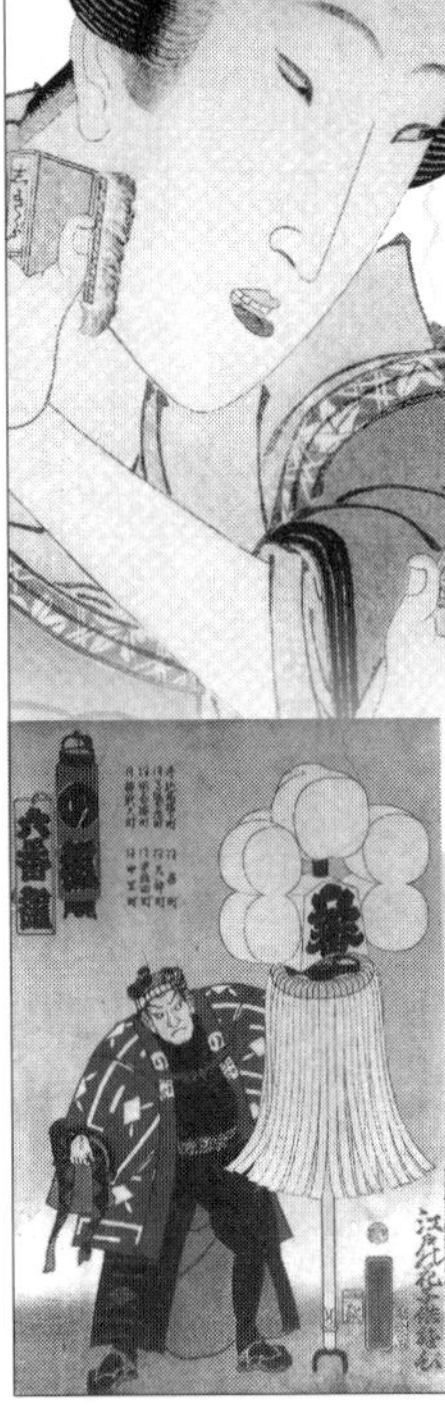

⑤

す。任侠《にんきょう》や侠客《きょうかく》の「侠」がコギャルに向かったのです。このあたり実に軽快な江戸ナリフリ用語の使いまわしです。「伊達《だて》」や「婀娜《あだ》」という言いっぷりもあった。伊達は女性が男気を見せることで、その意気込みに男がたじたじになるような気《き》っ風《ぷ》を言います。婀娜はセクシーとかコケットリーとはちょっとちがって、そこにやっぱり日本女性の気っ風が差しこんでいるのです。

江戸ナリフリ用語の最後に「通《つう》」をあげておきます。「通」は「通じる」からきたコンセプトで、カッコいいことならとことん通じているという意味をもっています。

だから「芝居の通」から「植栽の通」まで、「和算の通」から「相撲の通」まで、「朝顔の通」から「桶《おけ》の通」まで、どんなジャンルにも「通」がありえました。かれらは「通人」とも「粋人」ともいわれ、宝暦・天明の時代では「十八大通《じゅうはちだいつう》」ともてはやされた通人がずらっと揃ったものでした。その多くが札差《ふださし》や遊郭の主人で、全員が号をもち、全員が俳諧や川柳の名人で、全員がたくさんの贔屓《ひいき》やパトロネージュを買って出たのです。

十八大通があまりにカッコよくて羽振りもよかったので（この「羽振り」もナリフリのフリです）、これをまねする者もたくさん出たのですが、こちらはたいてい「半可通《はんかつう》」と呼ばれて、ダサイ目にあいます。また、まったく「通じていない」者たちは、まとめて「野暮」とか「野暮天」とみなされました。

私は「通」については、日本文化を語るにふさわしい用語を思いついたものだと感心します。「詳しい」ではなくて「通じる」という言い方がなかなかなのです。詳しくなりすぎて袋小路にはまるのではなく、気になる「そこ」を通りすぎていくというイメージがあって、そこがスタイルやモードを重視する様子や様相をのこしていて、なるほど、なるほどなのです。

川久保玲《れい》のコム・デ・ギャルソンと山本耀司のヨウジヤマモトは昭和後期に新たな「通」を提示しえたと私は見ています。欧米も二人のファッションを絶賛しましたが、おそらくその九鬼周造的な意味は、まだわかっていないように思います。

第一四講

ニュースとお笑い

「いいね」文化の摩滅。
情報の編集力を再考する。

笑いを欲しがる社会

ここで「ニュース」と「お笑い」を一緒に語ることに、やや違和感をもつ読者がいるかもしれませんが、この二つはともに「情報」の伝え方に文化のフォーマットがあるという点で、大きなちがいはありません。情報文化はたいていフォーマットをもって世に出回るのです。

それに、ニュースと笑いはそもそも相性がいい。戦後日本を例にすると、新聞には「フクちゃん」「サザエさん」「轟《とどろき》先生」このかた、四コマ漫画がずっと載っているし、お笑い芸人には西条凡児《さいじょうぼんじ》、コロムビア・トップ・ライトから爆笑問題やナイツまで、時事ネタが定番中の定番なのでした。もっともこれらは世界中の新聞やボードビリアンがやっていることなので、日本特有とは言えません。風刺（satire）は世界共通です。

ただ、日本社会ではニュースとお笑いはやや特別なものになってきたと思えます。日本社会ではマスメディアが大きな影響力をもっています。こんなに発行部数が大きい新聞が成立してきたのは世界でめずらしく（いまは読売が発行部数トップです）、自由民権運動時代が最もさかんだったのですが、どんな地方や結社もまず新聞で勝負をしようとしたのも、めずらしいことでした。

最近のお笑いタレントのブームも異常なほどに日本的です。コマーシャルから官公庁の親善大使まで、「桜を見る会」からコメンテーターまで引っ張りだこで、知事にも代議士にもなってきた。日本がこれほどまでに笑いを欲しがる社会になってしまっていることは、むしろ警戒したい何かが露出しているかのようです。テレビの例でいえば、歴史番組にも食レポにも、選挙報道にもワイドショーの司会にもお笑いタレントが必要だなんて、ちょっと片寄りすぎました。

ここで考えてみたいのは、日本人は「情報」というものをどう捉えてきたのかということと、情報をいつどのようにニュースと笑いに切り分けたのか、日本文化にとってニュースと笑いとは何であったのかということです。私の専門からいえば、どちらも「編集の掛け方」による相違なのですが、そこに日本の社会文化がいろいろ反映していると見たいと思います。

日本人の表現性が和歌・連歌・俳句からスポーツ紙や週刊誌の特集見出しやテレビのフ

リップにいたるまで、すこぶるヘッドライン的であることなどが注目されるのです。

時事と風刺の歴史

近世ヨーロッパではニュースと笑いは同時に登場していました。イギリスのコーヒーハウスでのことです。コーヒーハウスには「スペクテイター」や「ガジェット」といった小さいマガジンが出現し、そこにニュースとコント小説と広告とが掲載された。スウィフトの『ガリバー旅行記』やデフォーの『ロビンソン・クルーソー』といった小説は、当時は「ノヴェルズ」（新奇なもの、半端もの）と呼ばれ、半分まじめ、半分フィクショナルで、かなりのウケ狙いでした。けれどもヨーロッパでは、それが文学としての小説《ノヴェル》の原型になった。また「スペクテイター」や「ガジェット」もその後の新聞雑誌の原型になった。

時代をさかのぼって古代のヨーロッパでは、ニュースは人が届けるもの、また人が演じるものでした。ニュースのキャリアーは人であり、媒体（メディア）が人そのものだったのです。笑いはどうだったかというと、古代ギリシアには悲劇（トラジディ）も喜劇（コメディ）も笑劇（ファルス）もありましたが、そこにはたいていトロイアの陥落とか英雄の戦死といった大事件が織りこまれていたのです。そのニュースが舞台で朗々と演じられていたのです。

事件を演じるにあたっては、悲劇に傾くか喜劇に傾くか、基本的にはそのどちらかで、喜劇のばあいは必ず風刺の手法をとりました。アリストパネスの『雲』はソフィストたちの哲学を風刺したもの、『鳥』は裁判への風刺、『女の平和』はペロポネソス戦争の風刺でした。時事と風刺が、ニュースと笑いが渾然一体となっていたのです。

次のヘレニズム社会や古代ローマ社会になると、ニュースはあいかわらず人による伝達に頼っていましたが、笑いは寓話的に綴られることが多くなり、即興性も悦ばれるようになって、たとえば『イソップ物語』や『サテュリコン』（さかさま物語）などが出来上がります。このあたりから演じることから綴ることへの転換がおこっていったのです。

古代社会において、情報はコミュニカティブなものだったとは言えません。一握りの者が独占していたもの、それが情報というものでした。古代ペルシア帝国では各地に「王の目・王の耳」とよばれる情報兵卒がいて、事態に何かの急変があれば伝馬《てんま》式にニュースが伝えられました。この王とはギリシアを苦しめたアケメネス朝ペルシアのダレイオス大王です。情報は王とその政体が独占するべきものだったのです。それゆえ笑いは、その独占情報を風刺することをもって始まったのです。

「ミコトモチ」と「みことのり」

古代日本では、どうだったでしょうか。最も重要な情報は天皇が発しました。その情報はミコトモチが運びました。

ミコトモチとは「御言・持ち」のことで、御言《みこと》という天皇情報を一言一句まちがわずに伝達するのです。ダレイオス大王の「王の目・王の耳」と同じです。やがてミコトモチは「宰司」としてこの役目を管轄し、律令制の確立とともに国司として自立するようになっていきます。ミコトモチは役人になっていくのです。

古代社会ではすべての情報は上意下達でした。トップの上意は天皇です。天皇の言葉こそが情報であって、ミコトだったのです。ミコトはただ発せられるのではなく、しかるべきところまで届かなければなりません。それが「まつりごと」（政事＝祭事）というものでした。それゆえ、これらの前後のいきさつをまとめて「みことのり」と言います。これは詔勅《しょうちょく》のこと、インペリアル・エディクト（Imperial edict）です。

折口信夫は『村々の祭り』のなかで、ニニギノミコトがそのような最重要情報を神考《かぶろぎ》・神妣《かぶろみ》の言葉として最初に伝達した、と説明しました。ニニギノミコトは、高天原から猿田《さるた》彦《ひこ》の先導で天孫一族が降臨したときの総帥です。ニニギノミコトから数えて三代目がイワレヒコ（カムヤマトイワレヒコノミコト）こと、神武天皇こと、つまりハツクニシラススメラミコトでした（『古事記』では所知初国之御真木天皇、『日本書紀』では始馭天下之天皇）。実在は疑われていますが、初代天皇です。私も仮想天皇だったろうと思っています。

ちなみに折口のミコトモチ論については、最近になって安藤礼二が『神々の闘争』『折口信夫』（ともに講談社）に詳しく解説しました。二冊ともなかなかいい本なので、ぜひ読んでみてください。

祝詞に残る情報文化の起源

ニニギが「かぶろぎ・かぶろみ」から「みこことのり」を受けて最初のミコトモチになったという折口が強調した伝承は、古代日本の最も威力のある情報コミュニケーション回路を形成したと言っていいと思います。けれども、今日の日本ではその歴史のいきさつを重視しているとは思えません。

一方、キリスト教では「はじめに言葉ありき」が金科玉条です。ヨハネ福音書の第一章第一節に示された。最初に神の言葉（ロゴス）があって、それから世界が創造され、神の国ができたというふうになっている。キリスト教社会では、このことをみんなが知っていて、その意義を教会や学校で叩きこまれているのです。日本でも戦時中までは歴代天皇の名前をおぼえさせたりしていましたが、やめました。ただ戦時中もニニギの話までは学習しなかった。教えもしなかった。

原因があります。現人神《あらひとがみ》のことだけ、つまり現天皇のミコトだけを金科玉条にしてしまったからです。最近の日本では現在の天皇の言葉だけを重視するのです。ここがいつも歴史と現在をつなげる西洋社会とは異なるところです。


では、ニニギによるミコトモチ開始は、その後はなんらの注意も喚起されたかったかといえば、そうでもないのです。実は今日なお神社の祝詞《のりと》の冒頭でそのつど確認されていることなのです。ただ、みんなが気がつかないだけです。

聞きおぼえがあるかもしれませんが、祝詞は天津《あまつ》祝詞《のりと》の言葉で始まります。そこでは必ず「高天原にかむずまります、かむろぎかむろみのみこともちて……」というふうに始まります。漢字をまじえて綴ると「高天原に神留坐す、神漏岐・神漏美の命以ちて……」となる。「かむろぎ・かむろみの、みこともちて」と言っているのてす。

これを祝詞のたびに奏上しているのです。なのに、私たちは、そうなっているとはわかっていない。このことを誰も教えもしない。ちなみに、祝詞のラストはたいてい「天津《あまつ》神《かみ》国津《くにつ》神《かみ》八百万神等《やおよろずのかみたち》共に　聞こし食《め》せと　畏《かしこ》み畏みも白《まお》す」となります。

こんなふうに「カムロギ・カムロミ→ニニギ」という御宣託の情報の流れが、今日なお当初のミコトモチの事情として各地の神主によって日々くりかえされているということは、おそらく一般の日本人にとっては寝耳に水のことでしょう。

けれども神社の祝詞を聞くたびに「かむろぎ・かむろみ」という声が響いていることは、なんとなく聞きおぼえがあるはずです。でも、その意味は伝わってはきていない。こういうことはしょっちゅうです。日本人は日本の情報文化の黎明《れいめい》とその後の歴史的展開について無関心になってしまったのです。神々のかかわる出来事はタブーになったとはいえないまでも、あまり学習しなくなったし、みんなで話してみるようなことはしなくなってしまった。

しかし、ミコトモチの歴史には日本の情報文化の始まりがあり、ニュース文化の起源があったのです。

笑いの原点にいる神々

笑いの起源も神々とともにあったということは、ミコトモチの話よりはよく知られていることだろうと思います。アマテラスがスサノオの乱暴に呆れて岩戸の中に隠れてしまったときに、アメノウズメノミコト（天鈿女命）が陰部を見せるようなエロティックな踊りをして、それを取り巻いて見ていた神々たちの「笑ひえらぐ」声に、アマテラスが気になって岩戸から顔を出したという例の話です。

アメノウズメは巫女《みこ》やシャーマンのような役割の人物だったのだと思います。当時のシャーマンには人を鼓舞し笑わせる才能も役目もあったのです。彼女はニニギとともに天孫降臨したメンバーの一人で、神楽神祇《かぐらじんぎ》にかかわった猿女《さるめ》の始祖ともいわれます。

アメノウズメについては「おかめ」や「おたふく」のルーツではないかという説もあります。里神楽の定番になっている「おかめ・ひょっとこ」踊りは、笑い顔のおかめと口をとんがらせた「ひょっとこ」が二人でおかしく踊ってみせるもので、おかしな仕草や少し猥褻《わいせつ》な仕草をします。「ひょっとこ」とはいかにもおもしろそうな名称ですが、火吹き竹を吹いている「火男」を象《かたど》ったキャラクターで、「ひおとこ」の発音が訛《なま》って「ひょっとこ」と言われたものです。

おかめは実在の「お亀」さんのふっくらした容貌から発したものとも、のちの狂言の乙《おと》御前《ごぜ》の面が似ているところから、乙女の典型的な表情ともいわれるのですが、定説はありません。定説がわからなくなるほど広がっていったのでしょう。そのぶん現代にまでつながっています。小太りで眉毛を太くして頬を紅く強調した「おかめ」や「おたふく」は、今日なおコウメ太夫などをはじめとする太り目のお笑いタレントの「顔」や「仕草《しぐさ》」に反映しています。日本人はあの福笑いのような表情になぜか気がゆるむのだと思います。あるいは気を許すのでしょう。

熱田神宮に「酔笑人《えようど》」という神事があって、通称「オホホ祭」といわれています。一七名の神職が白装束で神面が入った箱を提げてしずしずと別宮の影向間社《ようごのましゃ》に向かい、そこで箱から面を出して代表がそれを三度叩いて「オホ」と言うと、笛を合図に全員が「オッホッホッホ」と笑うのです。これを神楽殿《かぐらでん》・別宮八剣宮《はっけんぐう》・清雪門《せいせつもん》でもくりかえすという、なんとも変わった奇祭です。

漫才の誕生

笑いは神々や世間にふるまうものでした。柳田国男は笑いをふるまう者を、まとめて「烏滸《おこ》の者」と名付けました。烏滸とは「おかしみ」とか「滑稽《こっけい》」という意味です。「おこがましい」も烏滸から出た言葉で、「出過ぎている、さしでがましい、あまりもばかばかしい」といった意味をもちます。

この烏滸が日本芸能にひんぱんに採り入れられてきたのです。里神楽の烏滸だけではなく、猿楽や田楽に入りこみ、ついでは狂言になり、さらに千秋萬歳《せんずまんざい》や近世の漫才芸や俄《にわか》に及んだのです。

千秋萬歳は正月の言祝《ことほ》ぎの芸能で、扇子をもった太夫《たゆう》と小鼓《こつづみ》を鳴らす才蔵とが二人一組になってめでたい芸をするもので、三河萬歳とも尾張萬歳ともいわれてきました。烏滸の「ことほぎ」ですから、当然におおげさです。ただしこのおおげさはバサラやかぶき者のおおげさではなくて、笑いに向かって出過ぎていったのです。

それが明治になって寄席や演芸場に呼ばれるようになると、しだいにスタンドアップ・コメディアンやダブルアクトのお笑い芸に転じていきます。

それを昭和初期に吉本興業の社長の橋本鐵彦《てつひこ》や総支配人の林正之助《しょうのすけ》が「漫才」と呼ぶようになり、ここに横山エンタツ・花菱《はなびし》アチャコが出現して、大ブームをおこした。それでも私の子供時代の寄席では、たとえば砂川捨丸《すながわすてまる》・中村春代《はるよ》のコンビが小鼓をもち、昔ながらの萬歳の仕草で当世風の「ぼやき」をしゃべっていたものです。

けれども捨丸・春代では戦後の日本人は笑えない。そのころ京都でラジオにかじりついていた子供の私も、中田ダイマル・ラケット、ミヤコ蝶々《ちょうちょう》・南都《なんと》雄二《ゆうじ》、夢路《ゆめじ》いとし・喜《き》味《み》こいしに大笑いするようになり、なんだかもっと徹底的に笑いたくなっていたものでした。その後にやってきたのがテレビが火をつけた漫才ブームで、横山やすし・西川きよし、西川のりお・上方よしお、オール阪神・巨人、ツービートでした。大いに笑わせてもらいましたが、さあ、そのあとがどうだったのかというと、少し心配です。

漫才が「ボケ」と「ツッコミ」に爆走していったのはよいとして、そのツッコミ役が次々に司会に転じていったのは（島田紳助→浜田雅功→上田晋也というふうに）、お笑いを拡散させ、テレビを一様にし、その後のお笑い芸人を「仕切り役やりたがり病」に向かわせすぎたように思います。

社会文化がモノカルチャー化している

コーヒーハウスの話から古代ギリシア・ローマをへて、一挙にミコトモチやアメノウズメの話からお笑い芸人の現状の話になってしまいましたが、話がこういうはこびになったのは、情報コミュニケーションの歴史がもともとニュースと笑いの両方とともに進捗してきたということを言っておきたかったからでした。ニュースも笑いも、情報の編集の仕方によって生まれた二つのヴァージョンだったのです。

だからこそ、この二つは互いにしっかりとした「根」をもつべきだろうと思います。もしもその社会のニュースと笑いが単調になりすぎたり、薄いものになっていたりするとしたら、その社会の文化はモノカルチャーに向かっていると言うべきでしょう。そういう意味で、週刊誌、ゴシップマガジン、イエロージャーナリズムはとても重要な役割を担っているのです。別の見方でいえば、ニュースをつくりだすジャーナリズムに思想が薄れているか、もしくは笑いが現場消費主義になっていて、かつての落語の三遊亭圓朝《えんちょう》や漫才作家の秋田實《みのる》のようなバックヤードの蓄積がおざなりになってきたというときは、警戒すべきなのです。いま、日本はややそういうふうになっているきらいがある。

そういうときは、どうするか。ニュースや笑いのもとになってきた「情報文化」の多様性や専門性や表現性を充実させるべきだと思います。そういう目で見ると、和歌の時代の日本の情報文化、浮世絵の時代の日本の情報文化、明治大正文学の情報文化、戦後まもなくの雑誌文化、六〇年代のビラ文化や週刊誌文化とくらべると、最近の情報文化はいささか見劣りがするといわざるをえません。

なぜ、そんなふうになったのか。それがネット社会による「いいね」文化の拡張のせいか、日本の反知性主義の蔓延のせいか、コンプライアンスと情報公開主義の定常化によるのかどうかは、にわかに判断しにくいけれど、私の実感ではこのところの日本の情報文化は「わかりやすさ」のほうに大きく流れていっていると思います。短時間で（それも数分間の単位）、ピンときたり、笑えたり、おぼえられるものが主流になってしまったのです。これは情報文化が細切れになっているということです。

編集力と情報

情報という言葉は「インフォメーション」(information) の訳です。明治で「情報」という言葉が登場したのはフランス語の“renseignement”を陸軍が「敵情を報知する」という意味で「情報」としたことに始まっています。その後、福沢諭吉が『民情一新』の中で“information”を「インフォルメーション」とそのまま抜き出し、おそらくは陸軍軍医でもあった森鷗外がそれに「情報」をあてはめたのだと思います。

しかし、ながらく日本語の情報は「インテリジェンス」(intelligence) という意味としてつかわれてきました。インテリジェンスは地政学的で、軍事的な諜報的情報です。

今日でいう「情報」の意味は、ユビキタスな情報環境をととのえるための通信や電話や電報が発達してから使われるようになったもので、敗戦後はインテリジェンスのほうの情報はあまり研究もされなくなりました。

その後、生物学で「遺伝情報」とか「生体情報」という言葉が広まってきて、そのうちシャノンの情報通信理論やウィナーのサイバネティクスが確立し、さらにはマルチメディアやAIが機能するようになって、生命情報も心理情報も、社会情報も機械情報も環境情報も、そのすべてが統計学的な情報として解釈されるようになってきた。いまや、大半の情報はビッグデータとしての情報の範疇で語られます。これはコンピュータに入るものすべてが情報コンテンツとみなされたのが大きかったからでした。

しかし情報はどんな情報であれ、編集されることによって情報力をもつはずのものだったのです。遺伝情報もニュース情報も、編集されてナンボです。知識も文学も技術も編集されてきた。編集されない情報はおそらくないといっていい。ニュースも笑いも編集されるのです。つまり、最近の日本の情報文化が低迷しつつあるとすると、これは編集力の低下によるものだったともいえるのでした。

「いいね」が摩滅させるもの

ニュース(news)は「新しいもの」という意味です。あふれかえる情報の海の中から、新しい出来事としてピックアップできる情報を「知らせる形」にしたもの、それがニュース(ニューズ)です。もともとインフォメーションとしての情報は「イン・フォーム(in-form)されたもの」という意味ですから、情報はそれ自体が「知らせる形」をもっているのですが、それをさらに新しい波頭にしていくのがニュースです。当然、何が新しいのか、尺度が必要です。

昭和四一年(一九六六)、日本新聞協会は万余の情報ソースがそれなりのニュースになりうる尺度があるとすれば、それは次の八項目がインディケータ(目安)になるだろうということを示しました。①新奇性、②人間性、③普遍性、④社会性、⑤影響性、⑥記録性、⑦国際性、⑧地域性、この八項目です。当たらずとも遠からずですが、いまやそこに「現場性」や「編集性」が躍如するかというと、そこが変質してしまっています。

ニュースは報道されるものですから、たえず取材が必要です。だから新聞記者も雑誌記者もテレビ記者も、どんどん取材する。一方、取材される側は書いてほしい情報をできるだけ外に向け、ヤバイ情報はなるべくフタをしたい。そこを記者が突破し、ライターが敷衍《ふえん》し、編集者が抉《えぐ》り、カメラマンが疾駆する。その駆け引きが報道文化をつくってきたわけでした。

ところが、ウェブ情報時代と監視カメラ時代がやってきて、なんでもツイッターでリークができてて、なんでもスマホでユーチューブに投稿できるようになってくると、以前の緊張した駆け引きはトーンダウンせざるをえなくなってきたのです。また監視カメラが街頭にも駅のホームにもタクシーの中にもゆきわたってくると、情報と行動は一緒くたになり、その「証拠」は自動的に抽出できるようになっていきました。

こうして「現場性」や「編集性」は〝緊張する情報群〟と直結していたという事情から後退せざるをえなくなってきたのです。

むろん、これらがまずい事態だということではありません。どんなきっかけからニュースが取り出されようと、それはそれで立派なニュースなのですが、このような自動報道性のユビキタスな広がりは、もうひとつの問題をおこしていたのです。それは、リークや監

オホ ふふ オホホ
笑っていいとも？

①

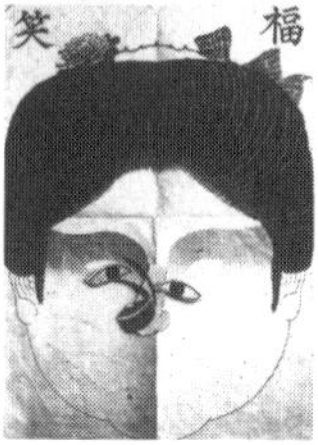

②

もともと神にふるまわれる「笑い」が
やがて芸能にもとりいれられ、
猿楽、狂言、漫才などの至高の芸となった。
①は熱田神宮の酔笑人神事。
②は縁起の良い正月遊び福笑い。
③は家々をまわり祝言や
こっけいな掛け合いをする三河万歳。

③

笑いを好む人々の欲望が多彩なメディアを生む。④は最古とされる江戸の瓦版。⑤は日本のゴシップ報道の先駆となった『萬朝報』。現在は⑥の『週刊文春』がその役割を担っている。

④
⑤
⑥

視カメラや「いいね」ボタンに引っ掛からない情報を摩滅させていったのです。その摩滅しつつあるものは何かというと、それが「文化」というものでした。

情報文化のダイナミズムを取り戻すために

かつて私は『情報の歴史』(NTT出版)という大複合年表を、数年をかけてつくったことがあります。政治・経済・社会動向・科学・医療・アート・商品・消費動向・流行・事件・人物・技術動向・メディア動向・環境動向を一緒くたにし、国とジャンルをこえて年代を追って並べてみたものです。

このとき、情報文化がありとあらゆる場面に染み出していくダイナミズムを如実に実感できました。たとえばエリザベス女王とイヴァン雷帝とスレイマン大帝と信長と家康は、数歳ちがいの同時代人なのですが、この時代の情報文化はまことに強烈で、実に充実していました。また、一九二〇年代の情報文化にはハイデガーもベルクソンもコクトーも菊池寛も柳宗悦も、シュルレアリスムも未来派もシェーンベルクも「タイム」も「文芸春秋」も、真空管ラジオもプロペラ飛行機もガンジーも正力松太郎も江戸川乱歩もカポネも呉越同舟で、どんなところからも極上で個性の激しい情報文化が噴き出ていました。

そういう時期とくらべる必要があるかどうかはべつにしても、昨今の日本文化は(世界の先進国の情報文化も似たり寄ったりではあるものの）、その特色がかなり薄くなっていると言わざるをえません。

本書は日本文化の際立つ特色をできるだけ強調するようにつとめてきたのですが、残念なことにその同じ目で最近の日本文化が語れないのです。それは情報文化の突起をSNSが拾えなくなって以来のことのような気がします。SNSはすべての情報をフラットにするだけでなく、アクセス数によってヒットしやすい順に並べ替えてしまいます。これは新聞が読者の投票によって毎日の記事を一面から組んでいるようなもので、かなりおかしな話です。しかもアクセス数が多ければ、フェイク情報や炎上情報が上位を独占する。ではここから何が変化してくるといいのか。容易に新機軸があるとは思いませんが、そのメルクマールは、ニュースと笑いがディープになることにかかっているように思います。

もうひとつ、気になることがあります。コンピュータ・ネットワークの技術が驚異的に発達して、ほとんどの情報がデジタル情報となったことによって、コンピュータ・ネットワークの集合体が超巨大な情報社会を形成しているということです。むろん日本もこの中に組みこまれている。

情報の本質は区別力にあります。グレゴリー・ベイトソンは「差異」と言いましたが、区別力と見たほうがわかりやすいでしょう。この情報の区別力は生命体がつくりだしたものでした。太陽系の中の惑星のひとつに生命が誕生したのは、無数にありうる物質の組み合わせに劇的な変化がおこって（海底のシアノバクテリアが光合成をおこして）、やがてアミノ酸やタンパク質による自己複製化や自己組織化が進むようになったからです。つまり情報を編集する力はすべて生命情報のしくみに起因していたのです。

かくして生物の多様な進化がおこり、ヒトが出現し、脳が複雑化して、言葉や道具がつくられた。これによって何がおこったかといえば、生命情報の編集のしくみが外部化され、人間はその外部化された情報を扱うようになり、文明や文化を構成することになったということです。文字と数字がそのための最も重要なツールとなります。

その後、時計や活版印刷や蒸気機関や紡績機や写真機や通信機が発明されると、情報の組み立てがしだいに自動化されることになりました。けれどもそれは情報の一部が自動化されるだけだったのです。

ところがチューリング・マシンが考案され、コンピュータとデジタル化の技術が出現すると、事態は一変した。驚くべきスピードで大量の情報がコンピュータ・ネットワークの中に入るようになったのです。のみならず、その大半がパーソナライズされて、個人の手元に届き、個人はそのデジタル情報世界を相手にするようになったのです。私がアップルのパソコンに出会ったのは三〇代後半のことで、そのときは画期的な電子文房具の登場に感動したのでしたが、それは認識が甘かったのです。それは「もうひとつの世界」のあり方の出現だったのです。

いまや、情報世界とコンピュータ・ネットワークは同義です。そこにＩｏＴやロボティクスが加わり、人工知能（ＡＩ）によるディープ・ラーニング（深層学習）が加わりました。お笑いはともかく、ニュースはこちらが圧倒的に吸収しています。編集工学を提唱してきた私としては、ここは大いに考えこむべきことが一挙に到来してきたことになります。

すでに私の前にはいくつかの課題がピックアップされています。本書は日本文化についての本なので、それに関連することだけをお知らせするにとどめますが、ここにはいくばくかの老婆心も差し込みます。

第一には、日本の電子文化は海外の情報機器に席捲されるのかどうかということです。これは日本の経済社会の情報インフラにかかわります。第二に、日本人によるソフトウェアやアプリがどのくらいヒットできるかということです。とくにインターフェースやブラウザーに日本的な工夫がほしいところなのですが、そこはどうか。

第三に、記憶や学習の方法に質的な変化がおこるのかどうかということです。これは今後の教育のカリキュラムに関係してくるでしょう。第四には、音楽や芸能がコンピュータに採り込まれることによって、本書でも話題にしてきた日本人独特の「間拍子」や「引き算」の感覚が後退するのではないかという心配があります。スマホに頼らないようにすれば、そんなことは心配無用かもしれませんが、さあ、これまたどうか。

第五には、以上とは逆に、日本人が電子メディアをもっと日本的なものにできることを期待したいということです。

これらは、まだ控えめの課題です。もう少し大きな課題としては「日本的情報文化論」のようなものを構想できる才能や研究者があらわれること、日本のマクルーハンや日本のウンベルト・エーコの出現を期待したいのです。

第一五講
経世済民

日本を語るために、「経済」と「景気」のルーツをたどる。

日本に広がる「症状」

二一世紀になって日本にやってきた黒船には、すでにいろいろなものがありました。リーマン・ショック、鳥インフルエンザ、北方四島返還停止、TPP旋風、中国による尖閣列島領有通達、韓国による徴用工賠償要求、5G技術の襲来、いろいろです。カルロス・ゴーンも〝背広を着た黒船〟だったのかもしれません。

政府やお役所がこれらの黒船に手をこまねいているわけではありません。徴用工問題にもマグロ・クジラ問題にも新型コロナウィルスの流入にも、むろん手を打ちます。けれども「やられっぱなし」ではないか、対応策がおかしくないか、国内政治と外交問題に効果的なバランスがとれているかといったら、かなりおかしな状態が続いていると言わざるをえません。とくにデフレ対策は国内問題とも経済外交問題ともいえるものですが、いつのまにかインフレ対策と取りちがえてしまうようなことになっています。

政策のミスリードはどの国でもおこっていることですし、集団や個人が思索や行動を組み立てるときにもおこっているので、政府と役所に文句をつければそれですむということはありません。トップ・ディシジョンのミスリードを社会科学では「合成の誤謬」とか「自己実現予測の失敗」と言うのですが、これはトップ・ディシジョンだけではなく、多くの人知の判断におこっています。

しかしそれにしても、小泉劇場からの政治には、日本が何を考えるべきかという根幹についてのミスリードや、もしくは日本の戦後政治が「こうせざるをえない」「こんな手を打つしかない」というふうに竹に松や杉を接いでいるうちに、思考や行動のプロセス（いわゆる政策決定プロセス）そのものが、当の本人たちにも見えなくなってしまったという症状があらわれていると指摘したくなるものがあります。

ところが、その症状を適確に指摘しようとすると、けっこうむつかしい。そもそも戦後の日本人の大半は自民党政治と高度成長経済の〝恩恵〟のなかで育ってきたわけですから、この水槽の外から事態の進捗を見ることができなくなってもいるのです。とくに何がどこでどのように決定されているのかが、わからなくなっています。

では、外から見たらどう見えるのか。ときに、辛口の傍目《おかめ》八目《はちもく》に耳を傾ける必要がありそうです。

日本を支配するフィクション

カレル・ヴァン・ウォルフレンに『日本／権力構造の謎』（早川書房）という二冊組の本があります。ウォルフレンはオランダの新聞の極東特派員をながく務めて、「フォーリン・アフェアーズ」の一九八六〜八九年の冬号に書いた「ジャパン・プロブレム」が評判になったので、これを機に本格的に日本の権力構造の歴史と現在にとりくんだジャーナリストです。

ウォルフレンの言う「ジャパン・プロブレム」とは、八〇年代の日本に疑問をぶつけたもので、自動車をはじめとする日本の輸出品の優位がアメリカの怒りを招き、いわゆるジャパン・バッシング（日本叩き）がおこっていたとき、日本は基本姿勢を改めなかったばかりか、そのような姿勢をとることの説明をしなかったのはなぜかというところに発していました。

ふつうなら、この反応は日本がナショナル・インタレスト（国益）を守るべき明確な意志や意図があるからだと想定できることで、そういう意志や意図があっていっこうにかまわないはずなのですが、ところが当事者間の交渉のプロセスを見ても日本研究者たちの分析によっても、どうもその意志も意図も明確ではないのです。「失礼しました、できるだけ改善しましょう」と言っているだけなのです。

　そこでウォルフレンは次のような推理をせざるをえないと考えます。それは、日本にはおそらく三つほどのフィクション（虚構）があたかも現実のようにはたらいているにちがいなく、それが日本を「変な国」にさせているのだろうというものです。

　一つ目は、日本は主権国家として最善のナショナル・インタレストの選択をしていると諸外国から思われているが、実はそのようなことができない国なのではないか。だから何かが欠如しているか、何かを粉飾してきたのではないかというものです。

　二つ目、日本は自由資本主義経済を徹底していると主張しているけれど、どこかでごまかしているか、さもなくば内側では別の経済文化行為を許していて、外側の顔と内側の顔を使い分けているのではないか。そういうふうになっていても、そのフィクションを国民が納得して許容しているのではないかというのです。

　三つ目、日本には世界中がまだ理解できていない名付けにくい体制、たとえばかつての武家制度や天皇制がそうであったような、海外からは理解しにくい体制をどこかに温存しているのではないか。しかし、もしそうだとしてもその体制について日本は自覚も説明もできていないのだろうというものです。

　この三つのフィクションが絡んで動いているだろうだなんて、ジャーナリストとしても鋭いし、日本論としてもなかなかユニークです。穿《うが》った見方だとは思いましたが、私はおもしろく読みました。

権力が行方不明の国

ウォルフレンは、日本には本物の権力があるのかどうかを問うた。権力構造にいいかげんなところや、不首尾なところがあるのではないかという疑問をもった。もし欧米社会でそのようなことがあれば、たちまちその権力は解体するはずです。でも、日本はそうならない。だとしたら、それはどうしてそんなふうになったのか。ずっと昔からのことなのか、それとも最近のこと、つまり敗戦後のことなのか、そこに分け入ろうとしたのです。

日本国憲法が定めるところでは、日本は議院内閣制の民主主義国家です。主権は国民にあり、立法権は選挙で選ばれた議員によって構成された国会にあります。したがって国会は法的にはすべての決裁者であるわけですが、ウォルフレンが見るところ、日本の国会は両院ともにそうなっていない。議題はたくさん出入りしているけれど、野党は「内閣なじり」ばかり、与党は「責任のがれ」ばかりです。

両院から委任された行政府として内閣がつくられ、そのガバメント（政府）のトップに内閣総理大臣が立つわけなので、行政権すべての決裁者は首相にあるのですが、日本の首相は自民党政治の領袖《りょうしゅう》を争うだけで、国家の行政責任をまっとうするための権力を掌握もしていないし、行使もしていないというふうに、ウォルフレンには見えたのでした。

国会と首相が国家の権力を掌握していないとすると、これに代わって権力を動かしているのは官僚か財界かということになりますが、どうもこの両者にも権力が集中していません。どこかの役所や官僚のリーダーが目立つことはなく、大半の官僚の見解は政府の見解の「下支え」か「上塗り」が多い。経団連が国家の指針に対して明確なオピニオンを発表したことなどないし、有効な助言をしているとも感じられない。おそらくボスが多すぎて、両方ともに決定的なボスをつくれないか、つくらないようにしているのです。

国会、首相、官僚、財界が権力の中枢をつくりきっていないのに、日本のどの部門も中央集権的な組織になっているのも解せません。それぞれの団体、たとえば警察、農協、日教組、日本医師会、法曹界、体育界などは中央集権的にできているのに、それらが組み上がった全体としてのパワーシステム（権力構造）は、どこにも体現されていないのです。

多少疑わしいのは自民党で、ここにパワーシステムや中央集権の秘密があるのかもしれないと、ウォルフレンは時間をかけて調べるのですが、いくら調べてみても、どうやら自民党には派閥のパワーバランスがあるだけで、あとは「利益誘導」と「集票マシーン」が動いているばかりです。予算も財務省や各省庁に握られている。

中央集権力は中央の力が地方の末端に及ぶことでもあります。けれども日本のばあいはその「押さえ」は地方にばらまく地方交付金や「補助金」に頼っているようで、それは政治意志や権力意志ではなく「お金」なのです。

野党は野党で、のべつ権力奪取の声はあげているものの、それは与野党の力の逆転を選挙でどう勝ちとるかというところに主眼があって、あんなに時間があるはずなのに政治哲学を磨いているとは思えない、それが証拠に国民は野党の政治哲学に賛同して投票しているようではない。また政治哲学を磨くには、あまりに政党改変をしすぎている。

こうなってくると、残るは警察権力と自衛隊と保守的圧力団体のどこかの深部に権力中枢の発動源でもあるのかという陰謀小説のような推測になってくるのですが、そういうものがこの国でひそかに動いているとは思えません。

たとえば日本の警察権力は各国とくらべてみてもなんら遜色がないし、犯罪発生率や不正検挙率などを見ても格段の腕前をもっています。極度に中央集権化されている度合いも国内随一のようです。もしも野心を抱く一派がクーデターをおこすとすれば、公安警察と機動隊を握っている警察権力が一番の力をもっているといえます。

けれども日本の警察にはナショナル・インタレストに対する意志がないように思えま

す。好意的に見れば国内の正義と安定にはすばらしい機能を発揮しているとしても、対外的にナショナル・インタレストを守っているようには見えません。日本の評判やプレステージを高めるという意図もない。

自衛隊はどうかといえば、こちらは日米安保体制に骨の髄までしっかり縛られていて、にっちもさっちもいかないでしょう。三島由紀夫がかすかな望みをもったことはありましたが、自衛隊の隊員にも反逆の野望はひそんではいませんでした。私は「モーニング」連載時から、かわぐちかいじの『沈黙の艦隊』(講談社漫画文庫)のファンでしたが、ああいうことはとうていおこらないのです。

それなら他の保守的な圧力団体が何かを掌握しているのかというと、農協から神社庁まで、産業界から右翼勢力まで、政治権力をほしがっているとは思えません。自民党とボス交ができていればそれで十分なのです。これではどこからもジャパン・クーデターなど、おこりっこない。

いったいどうなっているんだ、利権の構造ばかりが目立っているけれど、国家や権力は無用の長物なのか、そんなことはあるまいとウォルフレンは考えこみます。そこで想定できたのは次のようなことでした。

哲学なき権力構造

日本の権力は、それがないなどとはいえないのだから、きっと極度に非政治的なプロセスでできているのだろう。そのシステムは欧米が規定してきた権力機構のしくみではなく、すなわち議会や内閣や官僚が制度的に掌握するのではなく、複合的なアドミニストレーター（管理者）によって連関的に体現されているのだろう。そう、想定したのです。

そうだとすると、そのしくみがパワープロセス（権力の行使過程）になっているだろうことはあきらかなので、またそのプロセスが中央集権的なプロセスになっていることもあきらかなので、それらがボディ・ポリティックス（統治の体制）としてのみ見えるようになっているということになります。そして、そう見えるような努力ばかりが尽くされているのではないかというのです。

一言でいえば、システムなきシステム、「権力中枢の不在を補うシステム」でできあがっているのが日本だというのです。日本の権力システムは部分と部分をつなぐアドミニストレーションの鎖でできていて、いわば関節技ばかりで決められてきたのではないかというのです。

リスポンシビリティ（行動責任）をとるけれど、アカウンタビリティ（説明責任）がとれないのは、説明する準備も哲学もないからだとも指摘した。

これはあまりにも情けない日本の実情を推定されたなと、ギクッとせざるをえないことですが、ではこの推定に代わることを日本はとりくんできましたか、たとえば大学やマスメディアはこの推定をくつがえす研究や提案をしてきましたかと、ウォルフレンは挑戦的な問いを投げかけたのです。

以上、ウォルフレンの見方には日本人が言いにくいところを突いたという点を含めて、なかなか興味深いところがあります。このあとも『人間を幸福にしない日本というシステム』(毎日新聞社)、『アメリカからの「独立」が日本人を幸福にする』(実業之日本社)、『日本を追い込む5つの罠』(角川書店)といった、かなり踏みこんだというか、そうとうお節介なタイトルの本も書いています。

辛口でユニークな視点が躍如しているように感じられますが、ここで冷静になってやや大局思想的なことを言っておくと、実はこういう論調は、海外の知識人に多いリヴィジョナリスト(日本見直し論者)がしばしば口にしてきた日本異質論に近いものです。だから、その多くの議論は欧米の定見に沿って日本社会に切り込んだだけとも言えます。

たとえば、日本はナショナル・インタレストを守る主体がいないという見方については(日本が国益を軽視したことなんてありません)、欧米がそのための主体を前面に押し出して交渉決議してきた近現代史からすれば、そういうふうに受け取られても仕方がないところですが、日本はもともと合議的だったと、最近は中長期的な外交折衝に切り替わっていると見れば、反論可能です。ただ、日本人はそのことを世界にわかりやすく説明できていなかったのです。

ウォルフレンが語っていないこと

言及されていないこともいろいろあります。日本が未曽有の敗戦国として東京裁判の判定の上に戦後社会を築いたこと、その戦後社会もＧＨＱ（連合国軍最高司令官総司令部）による指導にもとづかざるをえなかったこと、さらにその後も日米安保体制のもとに軍事力をコントロールされ、膨大な米軍基地を提供してきたこと、こうしたことが「日本のシステム」に多大な影響を及ぼしてきただろうことについては、ほとんど触れられていません。

ただ、日本もこれらのことを甘んじて受容し、政権も吉田茂から岸信介へ、岸から佐藤栄作へ、佐藤から安倍晋三へと同工異曲のシナリオをなぞってきたのです。ジョン・ダワーが『吉田茂とその時代』（ＴＢＳブリタニカ→中公文庫）や『敗北を抱きしめて』（岩波書店）であきらかにしたことです。

このあたりのことは、すでに日本人による議論も新しい説得力をもちはじめています。

ここでは中身の紹介を省きますが、たとえば加藤典洋《のりひろ》の『敗戦後論』（講談社→ちくま学芸文庫）や『戦後的思考』（講談社文芸文庫）、白井聡の『永続敗戦論』（太田出版→講談社＋α文庫）や『国体論』（集英社新書）、中野剛志の『日本思想史新論』（ちくま新書）や『富国と強兵』（東洋経済新報社）などは、日本の戦後社会が「合理システム」になりきれず、多分に「心情システム」になってきた理由や背景をよく説明しています。参考にするといいと思います。

ウォルフレンはまた、仏教や儒教や神道の影響をかなり過小評価していましたが、それはどうか。天皇制についてもほとんど言及していないのですが、これもどうか。日本というシステムを議論するには、まだまだ検討しなければならないことは多いのです。

ジャパン・コンセプトを検討する

検討したほうがいいことのひとつに、日本人は日本を説明したり解読したりするためのジャパン・コンセプトを、ちゃんと仕上げてきたのかということがあります。ウォルフレンが日本人は説明責任《アカウンタビリティ》を果たしていないと指摘したのも、その手抜かりや欠如についての文句でした。

本書ではそうした説明のために「和漢の境」「イノリとミノリ」「客神性」「神仏習合力」

「すさびと荒事」「数寄という方法」「粋」「型の思想」「まねび」「公家と武家と家元の意味」「市庭の拡張」「ナリフリ」などの説明概念を案内してきました。また、それを補うための柳田・折口の民俗学の見方をさまざまな角度で紹介してきました。ところが、これらはその言葉を聞くだけでは文化領域で活躍するコンセプト候補だと思われがちなのです。

私は日本文化にまつわるコンセプトやキーワードこそが日本社会を探究するための用語になっていったほうがいいと確信しているのですが、従来の見方では、もっと社会的なコンセプトや哲学的なコンセプトがほしいと渇望する向きも少なくないと思います。

そのため「善」の西田幾多郎、「霊性」の鈴木大拙、「風土」の和辻哲郎らの日本哲学が議論され、丸山真男の「日本の思想」や中根千枝の「タテ社会の構造」や土居健郎《たけお》の「甘えの構造」や、また山本七平の「空気の研究」や村上泰亮《やすすけ》の「新中間大衆」や山崎正和の「柔らかい個人主義」が、さらには河合隼雄《はやお》の「母性社会」から内田樹《たつる》の「辺境性」までが議論されてきました。

いずれも検討すべきものですが、このような試みだけでは少なすぎるのです。私はここに、古典からはたとえば空海の『声字実相義《しょうじじつそうぎ》』、慈円の『愚管抄』、荻生徂徠《おぎゅうそらい》の『政談』などとともに道元、世阿弥、二条良基、心敬、北畠親房《きたばたけちかふさ》、山本常朝、新井白石、平賀源内、本居宣長、上田秋成、三浦梅園、本多利明の思想を、近代の成果からはたとえば内村鑑三の「二つのＪ」や「ボーダーランド・ステート」論、清沢満之《きよざわまんし》の「二項同体」論や「ミニマル・ポッシブル」論、北一輝の「日本改造案」などを、戦後思想からはたとえば坂口安吾の「日本文化私観」、岡本太郎の「縄文」論、中村真一郎の「文人ネットワーク」論、山折哲雄の「日本文明」論、田中優子の「連」論、中沢新一の「フィロソフィア・ヤポニカ」論などを加えたいと思ってきました。

しかし、こうした検討とはべつに、ひっかかっていることがあるのです。それは、これまで無神経に説明概念を乱用してきたのではないか、その乱用にいったん歯止めをかけておいたほうがいいのではないかということです。

修身より大事な「格物致知」

江戸時代にクローズアップされ、戦前の日本社会でさかんにスローガンのように語られてきた「修身斉家治国平天下」という言葉があります。「修身《しゅうしん》・斉家《せいか》・治国《ちこく》・平天下《へいてんか》」というふうに区切って読みます。だからフレーズといったほうがいいでしょう。

これは『中庸』『論語』『孟子』に並ぶ四書のひとつの『大学』の一節に出てくるフレーズで、もともとは朱子が編纂したものです。寺子屋で大いに読まれました。二宮金次郎が薪《たきぎ》を背負って歩きながら読んでいる本、あれが『大学』です。

スローガンは、まあ、わかりやすいと思います。天下を治めるには、まず自分の身を正しくし、次に家庭をととのえ、そのうえで国家を治めて天下を平安にするべきだという意味です。まさに儒教儒学のモットーなのですが、日本はこのうちの「修身」をクローズアップさせ、道徳教育の看板にしてきました。しかし私は日本人がなぜ修身にばかりこだわったのか、疑問をもってきました。

実は、この四項目には前が付いているのです。とくに修身の前に「格物《かくぶつ》・致知《ちち》・誠意《せいい》・正心《せいしん》」という四項目があって、続いて「修身・斉家・治国・平天下」というふうになる。まとめて八条目といいます。

格物・致知とは「物に格《いた》って知に致る」ということで、万事万象の物の出来ぐあいを弁別し、そのうえで知を活用しなさいと説きます。ついで誠意・正心では知の意味をまっとうすれば必ずや誠に及ぶはずで、それによって心を正しくするといいのだと説く。それゆえ「格物・致知・誠意・正心・修身・斉家・治国・平天下」の八条目は、次のようになります。

知を致すには、物に格《いた》ることをおろそかにしてはいけない。物に格れば、しかるのちに知に致る。知に致ってのちに意《こころ》が誠になり、そののちに心が正しくはたらく。心が正しくはたらけば身が修まるところがわかる。身が修まれば家が斉《とと》のう。そうやって家が斉って

世を経《おさ》め、民を済《すく》う

日本はいったいどういう国なのか、そもそも日本人とはなにか。この国の本来と将来についての問題意識は、書物というかたちで、次々と世に出されてきた。国内、国外のジャパノロジストたちが日本の鍵と鍵穴を模索している。

初めて、国が治まる。国が治まれば必ず天下は平らかになるだろう。

これでわかるように、修身は格物致知と治国平天下のあいだにあるもので、とくに格物と致知を追究しないでは、正心も修身もないはずなのです。修身だけを切り離してはならなかったのです。それが明治の尋常小学校や昭和の小学校では「修身」の時間を設けて、道徳を学ばせることにした。

修身が道徳と同義語になったのは、福沢諭吉や小幡篤次郎《おばたとくじろう》らの慶応義塾派が「モラルサイヤンス」(moral science)を「修身」と訳したからで、べつにだからといってその翻訳に責任があるわけではないのですが、そこが日本人の悪いくせで、いったん言葉をピックアップすると、それを前後の脈絡から切り離してしまいました。

そうなると、別の意図だけが往々にして自立してしまうのです。修身を青少年の「心がまえ」のようなものにしてしまったのが、そのひとつでした。

私は「モラルサイヤンス」の翻訳は佐久間象山《しょうざん》が「東洋道徳・西洋芸術」と言ったような意味で、そのまま「道徳」といっておいたほうがよかったと思います。「道《どう》」が翻訳語に残響しているほうが、いい。東洋道徳の道徳は、その象山も傾倒していた陽明学では「知行合一《ちぎょうごういつ》」と捉えられていたもので、「心がまえ」というより、もっと実践的なスタンスやプレゼンスのことだったのです。

「経済」が失ったもの

もうひとつ、例をあげます。こちらは乱用されているというより、まったく疑いもなく使用されている言葉です。それは「経済」という言葉です。

いまや誰の口端《くちは》にものぼっている「経済」という言葉は、もともとは「経世済民《けいせいさいみん》」が略されてしまった用語でした。『荘子』斉物論《せいぶつろん》篇の「経世」と『書経』武成《ぶせい》篇の「済民」とが、春秋公羊学《しゅんじゅうくようがく》などのなかで合体したもので、本来は「世を経《おさ》め、民を済《すく》う」というふうに読みました。

経はタテの糸のことです。このタテの糸が世の中を治める基軸になるので、経は「おさめる」と解釈されます。したがって「経世」は世を経《おさ》めることになる。済は救済などの済で、「すくう」という意味ですから、「済民」は民衆を済うことです。つまり経世済民は国が国を保ち、国が世を治めるコンセプトそのものでした。本来のナショナル・インタレスト（国益）のために国はどうすればいいのか、それを考え、実行することが経世済民ということだったのです。

ところが、ある時期からこれが「経済」として略され、あまつさえエコノミー（economy）の訳語となりました。

この訳語は津田真道《まみち》や西周《にしあまね》が「ポリチャーエコノミー」(political economy)を最初は「家政学」と、ついでは「經濟学」と訳したとされているもので(そのほか「制産学」「理財学」という候補もありました)、かなりうまい訳だと思います。もともとエコノミーはオイコス(家)とノモス(制度)が合体したオイコノミーから出来ているので、家政学も経済学も制産学もがんばったのです。しかし、そのうち「経済」はエコノミックスだけをあらわすようになっていきました。ここからがうまくいかない。

いったん「経済」という言葉が一人歩きすると、そこには「経世済民」の意義はどんどん剝ぎ取られてしまいます。そのうち、経済は経世済民にかかわらない収益や利益を獲得する活動になり、戦後復興を誓った日本人は資本主義のセオリーとレトリックそのままの経済活動にひたむきになり、やがてはグローバリズムの渦中にあっというまに巻きこまれていったのでした。その経済は「お祓い」と「支払い」が両義性をもっているようなものではなくなりました。

今日では経世済民は政府の経済政策の代名詞になってしまっています。その中身は財政のプライマリーバランスを黒字にする、規制を緩和するか強化する、公共政策を拡大するか縮小する、増税するか減税する、自由貿易と保護貿易の対比を決めるといったことで、かつての経世済民というものではありません。

「景気」も「経営」もアートだった

わかりやすく「修身」と「経済」をとりあげてみましたが、ほかにも気になる用語の一人歩きはいろいろあります。

たとえば「景気」と「経営」という言葉です。これらはいまは誰もが「景気はどう?」「景気循環」「好景気」「うちの経営」「経営指標」「経営悪化」などと何のためらいもなくつかっている言葉ですが、景気はもともと和歌に余情を盛ることが「景気を付ける」ということでしたし、経営は水墨山水画の六法のひとつに「経営位置」(コンポジション)があって、そこから自立した言葉です。

水墨画の六法は謝赫《しゃかく》の『古画品録』が最初に言いだした技法論なのですが、たいへん興味深い。水墨山水は「気韻生動・骨法用筆・応物象形・随類賦彩・経営位置・伝移模写」で成り立っているというのです。景色を描くにはこの六つの心得が必要になるということです。そのひとつに「経営位置」があったわけです。

つまり景気も経営もアートだったのです。アートの語源はラテン語のアルス(技芸・方法)で、かつては絵画の描き方だけでなく、建築も医療も交易もアートですから、これは当然といえば当然のことです。

しかし、あるとき欧米からマネジメント用語がどっと入ってきて「経営」だけが脚光を浴びることになり、その後は「経営＝マネジメント」一辺倒になりました。私はいっとき日本ラグビーを代表する平尾誠二と語らって「マネジメントがあるならイメージメントもあるはずだ」という見解を共有したことがありました。『イメージとマネージ』（集英社文庫）という対談集になっています。いま、そんなふうにアートのように景気や経営が語れるビジネスマンが登場したら、さぞかしおもしろいだろうと思います。

ジャパン・システムを欧米型で語らなければならないと、思いすぎないほうがいいというのが、本講の結論です。やっと「ドコモ」「楽天」「アスクル」「スイカ」「あべのハルカス」「渋谷ヒカリエ」といったネーミングに、和用語が大手を振るようになってきたのです。次はジャパン・スタイルのための用語に堂々と和用語をつかってみるべきです。すでに習近平中国やイスラム諸国やアラブで産油国諸国が自国の価値観にもとづく制度用語を次々に試みているのだから、遠慮することなど、ありません。

第一六講
面影を編集する

一途で多様な日本。
「微妙で截然とした日本」へ。

「面影」が好きな日本人

神田川に面影橋《おもかげばし》という橋がかかっています。歌川広重の「名所江戸百景」には「高田姿見のはし／俤《おもかげ》の橋砂利場」として「姿見の橋」「面影の橋」というふうに並んでいる。

面影橋には、江戸の町をつくった功績で知られている太田道灌《どうかん》の有名な逸話がのこっています。道灌が雨に見舞われて近くの小さな家で蓑《みの》を借りようとしたところ、若い女が何も言わずに一首の歌を差し出した。そこには「七重《ななえ》八重《やえ》花は咲けども山吹のみのひとつだになきぞかなしき」とあって、道灌にはその意味がわからなかったのですが、のちに「実のひとつだに」と「蓑ひとつだに」が掛けてあることを知り、その若い女やその近くの橋のしみじみとした面影に耽ったという逸話です。

私が早稲田に通っていたころは、都電の荒川線がまだ昭和の趣向を走らせていたころで、面影橋という停留所は当時のフォークソングのせいか、学生たちのあいだでちょっとした名所になっていた。天野滋が作詞した『面影橋』（君のぁぁ名前を呼んでいたい面影橋で）がはやっていて、これは大阪の面影橋のことですが、及川恒平の『面影橋から』もよく唄われた。

その後も「面影」という言葉は、日本のポップソングにはしょっちゅう出てきます。とくに有名なのは松任谷由実の『春よ、来い』でしょうか。「淡き光立つ　俄雨《にわかあめ》　いとし面影の沈丁花　溢るる涙の蕾《つぼみ》から　ひとつひとつ香りはじめる」と始まり、「春よ　遠き春よ　瞼《まぶた》閉じればそこに　愛をくれし君の　なつかしき声がする」というふうになる。瞼を閉じて沈丁花の面影を偲んでいる歌詞でした。

ハイ・ファイ・セットには「このまま離れたら　真夜中のどこかへ　やさしい面影を失くしてしまうけど」という歌詞の『真夜中の面影』があったし、沖縄では面影のことを「ウムカジ」と言うのですが、ネーネーズがその愁《うれ》いを唄っている。面影ラッキーホール（現・Only Love Hurts）という、ちょっと危ない歌を好んで唄うバンドもあります。

私はエレファントカシマシの宮本浩次をおもしろいと思っているのですが、そのエレカシにも『面影』があった。一番に「あの夏の日と同じ面影さざめく」、二番に「あの夏の陽と同じ面影きらめく」と出てきます。なぜ日本人は面影が気になるのでしょうか。現実よりも記憶のほうが好きなのでしょうか。

「ない」のに「ある」もの

吉田兼好の『徒然草』に、「名を聞くよりやがて面影は推しはからるる心地する」という一文があります。名前を聞くだけでその人の特徴が浮かぶのだという意味です。フォークソングやJポップの歌詞とほぼ同じ内容です。もっとも名前を聞くときだけでなく、面影は何かのきっかけで出たり入ったりしています。去来します。

面影はそこに居つづけているものではありません。だからそれについてのイメージはそこには継続的には「ない」と言うしかないのですが、思い浮かべようとしたり、沈丁花の匂いなどの何かのきっかけがあったり、あるいは夏の日の思いに耽っていたりしていると、実際の「ある」以上の何かを伴ってそれが現前するのです。「ない」のに「ある」。それが面影です。

こういう説明は「面影の去来」といったものをわれわれの連想的な認知行為の一環として説明しているのであって、そんなことは当たり前のことだろうと思ってしまうかもしれません。けれどもそうではないのです。私たちには「文化としての面影」というものがあるのです。

たとえば、ここに「津軽」「仮面ライダー」「おととい」「巴御前《ともえごぜん》」「週刊朝日」「歩行者天国」「勝新太郎」「カツ丼」「お地蔵さん」「ツケマ」「女子会」といった言葉が任意にあるとします。テレビ番組の冒頭でこんなタイトルが黒バックに白い文字で表示されているだけと思ってもらってもいいのですが、その文字を見た瞬間、日本人なら思い浮かぶものがあるはずです。

かつてなら「たらちね」「竜田川」「八橋《やつはし》」「ぬばたま」「宇治の大淀《おおわだ》」「鹿の声」「紅葉の錦」「玉の緒」「春日山」といえば、パッと思い浮かぶものがあったのです。いまなら赤坂・渋谷・すすきの・青葉・今池・北新地・中洲・天神といえば、それなりのイメージが浮かぶ。それが面影です。その面影を重ねていくと「文化としての面影」が積層していることに気がつくはずなのです。

蕪村に「凧《いかのぼり》　きのふの空のありどころ」という句があります。正月の何日目かに空を見ていたら、そこに凧が揚がっていた「きのふの空」を感じたという句です。「きのふの空」なんてそこにないはずなのに、凧とともにその面影が蘇っているのです。

「おもかげ」と「うつろい」

ＮＨＫが「人間講座」というシリーズを放映していたところ、日本文化についての八回シリーズを頼まれて、「おもかげの国・うつろいの国」というタイトルで日本文化の映像をからめながら話をしたことがありました。サブタイトルは「日本の『編集文化』を考える」でした。

私の講座と併走して秋吉敏子さんのジャズ講座、鎌田實《みのる》さんの医療論、千玄室《せんげんしつ》（鵬雲斎《ほううんさい》）さんの茶の湯の講座、ピーター・フランクルさんの数学講座、星野仙一さんのリーダー論が組まれていました。二〇〇四年のことです。NHKの担当ディレクターと相談して「一途で多様な国」というキャッチフレーズもくっついた。

タイトルを「おもかげの国・うつろいの国」にしたなんてかなりロマンチックに聞こえると思いますが、必ずしも日本を抒情的に捉えようというのではありません。むろん抒情も大事なのですが、この言い方には、日本文化の精髄は「おもかげ」を通すことによって一途に極められ、「うつろい」を意識することによって多様に表象されてきたという意図をこめたのです。日本は一途な「おもかげ」を追い求め、多様な「うつろい」を通過してきたのではないか、そういう意図です。

言葉上の説明を先にしておきますが、「おもかげ」は「面影」「俤」「於母影」などと綴ります。国語的な意味でいえば、何かを思い浮かべてみたときに脳裡《のうり》に映ずるイメージのようなものが面影です。

わかりやすくは、『源氏物語』夕顔に「夢に見えつるかたちしたる女、面影に見えて、ふと消えうせぬ」とあるように、しばしば幻影や「まぼろし」のようなものを示すときにつかったり、また「目元に父親の面影があるね」というように、印象が継承されたり保存されたりしていると感じるときにもつかいます。ちなみに「俤」という漢字は中国にはありません。日本が「峠」「匂」「畑」「凩《こがらし》」「枠」「笹」「鋲《びょう》」「雫《しずく》」などと同様にオリジナルにつくった国字《こくじ》です。

一方、「うつろい」という言葉は第六講「漂泊と辺境」でも少し説明しておいたように、四季のように移ろい、花の色や朝晩の光や人の心のように変化していく「常ならぬ」さまをあらわします。古語は「うつろひ」で、「待ちし桜もうつろひにけり」（古今集）、「おのづから御心うつろひて、こよなく思《おぼ》し慰むやうなるも」（源氏）などとつかう。したがって「うつろい」は「うつる」という変化を捉えた名詞です。その「うつる」には「移る」「映る」「写る」が含まれます。

このように「おもかげ」と「うつろい」は字義通りの意味をもっているのですが、私はこのことを人の感情や印象にとどめず、「日本という国」が面影を求めて移ろってきたというふうに捉えたのです。そしてそのプロセスにさまざまな日本文化が結晶してきたと捉えたのです。

内村鑑三と「二つのJ」

私は、日本という国をアイデンティカルに捉えることはできない、しすぎるとまちがうと見てきました。また、そのように見るのはかなり危険だし、まちがいがふえるだろうとも察してきました。

アイデンティティは心理学用語です。自己同一性とか自己一貫性とかと訳されているように、何かの担体（キャリアー）が保持すべき主体的な一貫性のことをさす。もともとは、エリク・エリクソンというアメリカの心理学者が幼児が成長していく段階に応じて「自己」を保持するようになる度合いを説明するためにつくりだした用語が、アイデンティティです。しかし、こういうものを民族や国家にあてはめるのはムリがあります。少なくとも日本にはあてはめないほうがいい。

明治を代表するキリスト者に内村鑑三がいました。『余はいかにして基督《キリスト》信徒となりしか』『代表的日本人』（岩波文庫）といった著作や多くのキリスト教関係の著作をのこし、石川啄木・野口雨情や正宗白鳥などに影響を与えた「東京雑誌」というメディアも出しつづけた。

その内村に「二つのJ」という悠揚迫らぬ決意があります。「二つのJ」というのは、Jesus（ジーザス）とJapan（ジャパン）のことです。内村は、自分はキリスト者だから生涯をかけてジーザスのことを信奉するが、それと同様にジャパンを体現したい。仮に「二つのJ」によって両脚が裂かれるようなことがあっても、この二つを同時に守りたいと決意したのです。

キリスト教の信条と日本や日本人の信条を重ねていくのは、当時はそうとうの冒険だったと思います。けれども内村はそれをやってのけた。『代表的日本人』には日蓮、中江藤樹、二宮尊徳、上杉鷹山《ようざん》、西郷隆盛の五人が挙げられているのですが、それは次のような実感と認識にもとづいた選択によっているのです。

「私は、宗教とはなにかをキリスト教の宣教師より学んだのではありませんでした。その前に日蓮、法然、蓮如など、敬虔にして尊敬すべき人々が、私の先祖と私とに、宗教の真髄を教えていてくれたのであります。何人もの藤樹が私どもの教師であり、何人もの鷹山が私どもの封建領主であり、何人もの尊徳が私どもの農業指導者であり、また何人もの西郷が私どもの政治家でありました。その人々により召されてナザレの神の人の足元にひれふす前の私が、形作られていたのであります」。

そして、こう決意した。「私は二つのJを愛する。第三のものはない。私はすべての友を失うとも、イエスと日本を失うことはない」と。内村はここからさらに、日本は「小国主義」でいくべきだということ、「ボーダーランド・ステート」であるべきことを主張しました。まさに「境界に立つ国」であり、「境界国家」としての日本像でした。

清沢満之が考えた「二項同体」

同時代、内村より二歳年下に清沢満之《きよざわまんし》という浄土真宗の僧侶（大谷派）がいました。若いころからたいへんラディカルな仏教哲学者で、日本の仏教の未来を洞察しつづけて『宗教哲学骸骨』（法蔵館）や『精神講話』（浩々洞）といった本をのこした。

尾張の出身で病弱に育ったのですが、たいへんに苦学して英語を習得し、東京大学哲学科を首席で出るといくつかの校長の業務を引き受けつつ、親鸞の哲学的解釈にとりくむかたわら、あえて清貧に甘んじる日々を「ミニマル・ポッシブル」と名付けて敢行しました。「精神界」という雑誌を創刊し、仏教界の改革にもとりくみます。

その清沢が最も鮮明に打ち出したのは、西洋の「二項対立」によるロジックの組み立てに疑問をもって、日本人はむしろ「二項同体」という考え方をもつべきだということです。「二項対立」ではなくて「二項同体」。デカルト的な二分法（ダイコトミー）に反旗をひるがえしたのです。

二つのもののどちらかを選択するのではなく、つまりどちらかを切り捨てるのではなく、あえて「二つながらの関係」に注目しようという態度です。そして日本自体が「ミニマル・ポッシブル」を表明すべきだと言明した。

節度に徹した清沢は肺結核に冒され、残念ながら三九歳で志半ばのまま倒れるのですが、その影響は全国の仏教僧や教育界や文芸界に届きます。なかでも正岡子規や夏目漱石は衝撃を受けた。漱石の『吾輩は猫である』の八木独仙《やぎどくせん》、『こころ』の主人公のKは清沢をモデルにしたと言われます。かつて司馬遼太郎は「日本人は清沢満之に学んだほうがいい」と言っていました。

「絶対矛盾的自己同一」と「朕兆未萌の自己」

内村や清沢や漱石の時代から少し時がすすんだころ、金沢の第四高等中学で二人の少年が心を許しあう親友になりました。西田幾多郎と鈴木大拙です。

二人とも今北洪川《いまきたこうせん》という禅の傑僧の薫陶をうけた北条時敬《ときゆき》や雪門玄松《せつもんげんしょう》らに座禅でしごかれ、二人とも中江兆民が「わが日本、古《いにしえ》より今に至るまで哲学なし」と言ったのに発奮して、日本人が考えるべき哲学とはどういうものかを探究しました。

西田がその哲学人生の結論として（西田哲学と総称されます）、ついに「絶対矛盾的自己同一」という不思議なテーゼを打ち出したことはよく知られていると思います。われわれはたんなる自己同一性を求めるのではない、あきらかに矛盾するような気持ちのまま、引き裂かれるような場面でこそ新たな自己を確立するのだ、それはいわば「絶対矛盾をかかえたままの自己同一」ともいうべきものだと言ったのです。

たいへんわかりにくいテーゼのようですが、別のところでは「衝突矛盾のあるところに精神あり、精神のあるところには矛盾衝突がある」とも言っています。矛盾したほうがいいと言っているのでなく、絶対矛盾をかかえるほどの場面でなければ、精神の集中的な開示はおこらないと言ったのです。これは清沢の「二つながらの関係」をいかした二項同体の考え方と同じ態度です。

西田はもともと純粋経験とは何かを探究していました。このとき、われわれには「意識する自己」（直観）と「意識される自己」（反省）が両方あるけれど、これがなかなか統一できないのはなぜかということを考えた。しかし、統一は合理的におこるのではないだろうというアテをもちます。そのうちピンとくるものがあった。

禅には座禅とともに座禅から立ち上がる「出定《しゅつじょう》」というものがある。その出定のように、「意識する自己」（直観）と「意識される自己」（反省）は次のステージに出ていくことをしてみたほうがいいのではないか。それは西洋の合理からは得られない日本的な方法になりうるのではないか。そんなふうに考えて、それを「絶対矛盾的自己同一」と名付けてみたのです。

同じようなことを鈴木大拙も考えていました。京都帝大に行った西田とは行く先を変えて東京帝大に進み、そこから鎌倉の今北洪川《いまきたこうせん》の禅門に入ります。西田は出定に向かったのですが、大拙は坐り込んだのです。そこで「朕兆未萌《ちんちょうみぼう》の自己」という公案について、とことん考え込みます。

字義通りにいうと、「朕兆未萌の自己」とは「私（朕）が生まれ出ずる（萌）以前の自己」という意味です。自己意識が発達する以前の自己ということですが、胎児ということではありません。存在する者のための未萌の存在ということです。ですから、この「朕兆未萌の自己」は未だ存在する以前から何か萌えようとしているのです。

しかし、そんなものがあるのか。あるとしてもそれが現在の自己とどんな関係をもつのか。難問でしたが、大拙はこれを「主客未分《しゅかくみぶん》の自己」というふうに捉えて、われわれは主客を分けない前の主客同体のようなところで、一切を感じるべきではないかということに思い至ります。

のちに日本的な禅学を確立した鈴木大拙は、この考え方を「即非《そくひ》の論理」と言いました。「即非」だなんてこれまた難解な言い方ですが、わかりやすくいえば、いちいちイエス（是）やノー（非）を持ち出さないで、一挙に先に進むというニュアンスです。禅学的にいうと、それ（A）をそれではない（非A）かもしれないと思うことから、それとおぼしいもの（A＝非A）を体得していくというような方法です。西田はこれを「逆対応」の方法とみなし、大拙は「分けて分けない」という方法だと言いました。

西洋的な見方から脱出する

いくら日本思想の開拓とはいえ、哲学者たちはなんとめんどうで、難しい言葉づかいしかできないのかと思うかもしれませんが（まあ、そうなんですが）、それほど日本哲学の精髄や日本的思考の特色を言い当てようとすると、つまり西洋哲学の概念をぎりぎりにつかって説明しようとすると、こうなってしまうのだろうと思います。

しかしむつかしく感じるのは、実はわれわれがいつのまにか西洋的な認識方法や二分法的なロジックにどっぷり浸かりすぎてしまったからであって、その見方のまま日本的な思考法を理解しようとするから、わかりにくくなっているのです。そうではなくて、そこに矛盾があるからといってそれを排除しないで、それを包含したまま前に進んでみれば、案外ひょいと抜け出てこられるかもしれない。

そういう方法を文明開化の近代日本の中で果敢に試みてみたのが内村や清沢であり、また西田や大拙だったのです。かれらはアイデンティカルな方法ではなくて、その思考のプロセスに対比的な「二つのJ」という双対性（デュアリティ）を見たり、あえて「ミニマル・ポッシブル」という「少なめ」を投入してみたのです。また「未分の自己」や「矛盾の先の同一」や「逆対応」をテストしようとしたのです。この方法は第五講「和する／荒ぶる」にのべた「すさび」や「数寄」や「わび・さび」に通じるものでもありました。「寂しい」を「さび」に転換してしまうのです。

それではなぜ、かれらにそんな方法が可能になったのでしょうか。その理由は明白です。すべてを進捗させないで、気になる大事なことを萌え出ずる時点にまでセットバックできる「思いの場」を用意したからです。元に戻って先に進むという方法が発動するところを用意したからです。西田はそれを「無の場所」と呼びましたが、私はそれこそが「面影」という領域にあたっている、「面影の場」というものだろうと思い至ったのです。蕪村の言う「きのふの空」です。

面影を編集してきた日本

面影自体がいいと言っているのではありません。大事な面影を動かそうとすることが、日本的な思考や方法を喚起すると言っているのです。

すでに本書で何度かジャパン・フィルターのことを持ち出してきましたが、「面影をもって日本を考える」という方法はジャパン・フィルターの親玉に動いてもらうようなものかもしれません。島崎藤村は『夜明け前』で日本の「或るおおもと」が見失われたことを問うたわけですが、しかし、主人公の青山半蔵がその「或るおおもと」を哀惜できたということは、半蔵にそのことについての日本をめぐる「面影の場」が見えていたということなのです。

いいかえれば、日本はその大事な面影がのちのちにも伝わるように「柱」を立てて結界を示したり、イノリとミノリの二項同体を見失わないように田祭りを欠かさないようにしてきたり、間拍子という独特のリズムを継承したりしてきたことによって、いつでも日本の面影を「まねび」できるようにしてきたと言えるわけなのです。

私は、これらをまとめて「面影を編集してきた日本」というふうに捉えてきました。ジャパン・フィルターは合理的な論理で組み立てるものではなく、編集によって梳《す》いていくエディティング・フィルターだったのです。

そんなふうに言うと、日本文化の正体を見極めるのはたいそう微妙なことだと思うかもしれませんが、たしかに微妙なところはあるのですが、それによって感じるところは截然《せつぜん》としているのです。

たとえば、日本語には「きらきら」と「ぎらぎら」、「かんかん」と「がんがん」、「とんとん」と「どんどん」といった擬音語や擬態語がたくさんあります。日本語に堪能なフラ

Jesus Japan

朕兆未萌

二項同体

JapAns

絶対矛盾的自己同一

即非

逆対応

日本は単一のテーマでは語れない。西田幾多郎の「絶対矛盾的自己同一」や「逆対応」が必要だ。ジョン・ダワーは「ジャパンズ」というべきだと提案した。

Dual Standard

ンスの風土学者オギュスタン・ベルクの研究では、こんなにたくさんの擬音語・擬態語があるのは日本だけのようです。しかも「きらきら」と「ぎらぎら」などは清音と濁音のちがいだけなのです。けれども、日本人はこのちがいを截然と理解できるのです。

このことは日本人なら、ほぼ完璧に了解できるだろうと思います。「さらさら」と「ざらざら」、「こんこん」と「ごんごん」、「くらくら」と「ぐらぐら」はニュアンスやテイストのちがいでありながら、物事や事態や雰囲気の決定的なちがいを告げているのです。「君はきらきらしているね」と「君はぎらぎらしているね」はまったく異なるのです。この意味するところを欧米的なロジックで言いあらわすことは可能でしょう。コンサルタントやプレゼンテーションにはそういうロジックが目白押しです。しかし「きらきら」と「ぎらぎら」でもわかるのです。

これらはそのおおもとでは「あはれ」と「あっぱれ」が同じ言葉からできていたように、その後の面影編集によって生んだテイストや価値感覚なのです。日本文化はこのように、微妙でありながらも必ずや截然と発展してきたのです。そして、そこには「きのふの空」が感じられるようにしてきたのです。

かつて和泉式部は「はかなし」という価値観をつくりだしました。「はか」というのはいまでも「はかどる」とか「ハカがいく」と言うように効率や効果が上がる単位のことです。だから「はかなし」といえば「ハカバカしくない」という意味になるはずなのですが、そこを和泉式部は「はかない美しさ」にもっていったのです。効率主義にたいして怠けなさいと言っているのではない。努力をしていてもうまくいかないことがある。そこにはしばしば「はかない美しさ」が宿ることもあるという示し方を提示したのです。

以上のように、日本文化の正体はたいそう微妙で、たいそう複雑なのです。グローバル資本主義やコンプライアンスの蔓延が、これらの「一途で多様な日本」や「微妙で截然とした日本」をカラッケツにしてしまわないことを祈るばかりです。そうしないためには、もっとディープな面影編集がおこるべきです。価値観を創生していく努力も必要です。「かわいい」や「やばい」だけでなく、「粋」や「通」や「お俠《きゃん》」のような独特の美意識も創生するべきです。

たいせつなのは、日本人は日本文化の複合性や複雑性にもっと敢然と立ち向かっていったほうがいいということです。

編集的日本像のために

そろそろ店仕舞です。さまざまな角度から日本文化の切り口を案内し、いくつものジャパン・フィルターの可能性を提示しておきました。

言いたりなかったことや、もっと詳細に語ったほうがよかったことも多々あるのですが、最後に話しておかなければならないのは、私は「編集的日本像」（Editing Japan）というものをずっと心に描いてきたということです。本書は「日本の編集文化力」をあきらかにするための、編集的日本像についてのスケッチブックなのです。

私の仕事は編集（editing）によって世界を見ることにありました。世界はどのように編集されてきたのかということを考えてきたのです。私が所長をしている編集工学研究所の合言葉は「生命に学ぶ／歴史を展《ひら》く／文化と遊ぶ」というもので、世界を生命観・歴史観・文化観を通してどのように編集していけばいいのかということを課題にしてきました。設立当初から変わっていません。したがって日本の歴史文化や社会文化についても、当然、編集的に見るということが眼目になったのです。

第一四講「ニュースとお笑い」のところでも言っておいたように、科学であれ歴史であれ産業であれ、どんな世界も「情報を編集するプロセス」でできあがっています。世界はのっぺらぼうではなく、つねになんらかの情報を提供しています。その情報は必ずや編集されてきた。編集されていない情報なんてありません。

しかしあらゆる現象があらかじめ情報化されているわけではないので、編集するにはまず「現象の情報化」が必要です。その情報化されたコードをいろいろ編集して多様なモードに転換していく。まず情報化、次に編集化。「編集的になる」とはこのことです。

生物体のばあいは、生命活動を細胞のイオン情報やＤＮＡの遺伝情報や脳内の高分子情報にしてきました。そしてそれらを編集して、生物は生物としての進化と活動というモードをつくりあげてきた。人間のばあいは、まず言葉や文字や数字や図形をコードにして、それを組み合わせて文明や文化というモードに仕立ててきたわけです。情報化されたコードを駆使して建築や文芸や絵画を編集してきたわけです。生物も人間も情報化が先行し、そのあとに編集化が試みられてきたのです。

情報化によって何ができるようになるかというと、現象的な情報がしかるべき記号単位で当該システムにエンコードできるようになります。またいつでもデコードして取り出せるようになる。これで情報はトラフィック可能、コミュニケーション可能です。

ここまでが編集以前の作業で、編集はこの当該システムを充実させたり、環境に適応させたり、さらなる欲望を満たすための作業にあたります。

世界史上にさまざまな民族が登場して、次々に情報化と編集化をおこしてきました。情報編集をしない民族など、ありえません。そこにはエンコードとデコードのためのプロトコルのちがいが生じました。言葉や文字が最も決定的なプロトコルのちがいです。アジア大陸から孤立した倭人や日本人は縄文語や土器や木の実や米をつかって、編集を始めました。日本神話の物語はそのときの記憶です。そこに大陸から漢字が入ってくると、そのエンコードとデコードのやり方に加えて、新たな仮名コードや読み書きモードによる編集に着手した。こうして日本文化は開花していった。

その後、日本文化が格別の編集力を発揮するのですが、私はその特色が「面影を編集する」というところに出たと見ているのです。日本人は記憶の中の面影を情報化し、そこに編集を加えていったのです。和歌も能も、俳諧も浮世絵もそのようにして生まれ、溝口健二や藤沢周平はそのような面影を映画や小説にし、美空ひばりや井上陽水はそうした面影を歌っていったのでした。

ジョン・ダワーは「日本はＪａｐａｎではなく、Ｊａｐａｎｓ《ジャパンズ》として見たほうがいい」と示唆したことがあります。ダワーの見方は日本を複合的に捉えるということですが、それは私にとっては日本の面影を編集的に捉えるということにあたっているのです。

あとがき

講談社の現代新書を久々に語り下ろしてみました。二〇〇〇年一月に『知の編集術』を頼まれて以来ですから、二〇年ぶりです。今回は日本文化をめぐるものになりました。『知の編集術』では「編集稽古」というアプリを提供することを思いつき、それがその後のイシス編集学校の基礎工事になっていきました。本書では「ジャパン・フィルター」というアプリを駆使することにしました。何かの基礎工事になればさいわいです。

日本文化は身近にあるものです。コンビニのペットボトルのお茶もおにぎりもガリガリ君も日本文化です。ヨウジの服もコムアイの歌も卓球の美誠《みま》パンチも日本文化です。むろん藤沢周平も『君の名は。』もサンドウィッチマンの漫才も日本文化です。しかし、これらが能や歌舞伎や茶の湯とどんな親和性をもつのかは、にわかに説明しにくくなっています。こういうばあいは、バックミラーに映る日本の歴史文化をちらちら眺めながら、目の前のコンビニやアニメやテレビ番組でおこっていることを見るのがいいと思います。

私が日本文化に関心をもちはじめたのは、大学でフランス文学にとりくんだとき、それはプルーストを研究したときだったのですが、その主人公がプチットマドレーヌを紅茶に浸した瞬間に「失われた時」にさかのぼっていけたことに興味をもってからのことです。私なら何によって「失われた時」を辿れるのだろうかと思い、それで少年時代の日々に戻っていろいろ思い出してみたところ、亡くなった父が呉服屋の店先で相手にしていた反物《たんもの》やそろばんが蘇ってきました。

それを手がかりにしてみると、ついで舟橋聖一の『悉皆屋《しっかいや》康吉《こうきち》』が追い求めた「納戸《なんど》色《いろ》」という染め色がやってきました。納戸をあけたときにその空間に充満している青黒い不思議な色が「納戸色」です。その納戸色のバックミラーに関戸本古今集の料紙があらわれ、公家の文化の調度品の細部があらわれ、その「あはれ」が武家文化では「あっぱれ」という破裂音をともなっていくのが聞こえてきました。それから先は百花繚乱、千差万別の日本文化が次々にカサネ・アワセ・ソロイを繰り返していきました。

歴史や文芸や思想にとりくんだのはそのあとです。それなりに「濃い日本《ディープ・ジャパン》」に出会えましたが、何かが自分には足りないと感じていました。「日本」を抉るブラウザーが手元にないのです。おベンキョーばかりが進むのです。これではまずいと思って、こうして一方では日本神話の構造から何を引き出すと何がくっついてくるのか、他方では近代日本の構造のどこを突っ込むと何が爆《は》ぜていくのかを、できるだけ同時に解読するように努めたのです。
そんなこんなで気がついたときは、私は「編集的日本像」というものに立ち会っていることになっていたのでした。日本文化はテーマだけでは語れない、ジャンルをまたいだ方法によって語りたいという見方に分け入っていったのです。

本書は、このような私の試行錯誤が到達した日本像を、ジャパン・フィルターによって換骨奪胎してみたものです。これをどう和光同塵させるかは、読者次第です。

一冊がまとまるにあたっては、企画と編集を担当してくれた講談社の小林雅宏さん、最初にざっとしたことを語りおろしたものを再生してくれた古川琢也さん、ぼくのそばで付きっきりの編集補助をしてくれた寺平賢司君、図版ページをデザインしてくれた穂積晴明君、内校《うちこう》（内部校正）をしてくれた太田香保さん、およびこれまでの私の日本文化探索を支えてくれた多くの人々に、それぞれ感謝します。

収録図版一覧

【第一講】「壽」文字を結ぶ注連縄：杉浦康平『かたち誕生』（日本放送出版協会）より引用／不知火型　撮影：太田真三／雲龍型　杉浦康平『かたち誕生』より引用／出雲大社本殿復元図：『伊勢・出雲 世界の聖域Ⅱ』（講談社）より引用／法隆寺五重塔断面図：『日本建築の構造 日本の美術10』（至文堂）より引用

【第二講】瑞花双鳳八稜鏡　所蔵：金剛證寺／藤花松喰鶴鏡　所蔵：春日大社／「小督」『隆房卿艶詞絵巻』より　所蔵：国立歴史民俗博物館／伊賀焼の耳付花入　所蔵：東京国立博物館／青磁鳳凰耳花生 銘「万声」　所蔵：和泉市久保惣記念美術館

【第三講】「アエノコト」　提供：珠洲市

【第四講】舞台《影向》　撮影：川本聖哉

【第五講】岩戸神楽の起顕　所蔵：三重県総合博物館／本朝英雄伝牛頭天皇 稲田姫　所蔵：島根県立古代出雲歴史博物館／「数寄」の書　作：松岡正剛／ひづみ高麗　所蔵：遠州流本家／色絵忍草絵茶碗　作：野々村仁清　所蔵：香雪美術館

【第六講】葛飾北斎作「恵比寿」三体画譜より　所蔵：立命館アート・リサーチセンター／那智参詣曼荼羅　所蔵：熊野那智大社／五十番　猿楽・田楽『七十一番職人歌合』所蔵：東京国立博物館本／二十四番　煎じ物売『七十一番職人歌合』所蔵：東京国立博物館本／西国八十八箇所順拝略図　杉浦康平『かたち誕生』より引用

【第七講】雛流し（淡島神社）　提供：朝日新聞

【第八講】竹取物語　所蔵：メトロポリタン美術館／芳年略画　桃太郎鬼ケ島行　画：月岡芳年　所蔵：国立国会図書館

【第九講】ラフカディオ・ハーンの肖像　提供：朝日新聞／アーネスト・フェノロサ　提供：朝日新聞／ジョサイア・コンドル「建築雑誌」（建築學會）より／「文学ばんだいの宝」　画：一寸子花里　所蔵：くもん子ども浮世絵ミュージアム／教育ニ関スル勅語　所蔵：文科省

【第一〇講】岩崎家住宅（高知）の家紋　提供：一般社団法人 安芸市観光協会／『名所江戸百景』（大てんま町木綿店）　画：歌川広重　所蔵：都立中央図書館特別文庫室／諸将旗旗図―上　所蔵：東京国立博物館

【第一一講】Kabuki actor Ichikawa Ebizo：Kyodo News、Getty Images／豊国祭礼図屏風　画：岩佐又兵衛　所蔵：徳川美術館／Inside Anime Japan 2016 Bloomberg：Getty Images／Paper lantern at Nebuta：Getty Images

【第一二講】信貴山縁起絵巻　所蔵：奈良国立博物館

【第一三講】美艶仙女香　画：渓斎英泉　所蔵：太田記念美術館／雲鶴文様象牙櫛　所蔵：櫛かんざし美術館／梅松月文様蒔絵螺鈿櫛―羊遊斎　所蔵：櫛かんざし美術館／平打簪―桜に橘模様　所蔵：東京国立博物館／六番組の組「江戸の花子供遊び」　所蔵：国立国会図書館／「傘」『おせん』挿絵　画：小村雪岱　所蔵：資生堂アートハウス

【第一四講】酔笑人神事　提供：朝日新聞／福笑い『日本の美学・笑い』（ぺりかん社）より引用／双筆五十三次 赤坂　所蔵：国立国会図書館／大坂安部之合戦図　所蔵：早稲田大学図書館／「萬朝報」第一号　所蔵：国立国会図書館

N.D.C. 210.12　350p　18cm
ISBN978-4-06-518773-9

JASRAC 出 2002265-001
NexTone PB000050134号

講談社現代新書　2566
日本文化《にほんぶんか》の核《かく》心《しん》「ジャパン・スタイル」を読《よ》み解《と》く

二〇二〇年三月二〇日第一刷発行　二〇二四年六月四日第一二刷発行

著　者　松《まつ》岡《おか》正《せい》剛《ごう》

発行者　森田浩章
発行所　株式会社講談社
東京都文京区音羽二丁目一二―二一　郵便番号一一二―八〇〇一
電　話　〇三―五三九五―三五二一　編集（現代新書）
〇三―五三九五―四四一五　販売
〇三―五三九五―三六一五　業務
装幀者　中島英樹
印刷所　株式会社新藤慶昌堂
製本所　株式会社国宝社
定価はカバーに表示してあります　Printed in Japan

「講談社現代新書」の刊行にあたって

教養は万人が身をもって養い創造すべきものであって、一部の専門家の占有物として、ただ一方的に人々の手もとに配布され伝達されうるものではありません。

しかし、不幸にしてわが国の現状では、教養の重要な養いとなるべき書物は、ほとんど講壇からの天下りや単なる解説に終始し、知識技術を真剣に希求する青少年・学生・一般民衆の根本的な疑問や興味は、けっして十分に答えられ、解きほぐされ、手引きされることがありません。万人の内奥から発した真正の教養への芽ばえが、こうして放置され、むなしく滅びさる運命にゆだねられているのです。

このことは、中・高校だけで教育をおわる人々の成長をはばんでいるだけでなく、大学に進んだり、インテリと目されたりする人々の精神力の健康さえもむしばみ、わが国の文化の実質をまことに脆弱なものにしています。単なる博識以上の根強い思索力・判断力、および確かな技術にささえられた教養を必要とする日本の将来にとって、これは真剣に憂慮されなければならない事態であるといわなければなりません。

わたしたちの「講談社現代新書」は、この事態の克服を意図して計画されたものです。これによってわたしたちは、講壇からの天下りでもなく、単なる解説書でもない、もっぱら万人の魂に生ずる初発的かつ根本的な問題をとらえ、掘り起こし、手引きし、しかも最新の知識への展望を万人に確立させる書物を、新しく世の中に送り出したいと念願しています。

わたしたちは、創業以来民衆を対象とする啓蒙の仕事に専心してきた講談社にとって、これこそもっともふさわしい課題であり、伝統ある出版社としての義務でもあると考えているのです。

一九六四年四月　野間省一